초판 1쇄 펴낸날 2006년 6월 30일
증보판 1쇄 펴낸날 2008년 4월 5일

지은이　강동진
펴낸이　김철진

교정·편집　이홍주 김만석
디자인　김철진
출력　삼원프로세스
인쇄　원일컴
제본　광명제책

펴낸곳　비온후
등록 | 2000년 4월 28일 제331-2000-000005호
주소 | 부산시 수영구 광안 2동 169-44 3층
전화 | 051-645-4115
홈페이지 | http://www.archiblue.com

ISBN 978-89-90969-33-0 03600
책값 16,000원

비온후 도시이야기
01

빨간 벽돌 창고와 노란전차
산업유산으로 다시 살린 일본이야기

비온후

책머리에

대학시절 감명 깊게 읽은 책 중 하나인 이어령의 〈축소지향의 일본인〉, 오래 전에 읽은 전여옥의 〈일본은 없다〉. 둘 다 약간은 일본에 대한 부정적 뉘앙스를 띄는 책들이었다. 그러나 나에게 일본에 눈을 뜨게 해 주었고, 일본의 또 다른 이면에 깊은 관심을 갖게 해주었다.

 일본은 한 때 우리의 민족적 자존심에 엄청난 상처를 주었고, 심한 콤플렉스에 빠지게도 했었다. 여러 이유에서 일본은 우리에게 영원한 경계 대상이자 꼭 이기고 싶은 경쟁 상대이다. 그런데 나는 열등감을 안겨준 장본인인 일본의 도시를 좋아하여 일본여행을 즐긴다. 특히 작은 도시들을 좋아한다. 입만 다물어 버리면 '익명성' 뒤에 숨을 수 있고, 찾아 가는 곳 마다 다르게 느껴지는 도시와 장소들의 '독특함' 이 언제나 나를 매혹시키기 때문이다.

일본은 국제 흐름에 발맞춘 경제적 변화 양상과 발전 속도에 비해 도시적인 변화에는 민감하지 않은 편이다. 도쿄나 오사카는 분명 아니지만. '느림', '단순', '반복' 이 그들의 삶 자체이고 전부인 듯하다. 그럼에도 불구하고 일본의 도시는 다양한 면모 또한 갖추고 있다. 왜 다양한가? 느리고 단순하고 반복적이다 보니 원래 하던 것만 하고 하던 것만이 전부인 줄 알고 있다. 그래서 다양함의 밑천인 독창성을 유지할 수 있게 된 것이다. 얼핏 보면 같아 보이지만 각각의 도시는 전부 다르다.

우리의 경우에는 너무 빠른 속도와 변화를 추구하다 보니 자꾸 닮아지고 같아진다. 심지어 베끼고 흉내내는 것을 당연시 하는 것이 습관화 되어 버렸다. 각 도시와 장소가 가지는 독특한 분위기나 속 깊은 애절함이 거의 없어져 버렸다. 그나마 힘들게 남겨져있던 것들까지도 찾아내어 다른 색을 입히고 쉽게 고치다 보니, 그곳에 배어 있던 소중한 것들이 제 모습을 잃어버리고 말았다.

더더욱 안타까운 것은 너무 잘하려다가 그 도시, 그 장소가 가졌던 '참 모습' 진정성(眞正性) 을 오히려 놓치고 있다는 것이다. 도시와 장소의 '참 모습' 을 결정하는 것은 여러 가지이다. 또 사람마다 생각하는 것도 다르다. 그러다 보니 힘(?) 있는 사람의 뜻대로 흘러가는 경우가 많다. 맞서 부딪쳐 보기도 하지만 결국에는 힘 있는 사람들의 욕심대로 돌아가는 경우가 대부분이다.

그런데 일본은 '참 모습' 에 대한 생각이 우리와는 달리 서로들 비슷하고 이를 공유하고 지키는 폭이 훨씬 넓고 깊다. 물론 이러한 비교는 이 책을 이끄는 대상인 '산업유산' 産業遺産 에만 국한해서 얻어진 단순한 결론이다.

1997년 2월에 시작된 나의 일본 여행기록은 2006년 2월까지 꼭 10년째 지속되고 있다. 30여 회의 일본 여행, 장소와 목적은 달랐지만 한결 같은 것은 뭔가를 찾고 싶었고, 또 뭔가를 알고 싶었다. 우리가 무심히 지나쳐 가치를 매기지 않는 것, 우리는 중요시 하지 않는 것들을 소중하게 지키고 있는 현장을 하나씩 하나씩 발견할 때 마다 나를 호기심으로 들뜨게했고 전혀 몰랐던 일본의 도시와 장소를 알게 될 때마다 직접 찾아가 현장을 확인하지 않으면 궁금증이 나서 견딜 수가 없었다. 어떻게 해 놓았을까? 어떻게 관리할까? 어떻게 지키고 있을까? 이러한 호기심과 궁금증을 지난 10년 동안 일본의 구석구석을 찾게 만들었고 지금도 찾고 있다.

이 책은 깊이 있는 학술서는 아니다. 그래서 가볍다. 언제부턴가 변화에 너무 민감해졌고, 스스로 개혁하지 않으면 못 살아 남을 듯이 역동적으로 움직이게 된 우리 자신들에게 새로운 실마리를 던져보고 싶었다. 우리 삶 속에 스며 있는 역사문화에 얽힌 '참 모습'에 대한 고민을 나누고 싶었다.

이 자리를 빌어서 감사의 말을 전해야겠다. 3번의 연구 기회를 준 '학술진흥재단'이 없었다면 이 책을 만들지 못했을 것이다. 역사마을 연구, 역사도시와 길에 대한 연구, 그리고 폐탄광 연구의 기회를 준 '학술진흥재단'과 산업유산에 대한 열망을 자극해 준 내가 살고 있는 도시 '부산'에 감사한다. 그리고 기꺼이 출판을 맡아준 '비온후'에 깊은 감사를 드린다.

일본어를 몇 마디 밖에 모르는 나의 호기심에 대한 답을 찾아 주기 위해 많은 것을 보태주었던 대구한의대 권기찬교수, 책 속의 도면들을 정리하고 같이 고민해 준 성태, 그리고 여러 이유로 함께 동행했던 모든 분들과 언제나 기쁜 맘으로 기다려 준 사랑하는 가족에게 감사를 전한다.

끝으로 부족하고 보잘 것없는 사람에게 항상 도전할 수 있는 의지를 주시고 언제 어디서나 지켜주시는 살아계신 하나님께 이 책을 올립니다.

2006년 6월 강 동 진

책머리에

2007년 4월 15일.

햇살이 따사로웠던 봄날이었다. 그 날, 큐슈의 한 폐광산에서 우연히 만났던 한 가족을 떠올릴 때면 지금도 입가에 번지는 미소를 감출수가 없다. 네 명의 아이들과 아빠, 엄마가 하얀 캔버스에 채워가던 폐광산의 모습은 더 이상 오염되고 하찮은 것들이 아니었다. 네 명의 아이들은 무슨 생각을 하며 그림을 그리고 있었을까? 또 언니들과 오빠의 틈 속에서 열심히 물감을 칠하고 있던 두 살 남짓 되어 보이던 막내는 무슨 생각을 하고 있었을까? 분명한 것은 '자신들이 살고 있는 동네를 사랑하는 마음', '동네의 삶을 지탱해 주었던 폐광산을 지켜주고 다독거려 주고 싶은 마음', 그리고 '힘들었던 삶의 기억들을 자식들에게 나누어 주고 싶은 부모의 마음'은 가족 모두의 마음 깊은 곳에 자리 잡고 있었을 것이다.

사람의 '기억'은 긍정적일 때 '추억'이나 '그리움'이 된다. 추억이 더 깊어지고 얽힌 사연이 많았다면 '향수'가 되기도 한다. 어떤 경우에는 한 순간의 기억이 삶의 지향점이 되기도 한다. 그래서 기억을 지키는 일은 삶의 지향점을 지키는 일이 된다. 억지와 비약이라고 할 수도 있지만 틀린 얘기는 분명 아니다. 좋은 기억은 자신이 이루고 싶은 꿈이 될 수 있기 때문이다. 이런 기억들이 공간으로 남은 것을 우리는 '흔적'이라 부른다. 나는 우리의 삶 속에서 사라져 가고 있는 흔적들의 '참 모습'을 계속 이어가고 싶다. 아니 지키고 싶다. 이 책에 담겨 있는 16가지의 이야기들은 비록 남의 얘기이지만, 우리 곁에 남아 있을 수 있는, 또 남아 있는 우리의 기억과 흔적들에 대한 이야기로 바라봐 주길 바란다.

4가지의 사례를 보태 다시 책을 만들 수 있는 기회를 준 '비온후'에 깊은 감사를 드린다. 언제가 끝이 될지는 모르지만 30가지의 일본 이야기를 채우고 싶다. 이 책을 만들면서 작은 소망이 생겼다. 우리의 산업유산에 대한 이야기를 담아보고 싶은 소망이다. 잘하고 못하고를 떠나 현재 우리의 바탕을 만들어 준 우리 산업유산의 참 모습을 하나씩 찾아보고 싶은 작은 꿈이다.

2008년 2월 강 동 진

차례 contents

책머리에 **004**

들어서기 **010**

01 建物

016 첫 번째 이야기 _ 맥주공장
맥주공장도 아름답다

026 두 번째 이야기 _ 방적공장
호텔에서 만난 방적공장

040 세 번째 이야기 _ 창고
창고에서 희망을 보다

052 네 번째 이야기 _ 나고야의 건물들
산업도시 나고야의 지혜

02 村落

072 다섯 번째 이야기 _ (북쪽의) 광산마을
끊어질 듯 이어지는 광산마을

084 여섯 번째 이야기 _ (남쪽의) 광산마을
아픔 잊기와 추억 연결하기

100 일곱 번째 이야기 _ 누에마을
한마음으로 지켜온 누에마을

110 여덟 번째 이야기 _ 여관마을
짙은 삼나무 숲 속 여관마을

_ 산업유산으로 다시 살린 일본이야기 열여섯 가지

03 港口

120	아홉 번째 이야기 _ 운하
	러브레터가 날아든 운하의 도시
130	열 번째 이야기 _ 항만
	역사에 열려있는 항만
142	열 한 번째 이야기 _ 작은 항구 1
	지혜로 바다를 안는다
152	열 두 번째 이야기 _ 작은 항구 2
	포구는 언제나 정겹다

04 街路

174	열 세 번째 이야기 _ 역사길
	역사를 만나러 길을 걷는다
186	열 네 번째 이야기 _ 공장길
	키류우에서 만난 실크로드
202	열 다섯 번째 이야기 _ 언덕길
	언덕길에 남겨진 역사의 여백
218	열 여섯 번째 이야기 _ 전차길
	도시의 기억을 지닌 전차길

산업유산 찾아가기	230
참고한 글들	234

I
들어서기

왜 일본의 지방도시들인가? 이 책에는 도쿄(東京), 오사카(大阪), 그리고 교토(京都) 얘기는 없다. 일부러 뺏다. 주제가 훨씬 명쾌해지지 않을까하는 짧은 생각 때문이었다.

나가사키(長岐), 오오무타(大牟田), 미케(三池), 모지(門司), 시모노세키(下關), 히로시마(廣島), 시모다(下田), 오노미찌(尾道), 고베(神戶), 마이쯔루(舞鶴), 나가하마(長浜), 가나자와(金澤), 다까야마(高山), 쿠라시키(倉敷), 시라카와(白川), 쯔마고(妻籠), 나고야(名古屋), 요코하마(橫檳), 키류우(桐生), 아시카가(足利), 코사카(小坂), 아오모리(青森), 하코다테(函館), 삿포로(札幌), 유바리(夕長), 비바이(美唄), 오타루(小樽)가 이 책에 나온다.

이들 도시는 나름의 꿈을 가지고, 버려진 것들과 하찮아 보이는 것들을 재활용해서 다시 회복하는 일에 관심을 가진 도시들이다. 더 정확히 말하자면 '산업유산'을 지키고 재활용하는 데에 적극적인 도시들이다.

이 도시의 시민들은 이해하기 어려울 정도로 단순하고 고집스러운 면모를 가지고 있다. 말도 안 되는 일로 가지는 욕심에서 비롯된 고집과는 다르다 그 단순함과 고집이 있었기에 '그들만의 참 모습 지키기'가 가능했을 것이다. 그들이 그토록 지키고자 하는 참 모습의 비밀을 만나보고 싶었다.

'지역자산' 地域資産 을 이용해서 도시를 발전시킨다는 얘기는 이미 상식이 된 지 오래다. 일본의 이런 도시들에 비해 우리의 지방도시들은 힘들게 고군분투하고 있으며 '뭔가'를 잡기위해 조바심을 가지고 있다. 그 '뭔가'를 위해 일본을 넘어 유럽, 미주 등 전세계 곳곳을 벤치마킹 bench-marking 하려고 한다. 그런데 박수를 쳐주고 싶은 도시는 손에 꼽을 정도다. 여기에 문제가 있다. 각 도시마다, 각 사안마다 처해 있는 상황이 다르고, 해법 또한 다를 터인데도 우리의 지방도시들은 결과만을 벤치마킹하려 한다. 그래서 '참 모습'을 되찾기는 커녕 오히려 가진 것 마저 잃어버리는 경우가 발생하고 있다. 과잉적으로 '지역마케팅',

'장소마케팅', '문화관광', '생태관광' 등의 말을 앞세우고 모든 것들을 관광이라는 관점에서 바라보고 있다. 부실한 것, 왜곡된 것, 해서 안되는 것까지도 관광이라는 이름아래 끼워 넣는다. 그러다 보니 '진짜 관광'은 묻히고 번지르한 가짜만 판치고 있는 실정이다.

지역자산이 중요하다는 것과 지역자산을 통한 '내발적 창조' 內發的 創造 만이 우리가 갈 길이다. 지역자산은 이미 알고 있는 것도 있겠지만 스스로들 찾아내어야만 한다. 하찮아 보이는 것도 다시 보거나 뒤집어 생각하면 소중한 자산이 되는 경우도 있으며, 작은 자산들을 모았을때 새로운 자산이 되는 경우도 허다하다. 일본의 지방도시들 속에서 지역성을 지키고 강화하기 위해 스스로 발굴하고 지역 자산으로 재창조해 낸 '산업유산' industrial heritage/産業遺産 들을 만나보려 한다.

왜 산업유산인가?

근대화과정에서 형성되고 조성되어졌던 항만, 공장, 창고, 수운, 철도, 운송, 군사, 농업, 광업, 교통시설 등이 기능이 저하되고 황폐화됨에 따라 이들에 새로운 기능을 부여하고 생명력을 불어넣는 노력들, 즉 퇴락하여 가는 산업시설을 대상으로 하는 자원 재활용의 노력들이 세계 곳곳에서 진행되고 있다.

이러한 접근과 노력이 도처에서 진행되는 이유는 산업시설의 재활용이 지속가능한 개발이라는 시대 흐름에 부응하는 것일 뿐만 아니라 퇴락지역의 경제 활성화를 위한 새로운 수단이 되고 있기 때문이다.

이러한 산업시설들을 역사적인 관점에서 본 것이 '산업유산'이다. 산업유산이란 산업혁명을 전후하여 공업 중심의 근대화과정을 거쳐 오늘날까지 전승되는 과학기술과 연관된 유산으로 통칭할 수 있다. 따라서 산업유산은 길게는 150여 년, 짧게는 50여 년의 역사를 가지며 지역성과 기술적 가치가 우선적으로 고려되는 '진보적 개념의 문화재'라 할 수 있다.

이러한 산업유산은 지역을 기반으로 하는 산업들과 기능적으로 밀접한 관계를 맺고 있고 입지적으로는 도심이나 항만지역에 집중적으로 분포하며, 단일시설로 존

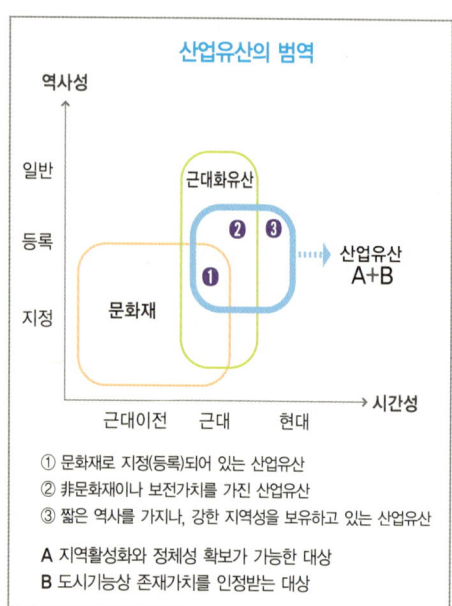

산업유산의 범역

① 문화재로 지정(등록)되어 있는 산업유산
② 非문화재이나 보전가치를 가진 산업유산
③ 짧은 역사를 가지나, 강한 지역성을 보유하고 있는 산업유산

A 지역활성화와 정체성 확보가 가능한 대상
B 도시기능상 존재가치를 인정받는 대상

재하기 보다는 여러 시설들이 집합적으로 모여 있는 경우가 많다. 따라서 산업유산은 도시문화관광과 연계할 수 있고 또 지역산업의 재창출을 유도하는 실마리로 활용할 수 있는 것이다.

이러한 경향이 각광받는 핵심적인 까닭은 산업유산이 약간의 조정만을 통해서도 원래의 기능을 되살릴 수 있는, 재활용 reuse이 가능한 대상이고 또 장소마케팅 place marketing 차원에서 지역의 향수를 불러일으킬 수 있는 독특한 잠재력을 가지고 있기 때문이다.

이 책에서는 산업유산을 '건물', '마을', '항구', '길' 등 4가지 유형으로 나누었다. '건물'은 공장과 창고로 나누고 '마을'은 옛 산업이었던 광업과 양잠업에 관련된 마을을 다루며, 일본 마을의 대표 유형인 여관업 마을을 추가하였다. '항구'에서는 작은 항구, 항만 그리고 운하와 방파제 얘기를 정리하였다. 마지막으로 '길'에서는 길에 얽힌 산업유산들을 정리하고, 구색을 갖추느라 일본의 역사길 얘기를 추가하였다. 그리고 선박, 교량 등 빠져 있는 산업유산 얘기들을 군데군데 넣었다. 사실 산업유산의 정의에서 조금 벗어난 것도 있다. 하지만 역사문화를 지키고 가꾸어 간다는 점에서는 '같은 목적'이기에 너그러이 이해해 주길 바란다.

부산 항만 곳곳에 남아있는 산업유산
애환의 다리, 영도다리! ■
100년 넘게 북항을 지키고 있는 제뢰등대 ■■
영도 바닷가에 남아있는 보세창고들 ■■■
우리나라 최초의 드라이도크(한진중공업 영도조선소 내) ■■■■

01 建物

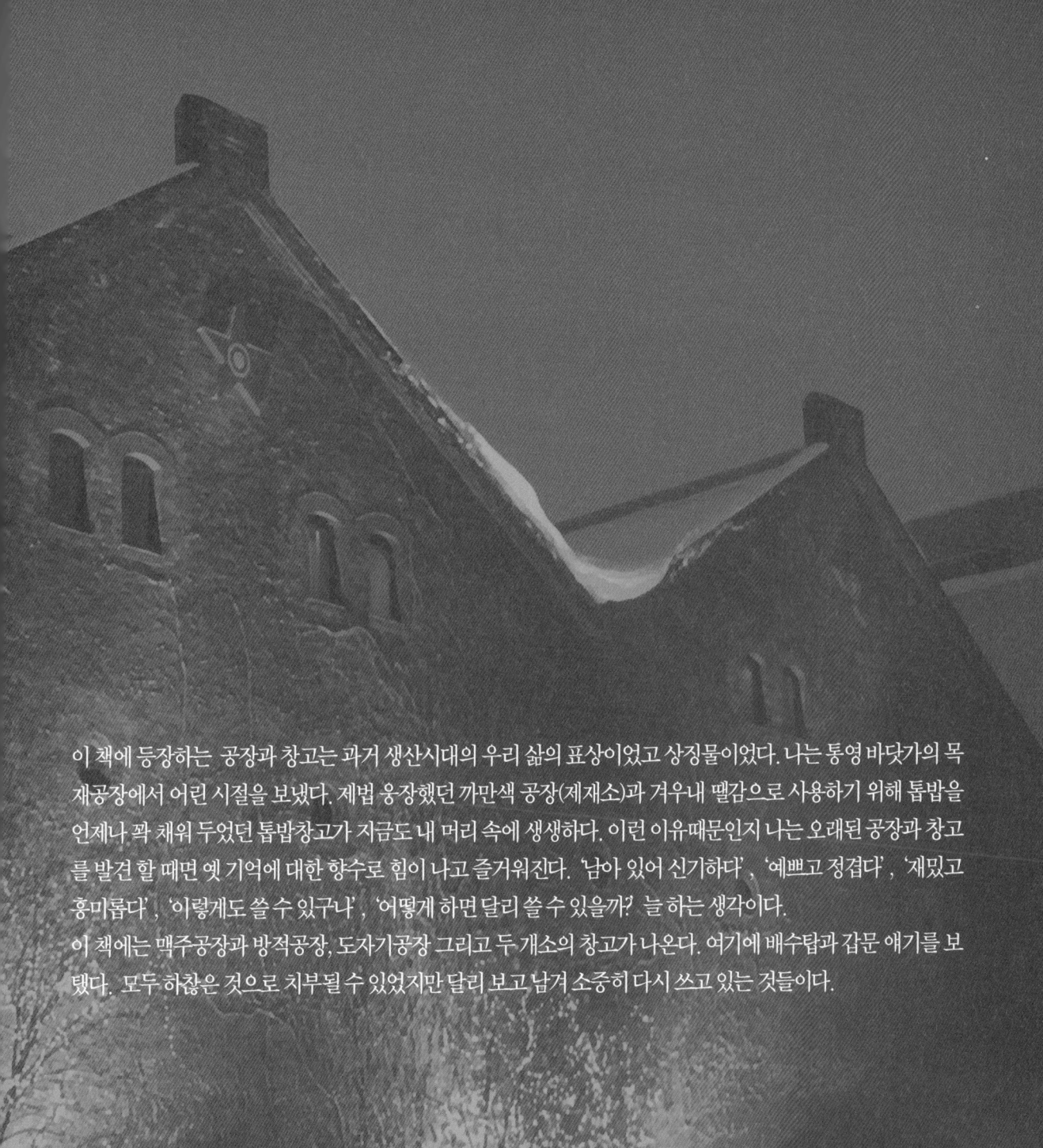

이 책에 등장하는 공장과 창고는 과거 생산시대의 우리 삶의 표상이었고 상징물이었다. 나는 통영 바닷가의 목재공장에서 어린 시절을 보냈다. 제법 웅장했던 까만색 공장(제재소)과 겨우내 땔감으로 사용하기 위해 톱밥을 언제나 꽉 채워 두었던 톱밥창고가 지금도 내 머리 속에 생생하다. 이런 이유때문인지 나는 오래된 공장과 창고를 발견 할 때면 옛 기억에 대한 향수로 힘이 나고 즐거워진다. '남아 있어 신기하다', '예쁘고 정겹다', '재밌고 흥미롭다', '이렇게도 쓸 수 있구나', '어떻게 하면 달리 쓸 수 있을까?' 늘 하는 생각이다.

이 책에는 맥주공장과 방적공장, 도자기공장 그리고 두 개소의 창고가 나온다. 여기에 배수탑과 갑문 얘기를 보탰다. 모두 하찮은 것으로 치부될 수 있었지만 달리 보고 남겨 소중히 다시 쓰고 있는 것들이다.

맥주공장도 아름답다

| 삿포로팩토리 | 삿포로맥주박물관 |

첫 번 째 이 야 기

2003년 8월. 무더운 여름날.

'삿포로팩토리' 札幌ファクトリー 를 찾아 혼자 떠났다. 수 년 전 책 속에서 우연히 알게 된 후 너무나 보고 싶었으나 찾아갈 기회를 갖지 못하다 용기를 내었다.

요즘은 삼각 김밥을 어느 편의점에서나 볼 수 있지만, 그 당시 나에겐 삿포로札幌로 이동하던 전철 안에서 두 꼬마가 먹던 주먹밥이 흥미로운 볼거리였다. 둥그스름하게 생긴 주먹밥 속에 짠지가 들어 있었는지 매실조림 우메보시 이 들어 있었는지는 알 수 없었지만 맛있게 주먹밥을 먹으며 목소리를 낮추어 도란도란 얘기를 나누던 그 가족의 따뜻하고 여유로운 일상이 보기 좋았다. 이것이 삿포로에 대한 나의 첫인상이었다.

삿포로는 일본인들도 무척 가고 싶어 하는 도시 중에 하나. 사람마다 차이는 있겠지만, 서서히 추위가 느껴지기 시작하는 초가을이 가장 아름답다고들 한다. 삿포로는 일본의 다른 도시들과 무척이나 다른 경관을 가졌고 시원스레 툭 트여져 있어 비교적 널찍널찍하다. 또 그 어느 도시보다도 맑고 파란 하늘을 가졌다. 그래서인지 이 땅에서 직접 생산되는 재료로 만든 것들이 인기가 많다. 맥주, 우유, 아이스크림, 버터 그리고 각종 해산물….

모에레누마(モエレ沼)공원에서 바라 본 모습. 삿포로는 언제나 맑고 푸르다.

맥주공장의 변신은 아름답다

드디어 삿포로역에 내렸다. 가슴이 설레였다. 버스정류장 표지판에 'Sapporo City Bus Factory Line'이라고 적혀 있다. 이 버스는 삿포로맥주의 테마공간을 순환하는 버스다. 크기는 일반적으로 우리가 생각하는 버스보다 작았다. 우리의 마을버스 정도 크기 후코오카 福岡 에서 '100엔 버스' 무조건 100엔을 내는 를 탄 적이 있었는데 그 버스와 크기가 비슷한 것 같았다.

순환버스를 타고 5분쯤 갔을까. 도시의 분위기가 점점 음침해졌다. 내가 그리던 청명하고 산뜻한 분위기가 아니었다. 마치 서울의 옛 구로동 같기도 하고 부산의 사상공단 같기도 한, 제대로 갖추어진 도시도 공장지대도 아니었다.

이 도시의 역사를 되짚어 보며 그 답을 찾아보았다. 삿포로는 원래 일본 북방 개척시대의 전진기지였다. 1876년에 건설된 삿포로맥주 제1제조소 札幌ビール第1製造所 가 있었던 삿포로의 동쪽지역은 옛 도청 舊北海道廳 과 삿포로의 상징적인 역사공원 永山記念公園 을 잇는 도시축의 핵심부였다. 그러나 삿포로역이 개설되면서 도시축이 바뀌게 되었고, 맥주공장이 있었던 이 지역은 '준공업지역'으로 바뀌게 되었다. 더욱이 1972년 삿포로 동계올림픽을 계기로 도시의 남북을 관통하는 고속도로가 생기면서 이곳은 도심과 격리되었고 이후 급격히 퇴락하고 말았다. 이런 사실을 알게 되면, 산뜻한 삿포로로만 상상했던 초행자에게 어색하게 다가온 풍경이 당연할지도 모른다.

시가지의 모서리를 몇 번 지나치자 건물들의 틈새로 빨간색 벽돌건물이 보이기 시작했다. 그런데 얼핏 보면 어떤 건물이 내가 찾는 주인공인지 모를 정도로 비슷비슷한 건물들이 여러 군데 퍼져 있었다. 버스에서 내려서자 'Factory'

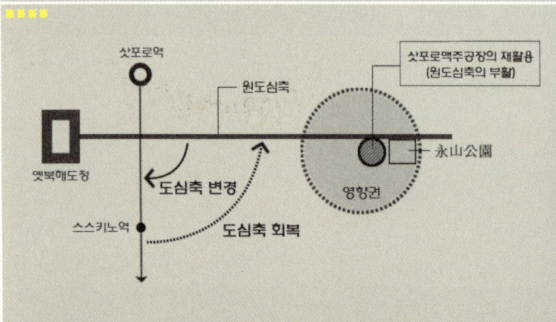

삿포로팩토리의 실내는 마치 공장 같다.
팩토리버스의 외관
팩토리버스는 흩어진 맥주공장의 흔적들을 연결한다.
삿포로는 원도심축의 회복을 위해 맥주공장의 재활용을 선택했다.

라고 적힌 2층짜리 벽돌건물이 눈에 들어 왔다. 길 건너 'Clubby' 라는 6층짜리 호텔과는 서로 마주 보고 있었다. 재미있는 건 그 두 건물이 무척 닮았다는 것인데, 분명 현대식 호텔임에도 불구하고 마주하고 있는 오래된 벽돌건물과 별 다를 바 없어 보였다.

2층 벽돌건물로 들어갔다. 온통 붉은 빛으로 가득하다. 벽도 바닥도 심지어 조명까지. 맥주집, 유제품상가, 토산품집들이 실내를 가득 채우고 있었다. 모든 물건들이 '메이드 인 홋카이도' 이다. 2층으로 올라서니 까만색 굴뚝 1892년에 만든 것이다 이 눈에 들어 왔다. 굴뚝 주변을 비워 '굴뚝광장' 으로 만들어 놓았다. 광장으로 들어 섰다. 갑자기 가슴이 따뜻해진다. 빨간 벽돌과 어우러진 초록색 담쟁이들, 까만색 굴뚝과 30평 남짓한 붉은 광장, 옛 창고들 틈새에 부분 부분 끼어있는 현대식 구조물들이 만들어 내는 느낌이 무척이나 독특했다.

많은 걸 사진에 담기 위해 카메라를 들고 이리 저리 뛰어 다니는 중에도 유독 한쪽으로 눈이 갔다. 굴뚝광장의 동쪽 유리창 안으로 내가 너무 궁금해 하던 주인공이 있었기 때문이다. 영화의 클라이막스 직전처럼 가슴이 뛰었다. 문을 열고 들어갔다. 유리로 덮힌 툭 트여진 아트리움 바깥과 실내를 연결하는 빈 공간이며, 천정이 유리로 된 경우가 많다 이 시원함을 넘어 감동으로 다가왔다. 그 규모 34×40×84m, 연면적 2,000㎡ 가 심상치 않았다. 음악회를 열어도 충분할 정도였다. 겨울 내내 내리는 눈으로 야외활동이 어려운 이 도시사람들에게 또다른 겨울문화를 제공하고 있었다. 아트리움의 탄생 배경이 하나 더 있다. 동쪽에 있는 공원의 열린 경관을 실내로 끌어 들이기 위해 투명한 아트리움을 선택 했다고 한다. 자연을 건물 속으로

삿포로팩토리는 계절마다 변신을 거듭한다.

끌어들인 것이다. 돋보이는 지혜다.
1980년대에 들어 삿포로는 지역을 활성화하기 위한 전략의 하나로 삿포로맥주공장을 교외로 이전하기로 하였고, '지역선도사업 leading project 이라는 명목으로 '삿포로팩토리 프로젝트'를 추진했다. 맥주공장은 3년 여의 공사를 거쳐 1993년에 삿포로맥주의 이미지를 재활용한 '복합상업시설'로 재탄생되었다. 이 사업의 추진은 지역경제의 활성화는 물론 역사적 건축물의 재생과 사라졌던 삿포로의 옛 도심축을 복원하는 의미심장한 또 다른 목적을 가지고 있었다.

삿포로팩토리처럼 원래 산업시설의 일부만을 남겨 새로운 공간을 창조하고, 원래 있던 기능을 현대적으로 재활용하는 방법은 산업시설을 가장 적극적으로 재활용하는 경우이다. 특히 항만이나 도심에서 주변과 어울리지 않거나 기능적으로 불합리한 공간으로 전락한 '이전적지' 이전이 필요한 도심에 남은 땅으로, 현대도시에서는 잘만 하면 기회의 땅이 되기도 한다 들이 이런 대변신을 할 수 있는 가장 큰 가능성을 가진 곳이다.

눈 내리는 굴뚝광장의 겨울밤
자르고 붙이고 고쳐서 삿포로팩토리를 재창조했다.

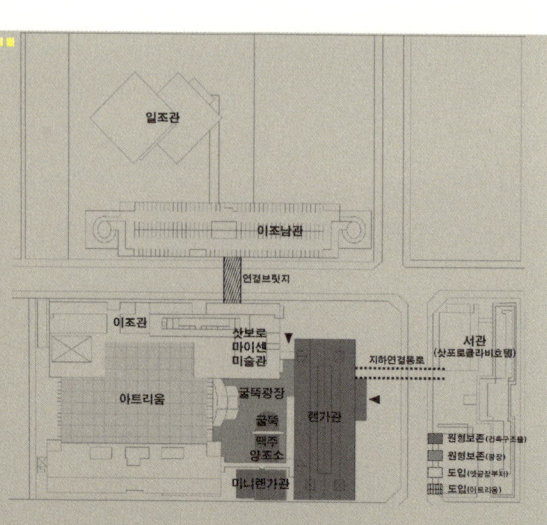

그러고 보니, 도쿄 시부야에 있는 '에비스가든' Ebis Garden 과도 닮은 구석이 많다. 그 역시 도쿄의 확장으로 도심에 위치한 삿포로맥주 도쿄 제2공장을 이전하고 그 자리에 만든 복합문화단지이다. 주말이면 시민들의 '문화 갈증'을 해결해 주고 있는 에비스가든은 도쿄 서부지역의 오아시스와 같다. 불과 십 수 년 전만해도 오염물질을 내뿜던 공장이 문화발전소로 변신한 것이다.

그런 의미에서 보면 삿포로는 도시 전체가 오아시스이다. 삿포로맥주와 관련된 붉은 이미지들이 건물, 인도, 간판 등 여기저기에 나타나 있다. 울산에 가면 현대의 이미지가 지배적이듯, 여기는 온통 삿포로맥주다.

삿포로팩토리는 3개 블록에 형성되어 있던 공장부지에「과거(적벽돌공장군(렌가관)과 식음시설)~현재(아트리움과 판매시설)~미래(정보관련시설)」의 개념을 도입하고 공장건물(5개동)을 재활용하는 것 외에 공장터와 굴뚝 그리고 공장 사이의 빈 공간들의 보존을 통해 옛 공간과 경관의 맥락을 재활용하였다. 특히 폭이 34m에 이르는 아트리움을 본관건물 터에 도입하여 보존된 적벽돌공장들에 어울리는 새로운 차원의 경관을 만들었다.

맥주의 모든 것을 담았다

또 다른 삿포로를 만나기 위해 다시 버스를 탔다. 네 정거장을 지나 종점인 '삿포로맥주박물관' 札幌ビア博物館 에 내렸다. 원래는 1890년에 건설된 설탕공장을 맥주박물관으로 재활용한 것이다. 빨간색 별 모양 로고가 강렬한 삿포로맥주박물관은 홋카이도에서 도청건물과 함께 최고 대접을 받는 건물이다. 북위 43도선이 지나는 지역들이 물맛이 뛰어나 유명한 맥주 산지 독일의 뮌헨, 미국의 밀워키, 그리고 삿포로 가 많다고 한다. 박물관 옆에 맥주레스토랑 정식명은 Sapporo Bier Garten이다 이 있고 뒤에는 거대한 쇼핑센터 이 쇼핑센터는 2005년에 생긴 것인데 어색하다. 없었던 때가 좋았다. 뭐든 돈을 목적으로 하면 그 가치가 떨어짐을 여기서도 확인한다 가 있다.

공장을 리모델링한 '비어가든' 에 들어서면 가장 먼저 떠오른 말은 '경이로움' 이다. 유럽에 있는 오래된 맥주집이나 옛 분위기가 나는 레스토랑과는 분명히 다르다. 여기엔 창틀, 천정에 노출된 설비시설, 숙성탱크 등 맥주공장의 흔적들이 강하게 남아 있어 지금도 진짜 맥주공장 같았다. 아니, 맥주공장에 테이블과 의자들만 들여놓은 것 같았다. 1층의 '클래식 홀' Classic Hall 보다는 천정의 설비구조를 그대로 남겨둔 2층의 '케셀 홀' Kessel Hall 이 더 매력적이다.

숙성용 탱크를 그대로 남겨 두었다.
앞치마를 하고 소시지를 먹기 직전 웨이트리스가 찍어 준 사진
맥주박물관 여름 전경

자리에 앉으면 의례히 하얀색 종이로 만든 앞치마를 준다. 몇 달 전, 제자들 성태와 기덕이와 함께 왔다 과 왔을 때의 기억이 떠올랐다. 그때도 앞치마를 받았고 일단 둘렀다. 앞치마의 목적은 이곳의 유명한 요리인 '양고기 징기스칸' 때문인데, 우리는 앞치마를 하고 소시지만 먹었었다. 양고기 보다는 삿포로맥주가 목적이었고 당연히 맥주에는 소시지가 최고라 생각했다 한국에서는 닭갈비집이나 삼겹살집에서 앞치마를 주는 경우가 있지만 맥주집에서의 앞치마는 새로웠다. 또 여기가 우리나라가 아니니 아무도 우릴 모를 것이고 뭐가 두려우랴. 이래저래 폼을 잡고는 서로 사진까지 열심히 찍었고 모두가 즐거운 시간을 보냈다. 이런 우리가 보기 좋았던지 웨이트리스도 우리가 함께하는 사진까지 찍어 주었다. 이곳을 찾을 때마다 똑같이 해보는 작은 이벤트지만 늘 즐겁다.

이왕 먹는 이야기가 나온 김에 하나 더 해야겠다. 삿포로에서 '라면' 이야기를 빼면 '팥 없는 붕어빵'이나 마찬가지다. 해서 꼭 들러 보는 곳이 있다. 스스키노 すすきの 에 있는 '라멘요코초' ラーメン横丁 다. 폭이 1.5미터 쯤 되는 골목길에 17개의 라면집들이 다닥다닥 붙어 있는데 1951년에 생긴 일본 라면골목의 원조라 할 수 있다.

내가 즐기는 금룡라면집(오사카 난바에 있다) *
삿포로라면골목은 언제나 사람들로 붐빈다. **

나는 된장을 넣은 '미소라면'을 좋아한다. 물론 타 지역의 라면들처럼 돼지뼈를 고아 만든 국물은 기본이다. 간장을 넣은 '소유라면', 소금으로 간을 맞춘 '시오라면'도 있지만 내 입맛에는 '미소라면'이 최고다. 오늘은 '도미야 富屋'라는 이름을 가진 집을 들렀다. 깊은 맛을 몰라서 일부러 올 때 마다 재미삼아 다른 집을 찾는다.

내가 오직 맛 때문에 찾는 일본 라면집이 딱 한 곳 있다. 오사카 난바에 있는데 지하철 미쯔시도역 14번 출구로 나가자마자 180도로 돌아서면 길가에 서서 먹을 수 있는 '금룡라면' 金龍ラ-メ 이라는 라면집이 있다. 메뉴라곤 600엔과 900엔 두 종류여서 고민할 필요도 없다. 900엔짜리는 납작하게 썬 고기만 추가한 것이다. 하나 더 좋은 것은 눈치 보지 않고도 편히 먹을 수 있는 김치가 수북하게 옆에 있다는 점이다. 성질 급하고 정이 많은 오사카 사람들처럼 늘 정겨운 곳이다.

삿포로의 밤은 붉은색 벽돌공장들이 만들어 내는 조명으로 인해 온통 오렌지 빛이다. 번쩍거리는 네온사인과 형광색에 길들여진 내 눈을 편하게 해준다. 마음까지 오렌지처럼 상쾌해진다.

호텔에서 만난 방적공장 1

| 아이비스퀘어 호텔 | 가나자와 시민예술촌 |

공장을 재활용한 사례의 대부분은 방적공장 紡績工場 이나 방직공장 紡織工場 인 경우가 많다. 이는 일본 뿐 아니라 전 세계적인 현상이다. 수많은 공장들 중에서 왜 하필 방적공장일까? 아마 산업혁명의 뿌리를 이룬 섬유산업과 연관되어 있기 때문일 것이다. 같은 방적공장인데도 쓰임새가 너무 달라진 두 공장을 이야기하려 한다. 하나는 '호텔'이고, 또 하나는 '시민문화시설'이다. 용도는 전혀 다르지만 두 공간을 재활용한 지혜는 똑 닮았다.

빨간 벽돌은 담쟁이와 늘 잘 어울린다

먼저 호텔로 재활용하고 있는 공장을 찾아 오까야마현 岡山縣 쿠라시키 倉敷市 로 출발했다. 쿠라시키로 가려면 신간센을 타고 오까야마역 에서 환승해 전철로 10분 정도 더 가야 한다. 쿠라시키역에서 호텔까지는 열심히 걸으면 10분 남짓 걸린다. 역 앞의 쿠라시키시장길에는 지붕을 씌워 놓았다. 사람들이 별로 없어서인지 을씨년스럽다. 최근 우리도 재래시장 활성화라는 이름아래 '지붕 씌우는 일'에 열심인데, 왠지 걱정이 된다. 그나마 70년대쯤의 분위기가 살아있어서 정겨워 보였다.

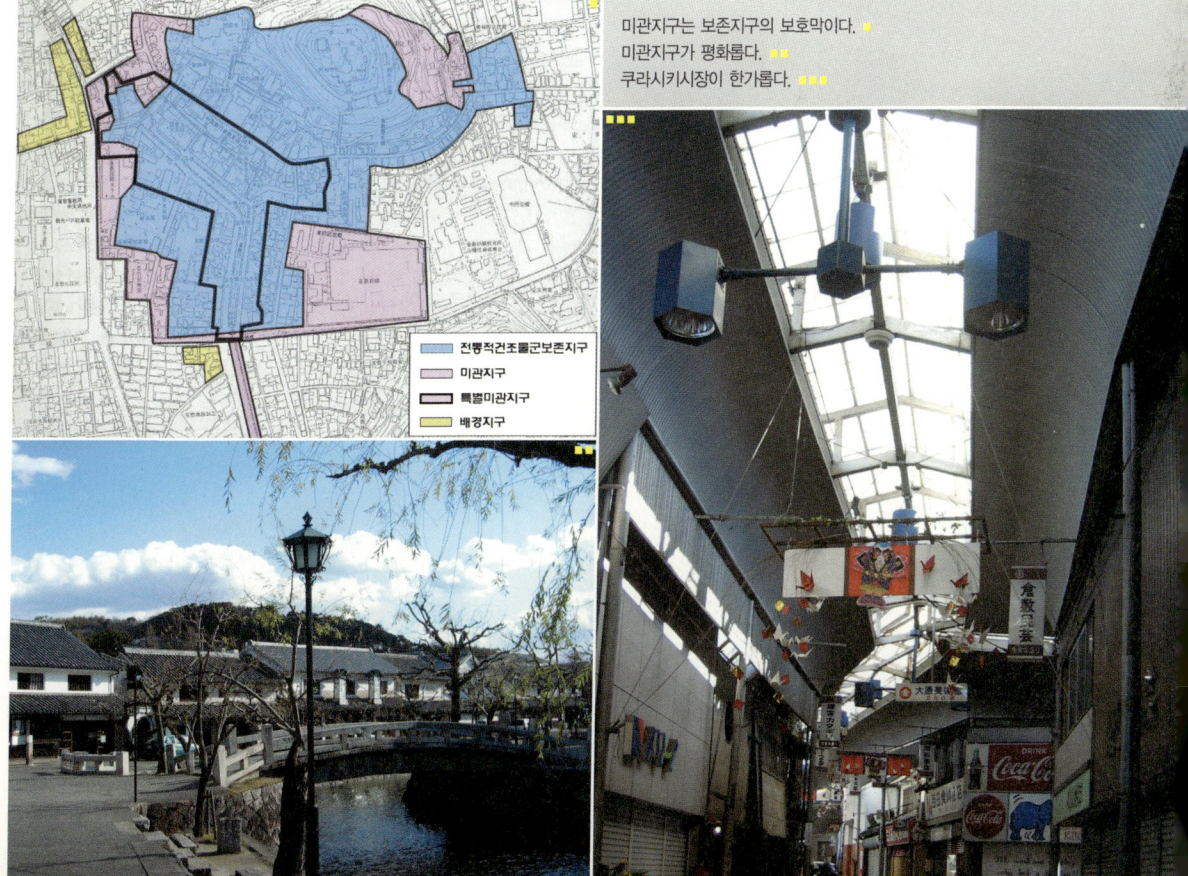

미관지구는 보존지구의 보호막이다. ■
미관지구가 평화롭다. ■■
쿠라시키시장이 한가롭다. ■■■

호텔은 '쿠라시키미관지구' 倉敷美觀地區 에 있다. 도시계획으로 지정된 법정지구지만 일본에서는 미관지구' 라는 이곳의 이름을 고유명사처럼 사용하고 있다. 지역의 역사를 지키기 위한 노력 1960년대부터 시작되어 일본 '역사경관 지키기'의 선구적 역할을 한다 이 워낙 일찍부터 시작되었고, 또 성공을 거둔 의미있는 곳이기 때문이다. 미관지구의 지정은 원래 방적공장이 있는 운하주변 倉敷川畔 의 경관보호를 목적으로 시작되었다. 이러한 노력의 결과로 1979년에는 국가로부터 '중요전통적건조물군보존지구' 重要傳統的建造物群保存地區 로 지정 받았고, 현재 연 600여 만 명의 관광객이 운하주변의 역사적 경관을 보기 위해 이곳을 방문하고 있다.

왜 작은 지방도시에서 40여 년 전부터 이런 노력이 시작되었을까? 그 답을 찾기위해 일본 역사의 흔적을 들춰본다. 17~18세기 에도시대 때는 이곳이 운하를 따라 형성된 물자집산지였고 운하를 따라 늘어선 민예관 民藝館 과 고고관 考古館 으로 사용하는 작은 박물관들은 모두 '쌀 창고'였다고 한다. 물자 유통에 유리한 입지 때문에 메이지시대에는 일본 방적산업의 거점으로 발전하게 되었고, 지금의 아이비스퀘어호텔의 뿌리인 '쿠라시키방적공장' 倉敷紡績 이 1888년에 건립되었다. 그 규모가 이후 수십 년 동안 지역경제를 좌우할 정도로 거대했다고 한다.

운하 주변의 옛 모습 *
미쓰코시백화점 **
원래 그 모습 그대로의 뒷골목 ***
운하를 따라 나란히 서있는 하얀색 건축물들 ****

— 미쓰코시백화점 **

운하 옆에는 아주 작은 백화점이 있다. 아마 내가 본 백화점 중에서 가장 작을 듯 싶다. 방적산업이 한창일 때 세워진 '미쓰코시백화점' 三越倉敷川館 으로 당시는 이 곳이 백화점까지 있던 쿠라시키의 '도심' 都心 이었던 것이다.

현재까지 이 지역의 문화와 경관이 고스란히 보존되고 있는 가장 큰 이유는 방적공장을 설립하고 경영하였던 '오오하라가문' 大原家/大原孫三郞(1880~1943)와 大原總一郞(1909~1968) 부자에 의해 방적산업이 부흥되고 또 지역산업으로 육성되었다 의 투자 때문이었다고 한다. 이러한 투자가 지역민들의 노력과 결합되면서 방적산업이 지역산업으로 정착하였고, 이 때문에 방적산업이 쇠퇴한 후에도 지역의 전통산업으로 그 맥락과 명성이 고스란히 남아있게 된 것이었다. 이러한 일련의 과정 속에서 지역방적산업의 핵심체였던 '쿠라시키방적공장'을 재활용하게 된 것이었다.

톱날모양의 지붕을 가진 공장을 183실의 객실과 연회장, 결혼식장 등의 부대시설, 지역전통산업을 전수하고 전시하는 '아이비학관' アイビ學館 화려했던 방적산업의 흔적들을 모아놓은 산업기념관 紡績記念館 등으로 리모델링했다. 이를 전부 묶어 1974년 5월에 '아이비스퀘어' アイビ-スクエア 라는 이름의 호텔로 개장을 한 것이다. 개인적으로 이 호텔에 매력을 느끼는 부분은 공장 일부를 들어내고 만든 직사각형의 광장이다. 광장에서 전해지는 다정다감한 느낌은 표현이 불가능할 정도였다. 광장을 둘러싼 회랑과 아치형 창틀이 엮어내는 정경들은 유럽의 그 어떤 광장보다 깊은 맛을 전해준다.

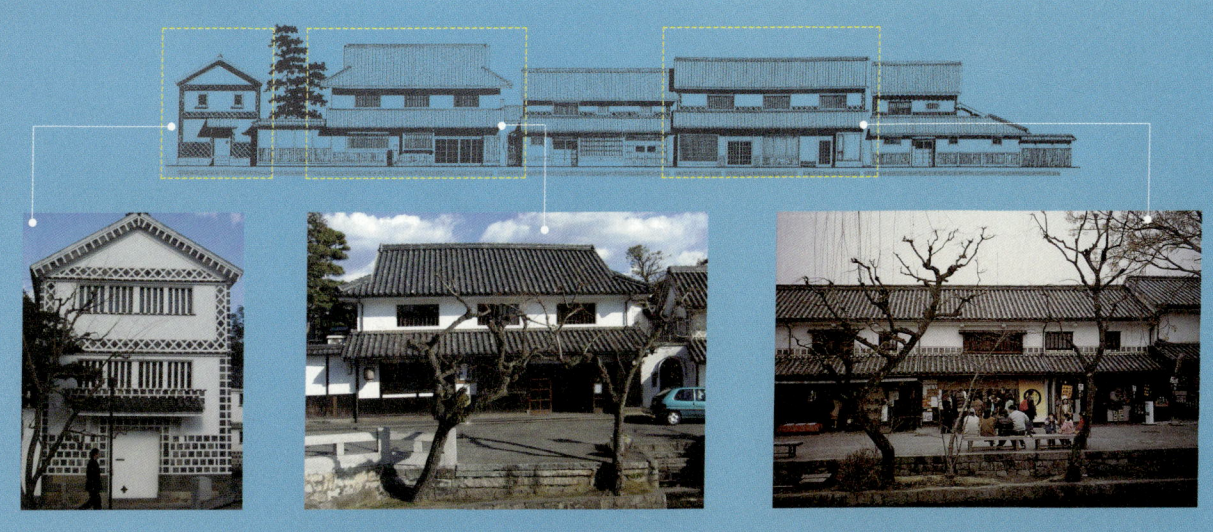

아이비스퀘어는 일부의 조정을 통해 원래 이미지를 강하게 남기고 한편으로는 원기능과 관계없는 현대적 기능 문화, 휴양, 숙박, 판매, 식음 등 을 도입하여 절충적으로 재활용한 유형에 속한다. 이런 유형은 산업시설의 원래 이미지와 새로운 현대적 이미지와의 조화 여부가 제일 중요한데, 아이비스퀘어는 이런 의미에서 매우 성공적인 사례로 알려져 있다. 30년이 지난 지금도 원래의 고풍스런 이미지가 고스란히 남아있고 지역의 향수가 가득한 아름다운 호텔로서 일본의 신혼부부들이 가장 방문하고 싶어 하는 호텔 중의 하나로 손꼽힌다.

리모델링의 중요한 원칙으로는 첫째, 공장의 원래 구조와 재료를 최대한 재활용하고, 둘째 일부 공장을 철거하여 중정과 진입광장을 확보하며, 셋째는 화재에 대비하여 숙박동(기존 목재트러스구조)은 공장 1층부를 2개 층으로 분리하여 철근콘크리트구조로 보강하는 것이었다. 특히 철거된 중정부(1,500㎡)와 진입광장부(1,400㎡)에서 확보된 상태가 양호한 목재(155㎥), 석재(판석 200매), 유리(977본/300×400mm), 타일(70,000매) 등은 다른 공간에 모두 재활용하였다.

아이비호텔 로비, 방적공장의 구조체를 다시 살렸다.

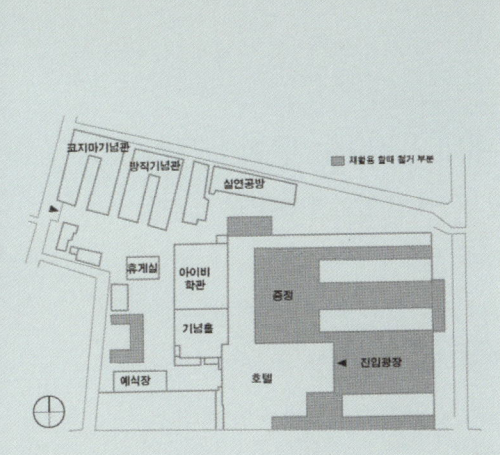

쿠라시키에서 또 하나, 지금은 비록 뒷골목으로 전락했지만 옛날에는 중심길이었던 혼마찌 本町 와 하가시마찌 東町 를 걷는 것 개인적으로 운하길을 걷는 것보다 더 즐긴다 또한 즐거운 일이다. 작은 구멍가게들, 양조장들, 모두 지역의 전통술(地酒)을 생산한다 다다미 제작소, 고서점, 골동품 가게, 민박집 등. 40년 전의 모습으로 돌아간 듯한 느낌이다.

이런 '허름함' 바로 옆에 전혀 어울리지 않을 것 같은 호텔이 있다. 서로 의지하며 이들이 만들어내는 '공존의 미'가 무척이나 조화롭다. 맞은편 언덕에 올라가보니 한 눈에 미관지구가 들어왔다. 얼핏보니 호텔이 어딘지 모를 정도로 모든게 그대로다. 영화롭던 방적시대의 모습. 하지만 그 속에는 현대에 잘 적응하고 있는 쿠라시키의 참 매력이 숨어있었고 강한 생명력을 가진 지역의 힘이 꿈틀거리고 있었다.

■ 일부를 들어내고 호텔로 다시 만들었다.
■■ 공장을 들어내고 만든 진입광장
■■■ 붉은색과 초록색, 하늘색이 잘 어울리는 아이비광장(중정)

24시간 내내 움직이는 문화발전소

또 다른 방적공장의 얘길 하려면 가나자와 金澤 로 가야 한다. 가나자와에 간 날이 우연하게도 '삼일절' 이었다. 이곳에는 윤봉길 의사의 '순국기념비'가 있어 기분이 사뭇 묘해졌다. 1932년 4월, 중국 상하이에서 폭탄을 던져 일본군 장교 등을 사상시킨 윤봉길의사는 그해 12월 이곳에서 사형을 당한다. 유골은 광복 후 서울로 이장되었지만 기념비는 이곳에 남아있다 숙연해졌던 마음을 잠시 접어두고 본격적으로 가나자와를 찾아 나섰다. 그날 가나자와를 찾아 가는 목적은 오직 '가나자와 시민예술촌' 金澤市民藝術村 을 확인하기 위해서 였다. 우선 교토에서 전철 JR北陸線 을 타고 쓰루가, 후쿠이, 코마츠를 지나 2시간을 달렸다. 가나자와역에 도착하기 바로 직전, 좌측 편으로 붉은색의 시민예술촌이 스쳐 지나간다. 미리 위치를 알고 있었기에 카메라를 들고 기다렸지만, 어어! 하는 사이에 그냥 지나가버렸다. 건물들이 철로와 거의 붙어 있기 때문에 찍을 수가 없었다.

가나자와는 대도시들과 적당히 떨어져 있어서 도쿄와는 3시간이상, 교토와는 2시간 거리 그런지, 다녀 본 일본 도시들 중 가장 평화롭고 제대로 된 '일본다움'이 진하게 묻어나는 도시인 것 같다. 오후 5시, 벌써 어둑어둑 어둠이 내리기 시작했고 마음은 조금씩 급해져왔다.

언덕에서 내려다 본 아이비스퀘어호텔

3피트 앞 수변광장의 여름은 늘 아이들로 붐빈다.

소름이 쫙 오를 정도로 일본 냄새가 강하게 느껴지는 가나자와역을 뒤로 하고, 시민예술촌을 가기위해 택시를 탔다. 외국여행 중에 '택시 안타기'는 나의 굳건한 원칙 중에 하나인데 그냥 깨버렸다. 사실 시민예술촌은 365일, 24시간 시민에게 개방하는 곳이어서 아무 때나 가도 되지만 급한 마음에 그냥 택시를 탔다. 기본요금에서 두 번 올라간 780엔이다. 다음날 다시 걸어 보니, 보통 걸음으로 13분정도 걸린다 아직 본격적인 봄이 오기 전이고 저녁때여서 그런지 잔디밭이나 물에서 노는 아이들은 찾아 볼 수가 없었.
이곳은 1917년에 설립된 방적회사 大和紡績 가 1919년에 제1공장과 원사창고, 사무소 등을 건립하면서 생긴 자리였다. 이 공장은 가나자와의 지역산업으로서 80여 년 동안 이어져 오다 문을 닫게 되자 이를 가나자와시에서 매입하였고 1996년부터 재활용한 것이다. 철로변에 있던 공장의 중앙부에는 널찍한 잔디밭을 두었고 건물은 크게 여섯 덩어리로 구성되어 있다. 다섯 덩어리는 1~5피트로 나누어져 있고 나머지 하나는 카페테리아 れんが亭 다.
이곳에는 예술문화활동을 하는 작은 시민극단이 30여 개나 모여 있고, 언제나 시민들에 의해 음악, 연극 등의 공연과 전시가 행해지고 있다. 24시간 개방하는 작은 공방들은 6시간 빌리는데 천 엔 만 주면 된다 기록을

가나자와역의 모습이 예사롭지 않다. 어찌 보면 흉측하다.
가나자와 시민예술촌 정경

보니 2002년에 콘서트 57회, 연극 104회 개최했다고 한다. 또 다른 기록을 보니 인건비를 제외한 1년 유지관리비가 1억 9천만 엔 정도이다. 적지 않은 돈이다. 이중 국가 지원이 2천만 엔, 이용료 수입이 2천만 엔이며 이를 제외한 나머지 1억 5천만 엔은 가나자와시가 부담한다고 한다. 시민 1인당 333엔 정도에 해당하는 제법 큰 돈이다. 그럼에도 불구하고 시는 당당하게 투자하고 시민은 이에 대해서 이견이 거의 없다고 한다. 올바르고 좋은 목적 때문이다.

내부에선 각 피트가 정식으로 연결되어 있지 않고

별도의 통로나 복도가 없었다. 화장실과 자판기는 3피트에만 있고, 담배도 거기서만 필 수 있었다. 불편할 것 같았다. 한 번에 전부를 보고 싶어 하는 사람들에는 더 할 것 같았다. 하지만 여기를 찾는 시민들은 각 피트에 연관된 분명한 목적을 가지고 있기에 나처럼 기웃거릴 이유가 없다. 다시 보면, 이용하고 관리하기에 금상첨화다. 여기저기에 자랑스럽게 붙여놓은 '이용자들 스스로가 관리한다' 라는 문구의 의미가 확연히 느껴졌다. 시스템 자체를 그렇게 만들어 버린 것이다. 여기에 스스로 가꾸고 서로를 배려하는 시민의 마음이 보태져서 관리가 저절로 되고 있는 것이다.

공용공간으로 사용되는 3피트
시민예술촌은 크게 다섯 공간으로 나누어져 있다.
가나자와 시민예술촌 정경

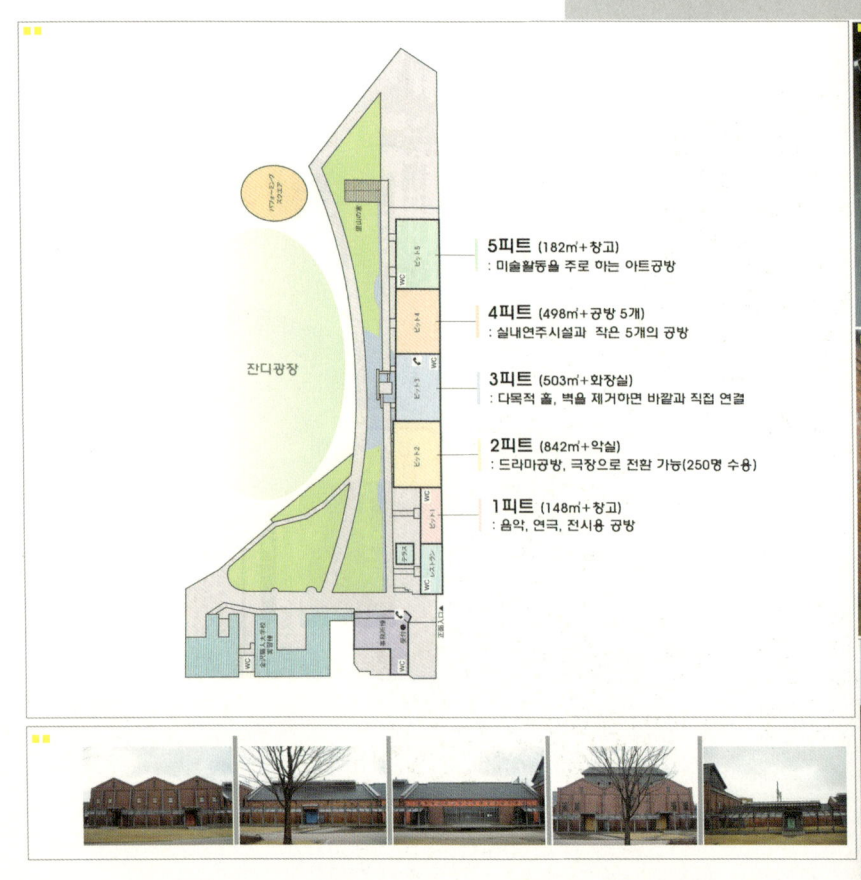

5피트 (182㎡ + 창고)
: 미술활동을 주로 하는 아트공방

4피트 (498㎡ + 공방 5개)
: 실내연주시설과 작은 5개의 공방

3피트 (503㎡ + 화장실)
: 다목적 홀, 벽을 제거하면 바깥과 직접 연결

2피트 (842㎡ + 악실)
: 드라마공방, 극장으로 전환 가능(250명 수용)

1피트 (148㎡ + 창고)
: 음악, 연극, 전시용 공방

반투명의 이 문이 활짝 열리면 3피트와 수변광장은 하나가 된다.

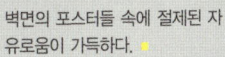

벽면의 포스터들 속에 절제된 자유로움이 가득하다.

4피트의 작은 연습실은 언제나 붐빈다.

7시가 넘었고 밖은 이제 깜깜했다. 다목적으로 사용하는 3피트의 나무 계단에 잠시앉았다. 날씨가 추워 지금은 닫혀 있지만, 봄이 되면 바깥의 수변과 잔디밭이 하나가 될 이 자리를 상상해 본다. 반투명한 벽체 너머에는 항상 물이 흐른다. 지금은 아이들이 없지만, 더워지면 3피트와 수변공간을 왔다 갔다 하며 뛰어 놀 아이들의 모습을 상상하니 즐거운 생각이 들었다.

약 1시간 전 4피트의 연습실에 들어 갔던 사람들 정확히 3명의 할아버지와 할머니 1명이 나왔다. 자판기에서 캔을 하나씩 뽑아들고 담배를 피웠다. 해금을 닮은 일본 전통악기 인 듯 내가 처음 보는 악기를 연주하는 동호인들이었다. 한참이나 무슨 얘기들을 나누고선 그 자리를 떠났다. 이 공간에서 가장 흔하게 볼 수 있는 풍경이었다.

4피트에는 A~E라고 적혀 있는 다섯 개의 작은 방이 있다. 이 방들은 중앙의 연주공간을 감싸듯이 둥글게 배치되어 있고 음악을 하는 동호인들이 빌려 활동거점으로 사용하고 있다. 선착순이다.

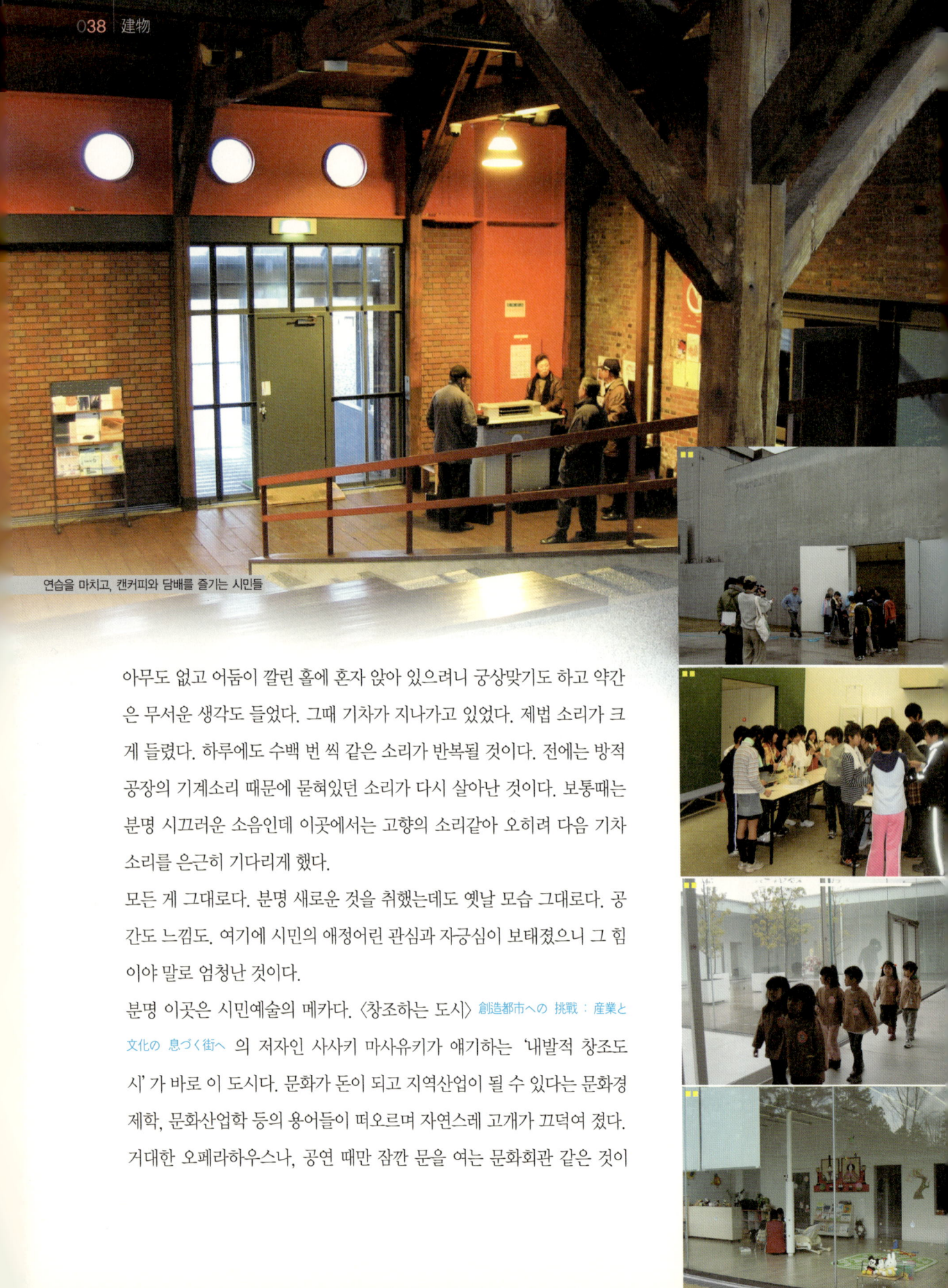

연습을 마치고, 캔커피와 담배를 즐기는 시민들

아무도 없고 어둠이 깔린 홀에 혼자 앉아 있으려니 궁상맞기도 하고 약간은 무서운 생각도 들었다. 그때 기차가 지나가고 있었다. 제법 소리가 크게 들렸다. 하루에도 수백 번 씩 같은 소리가 반복될 것이다. 전에는 방적공장의 기계소리 때문에 묻혀있던 소리가 다시 살아난 것이다. 보통때는 분명 시끄러운 소음인데 이곳에서는 고향의 소리같아 오히려 다음 기차 소리를 은근히 기다리게 했다.

모든 게 그대로다. 분명 새로운 것을 취했는데도 옛날 모습 그대로다. 공간도 느낌도. 여기에 시민의 애정어린 관심과 자긍심이 보태졌으니 그 힘이야 말로 엄청난 것이다.

분명 이곳은 시민예술의 메카다. 〈창조하는 도시〉 創造都市への 挑戦：産業と 文化の 息づく街へ 의 저자인 사사키 마사유키가 얘기하는 '내발적 창조도시'가 바로 이 도시다. 문화가 돈이 되고 지역산업이 될 수 있다는 문화경제학, 문화산업학 등의 용어들이 떠오르며 자연스레 고개가 끄덕여 졌다. 거대한 오페라하우스나, 공연 때만 잠깐 문을 여는 문화회관 같은 것이

가나자와 21세기미술관은 우주선을 닮았다.
21세기미술관에는 늘 아이들이 붐빈다.
얇은 유리가 자연과 건물을 하나로 만들었다.

가나자와에 없는 것이 우연은 아닐 터이다. 시청 옆 학교터에는 2004년에 건립된 '21세기 미술관'이 있다. 처음 보면 납작하고 온통 하얀색이어서 당황스럽기까지 했다. 그러나 속을 깊게 들여다보면 여러 가지 감탄사가 절로 나온다. 이곳에는 시민과 어린이들이 자유롭게 배우고 참여하는 모습들이 가득 차있었다. 온통 자줏빛이고 안에 들어가면 기차가 지나는 소리 외에는 바깥에 어떤 일이 벌어지는지 통 알 수 없었던 '시민예술촌'과는 완전히 딴판이다. 어디서나 바깥을 내다 볼 수 있었고, 어디서나 안을 들여다 볼 수 있었다.

이처럼 두 건물의 형상과 이미지는 다른데, '시민'과 '문화'라는 키워드는 똑 같이 공유하고 있었다. 가나자와가 가진 '내면의 파워'가 여기서 출발하는 것이다.

창고에서 희망을 보다

| 마이쯔루의 창고군 | 하코다테 가나모리창고 |

마이쯔루의 '군수시설창고'와 하코다테의 '오징어창고'는
단지 바닷가에 있는 창고라는 것 외에는 아무런 관계가 없다.

3
세 번째 이 야 기

마이쯔루는 8월이 되면 변신을 한다

2005년 8월 중순 어느 날. 인터넷에서 찾은 기사다.

"우키시마호(浮島丸) 희생자 위령비를 부산의 수미르공원 안에 세우게 된 것이 무척 뜻 깊습니다. 광복을 맞은 지 60년만의 일입니다."

오는 27~28일 부산 해운대와 중구 중앙동 부산연안여객터미널 앞 수미르공원에서 '광복 60주년 일제 강점 희생자 위령제전'이 열린다. 이 행사를 집전하는 윤광석(백산 안희제선생 독립정신계승사업회 회장)대회장은 "우키시마호 폭침사건 희생자들과 유족들이 지난해 부산에서 처음 열린 위령제 때 '바로 이곳 부산에 위령비 하나라도 있었으면…'하고 호소하던 모습이 눈에 선하다"며 감회에 잠겼다.

한국정신대문제대책협의회, 민족문제연구소 등 주요 단체들이 함께 하는 광복 60주년 일제강점 희생자 위령제전은 크게 두 행사로 이뤄진다. 27일 해운대백사장에서 열리는 제7회 정신대해원상생대동굿과 28일 수미르공원에서 개최되는 우키시마호 희생자 위령제전이다. "1993년부터 2년마다 정신대해원상생대동굿을 열어오다 지난해 처음 우키시마호 희생자 위령제전을 포함시켰습니다. 부산연안여객터미널에서 열렸던 우키시마호 희생자 위령제전에는 생존자 10여명과 유족들이 참가했습니다. 그 때 그 분들 말씀이 오래 기억에 남습니다"라고 그는 말했다.

'일제에 강제 징용되었던 사람들이 꿈속에서도 그렸던 조국의 이미지는 바로 부산이었다. 일본에 끌려가던 그들이 마지막으로 본 고국산천이 바로 부산항이었기 때문이다. 그것도 바로 이 연안여객터미널이다. 그들이 우키시마호를 타고 돌아오고자 했던 장소도 부산항이었다. 그들은 우키시마호 폭발로 죽어가던 그 순간에도 가슴속으로 부산항을 그렸을 것이다.' 생존자와 유족들이 윤 대회장에게 했던 말의 요지다.

-중략-

우키시마호는 해방직후인 1945년 8월 24일 한국인 징용자 수천명을 태우고 부산으로 향하던 중 일본근해에서 침몰한 귀국선. 당시 일본은 한반도 강점시 아오모리현 반도에 이주시켜 강제노역에 투입했던 한국인 징용자와 가족 등 7500여명을 일본 군함 우키시마호에 태워 1945년 8월 22일 일본 최북단의 군항 오미나토에서 출항시켰다. 그러나 8월 24일 오후 5시20분쯤 일본의 마이쯔루만 안으로 들어오던 우키시마호는 해안에서 300m쯤 떨어진 지점에 이르러 멈춰 섰고 잠시 뒤 폭발음과 함께 순식간에 두 쪽으로 꺾여 수많은 승객이 수장되었다. 사고 원인은 명확히 밝혀지지 않은 상태다.

(2005년 8월 18일 국제신문, http://blog.naver.com)

부산항 수미르공원에 있는 우키시마호 위령비

마이쯔루는 우리에게 한이 맺혀 있는 도시다. 학이 날개를 펴고 쉬는 모습이라 해서 '舞鶴'이라고 했다지만, 얽혀있는 도시의 역사와는 너무 대조적이다. 교토에서 JR마이쯔루를 타고 히가시마이쯔루 東舞鶴 에 도착했다. 마이쯔루에 대한 첫 인상은 심한 적막감을 느낄 정도로 정갈했다. 역 앞 길들은 항구 쪽을 향해 길쭉한 격자형으로 뻗어있었다. 길로 둘러쳐진 한 가구 街區/블록 의 크기가 거의 비슷한 걸 보니 의도적으로 계획한 것임에 틀림없다. 마이쯔루는 일본 4대 군항 마이쯔루, 요코스카, 구레, 사세보 중 하나이고, 이 지역은 군항을 지원하던 배후지였다.

역 앞의 가로를 활성화시키려고 온통 아케이드를 설치해 놓았다. 사람들은 별로 없었고 문 닫은 가게들이 군데군데 보였다. 내가 기억하는 70년대의 우리 도시와 비슷했다. 수 십 년은 족히 되어 보이는 이발소, 약국, 식당, 영화관 등이 그 모습 그대로 남아 있었다. 장사가 되려나하는 괜한 걱정이 들 정도였다. 도시의 반대쪽에 또 하나의 역 니시마이쯔루 西舞鶴 가 있다. '아마도 이곳의 역할이 다르겠지' 하면서도 고개가 갸웃거려졌다. 사실 마이쯔루에 대한 자료들 팸플릿이나 작은 책자들 을 찾으려 오사카와 교토에서 무척 노력 그래봐야 관광안내소와 서점을 들르는 일이었다 은 했었지만 제대로 얻을 수 없었다. 인구 9만의 마이쯔루는 지난 5년 동안 인구가 줄지

창고 1
해군군수창고였고 렌즈벽돌박물관으로 재활용 하고 있다.

창고 2~5
시청 바로 옆에 있고 모두 해군군수창고였다. 하나는 시청기념관으로 재모델링공사가 진행 나머지 두개는 창고로 사용중.

창고 6~9
분코야마 바로 아래 위치 해상자위대가 사용하나. 3개는 사용하지 않고 문을 닫아 놓았다.

창고 10~12
분코야마에서 바라보면 도로를 따라 나란이 서있다. 모두 군시설용 창고 (일부는 사무실로 개조) 로 사용 중이다.

마치 70년대 같은 마이쯔루의 가로 풍경 (2006년 2월 28일 촬영)

길쭉한 격자형인 가로망

12개의 창고들이 같은 지역에 끼리끼리 모여 있다.

태생이 같으나, 지금은 각기 다른 목적으로 재활용중인 창고들

않았다고 한다. 그래서 그런지 사람을 끌어 들이려고 애쓰는 일본의 다른 지방 도시들과는 사뭇 다른 분이기다. 아무튼 궁금증을 품게하는 도시다.

관광안내소는 히가시마이쯔루역 안 귀퉁이에 한 평도 안 되어 보이는 조그만 공간에 있었다. 그렇게 찾던 팸플릿들이 몇 개 있었다. 반가웠다. 귀한(?) 것이라 눈치를 보면서 서너 개 씩 챙겼다. 벽돌창고들이 제일 잘 표기된 팸플릿 하나를 펼쳐들고 창고들을 찾아 걷기 시작했다.

아케이드를 따라 정확히 15분을 걸었다. 항구 쪽을 바라보니 곳곳에 군함들이 정박 중에 있다. 아직도 일본자위대의 '해군기지' 역할을 하고 있다고 한다. '분코산' 文庫山/항구와 접해 있는 높이가 50미터가 채 안 되는 야산 아래에 있는 12개의 적벽돌 창고들을 하나씩 확인해 나갔다. 2개는 시민문화시설로, 2개는 일반 물류창고로, 4개는 군용창고로 사용 중이었다. 또 3개는 문을 닫아 놓았고 나머지 1개는 리모델링 중이었다. 하나씩 천천히 재활용의 범위를 늘려가고 있는 것이다.

마이쯔루의 적벽돌창고 얘기는 1988년으로 거슬러 올라간다. 그 해 시민과 시가 함께 '마찌쯔쿠리연구회' まちづくり研究會 를 결성하고 요코하마와 그 이듬해부터 교류를 시작하면서 창고 재활용을 본격화했다. 적벽돌창고의 재활용은 요코하마가 원조다. 여덟 번째 항만이야기에서 요코하마는 따로 다룬다 1990년 4월에는 약 70여 동에 이르는 창고를 시민들 스스로가 조사했고, 그 과정에서 벽돌을 만들던 도요지 메이지시대에 전국 5대 벽돌도요지에 속하는 중요한 곳이다 를 발견하기도 했다. 이러한 시민활동의 결과로 1990년에 '제1회 적벽돌심포지움 마이쯔루대회' 赤煉瓦シンポジウム In まいづゐ 가 성황리에 개최되게 되었다.

분코산 아래에 줄서 있는 창고들

개인적으로 존경하는 동경대학의 니시무라 교수 西村幸夫/역사보존분야의 세계적인 전문가이다 의 발표도 있었다고 하니 더욱 신뢰가 갔다.

매년 8월이 되면 마이쯔루에서는 '재즈페스티벌' jazz festival 을 개최한다. 재밌는 것은 재즈공연과 축제를 창고와 창고의 사이 공간 행사 때는 창고들을 시에서 임대를 한다 에서 한다는 것이다. 그 공간은 폭이 8~10미터 남짓하고 길이는 70~80미터 정도된다. 안타깝게도 찾았던 그 때는 비가 부슬부슬 내리던 2월이었다. 직접 보지 못해 못내 아쉬웠지만, 창고 사이를 걸으며 빨간 벽돌과 담쟁이를 타고 흘러 퍼질 색소폰 소리를 상상해 보았다.

1993년 11월 6일. 마이쯔루의 시승격 50주년 기념사업으로 '적벽돌박물관' 舞鶴市立赤れんが博物館 을 개관했다. 메이지시대에 건설된 2층 규모의 철골벽돌조 군수품창고를 리모델링한 것으로 세계 최초로 만든 적벽돌박물관답게 온갖 벽돌들을 다 모아 놓았다. 어디서 구했는지 대단하다. 심지어 히로시마와 나가사키 원폭 잔해물인 벽돌들도 있었다. 기념품가게에서는 벽돌과 관련된 책자는 물론이고, 축소된 벽돌들도 팔고 있다.

벽돌건물의 보존기금을 모으고 있다.

'made in 舞鶴' 벽돌기념품

어디에도 없고 이곳에서만 살 수 있는 것들이다. 흔쾌히 두 권의 책과 한 개에 300엔하는 벽돌 세 개를 샀다. 남은 동전은 과감히(?) '벽돌보존기금' 으로 냈다.

창고 사이의 길쭉한 공간에서 재즈페스티벌이 열린다.
8월이면 마이쯔루는 재즈의 도시가 된다.

박물관을 나서는 발걸음이 가볍고 상쾌했다. 솔직히 궁금증을 풀었다는 후련함 보다는 '벽돌 세 개' 때문이었다. 아마도 평생 내 연구실 어딘가에 자리를 잡고 있을 것이고 볼 때 마다 이곳 생각을 하겠지.

1994년 10월에 개관한 시청 옆에 있는 '마이쯔루시정기념관' 舞鶴市政記念館 은 입장료가 없다. 마이쯔루의 근대역사 주로 군항과 관련된 역사다 를 전시하고 있어 마이쯔루의 홍보관 역할을 톡톡히 하고 있다. 그 옆에서는 아마 시에서 매입했을 것 같은 또 다른 창고 하나가 리모델링 중이었다. 재즈축제가 열릴 여름이면 근사하게 변해 있을 것이다.

나는 고쳐놓은 것들 보다 내버려둔 창고들이 사람 냄새가 나서 더 좋다. 빤짝거리도록 닦아 놓은 벽돌들보다 세월의 흔적이 그대로 남겨져 있는 벽돌벽을 뚫고 나온 담쟁이와 구멍 난 함석판들이 더 정겹다.

마이쯔루에는 철도, 교량, 포대, 창고 등 100여 건의 군사관련 시설들이 남아 있다. 그 모두를 '산업유산' 으로 생각하고 그대로 남기거나 또는 재활용할 방법을 고민 중이라 한다. 부러운 생각이 머리를 가득 채운다.

비 오는 마이쯔루는 온통 자줏빛이다.

'벽돌도시 마이쯔루' 의 포스터는 우리를 미소 짓게 한다.

시민들이 직접 조사한 70여동의 창고들(舞鶴市立赤れんが博物館 소장)

낡은 창고들이 이젠 마이쯔루의 얼굴이 되어 버렸다.

오징어창고 가나모리!

아오모리 青森 에 도착하자마자 아모모리역 앞에 서 있는 '세이칸' 青函 연락선을 보러 갔다. 세이칸연락선은 혼슈 本州 에 있는 아오모리와 홋카이도의 하코다테를 바닷길로 이어주었다. 1908년부터 1988년까지 80여 년 동안 홋카이도의 석탄, 목재, 농산물을 혼슈로 실어 나르고, 혼슈에서는 노동자들을 실어 날랐다. 승객수송용 7대, 화물수송용 6대 등 13대의 연락선을 운행했다고 한다. 하지만 1988년 바다 밑으로 세이칸터널 53.85km 이 개통되고 도쿄에서 홋카이도를 연결하는 페리호가 운행되면서 세이칸연락선들은 그 운명을 다하고 말았다. 그 중, 2대를 남겨 이곳 아오모리항과 하코다테항에서 관광체험시설로 재활용하고 있다. 아오모리에 있는 배는 '하코타마루' 八甲田丸, 5,382톤 이고 하코다테에 있는 배는 '마슈마루' 摩周丸, 5,374톤 다. 한 번에 승객은 1,200명 정도를 화물은 객차 55량을 실어 날랐다 한다.

1988년에 바닷길이 끊긴 후 쓸모없어진 배들을 보존하자는 시민운동이 일어났고, 하코타마루는 1990년 7월, 마슈마루는 1991년 4월에 제3섹터 방식 아오모리는 '아오모리워터프론트개발' 이라는 독자 회사를, 하코다테는 '일본철도북해도+시+상공회의소' 가 공동으로 설립한 회사였다 으로 연락선박물관 및 다목적시설로 활용하게 되었다. 그러나 10여 년 만에 여러 이유로 방문객이 줄어들면서 모두 파산하고 말았다. 그 이후 하코타마루는 미찌노쿠은행재단에서 소유하게 되었고, 마슈마루는 하코다테의 관광시설로 활용하고 있다. 특히 마슈마루는 하코다테항의 중심에 정박시켜, 멀리 하코다테산록의 경사길인 '하치만자카' 八幡坂 에서 바라보는 관광상품으로 톡톡한 재미를 보고 있다. 땅과 시설, 배 그리고 경관을 하나로 묶어 관광상품으로 팔고 있는 것이다.

바다를 배경으로 한 하코다테역

하치만자카(八幡坂)에서 바라 본 마슈마루(摩周丸)

마슈마루

하치만자카

이제 아오모리 青森 에서 하코다테로 향할 시간이 되었다. 전철로 2시간 남짓 걸려 하코다테에 도착했다. '가나모리창고' 金森倉庫 를 보는 것이 주된 목적이지만, 사실 딴 마음도 있었다. 바로 하코다테의 '야경' 을 보는 것이었다. 나가사키의 야경과 함께 일본에서 최고로 치는 야경이다. 일본인들은 부풀려서 세계 3대 야경 중 하나라고까지 말한다. 과연 그런지 확인해 보고 싶었다. 50분 정도 달렸을까, 전철 바깥이 갑자기 깜깜해졌다. 세이칸해저터널에 들어 온 것이다. 내 고향 통영에 있는 '해저터널'이 생각났다. '왜 생겼는지', '누가 어떤 목적으로 만들었는지' 에 대한 생각이 전혀 없던 초등학교 시절 나에게는 자랑스러운 것이었다. 외지에서 친지들이 놀러 올 때면 '우리나라에 하나 뿐인 해저터널이라고 …'.

이제 선박도 산업유산이다 [아오모리의 하코타마루(八甲田丸)].

하코다테의 조시(朝市)에는 나란히 세워놓은 것이 유난히 많다.

터널에 들어서자 갑자기 시끄러워졌다. 우리 KTX하고 닮았다 30분쯤 흘렀을까. 이제 좀 조용해졌다. 홋카이도다. 오징어도시 하코다테에 온 것이다. 에도시대의 하코다테는 고베, 나가사키와 함께 3대 국제무역항으로 그 명성을 누렸다 한다. 지형이 특이하다. 쓰가루해협의 강하고 찬 바람을 하코다테산이 막고 있고, 그 안에 평지로 연결된 도시가 길쭉하게 펼쳐져 있다.

2003년에 문을 연 하코다테역은 단순해 보이지만 세련되고 좋아 보였다. 일본의 다른 역들처럼 하코다테도 역 앞의 시스템이 재미있다. 버스와 택시가 양쪽으로 나눠져 있고 가운데로 사람들이 다니고 있다. 수 년전 고쿠라 小倉/기타큐슈에 속해 있는 작은 도시 역에서 택시들이 길게 늘어서 있지 않고 한 곳에 덩어리로 모여 있다가 순서가 되면 한대씩 빠져나와 승객을 태우는 방식을 보면서 신기해했던 기억이 났다. 정말 닮았다.

역 바로 옆에 시장 朝市 이 있다. 항구에 접해 있어 새벽에 들어온 싱싱한 해산물을 파는 시장이라고 생각했지만 원래 야채시장이었다고 한다. 그래서 그런지 야채가게들이 꽤나 눈에 띄었다. 그래도 해산물이 제일 풍부했다. 특히 '게' 가 넘쳐났다. 묶어 놓은 놈, 다리를 쭉 펼쳐 놓은 놈, 삶고 있는 놈, 물속에 담겨 있는 놈...

곳곳에서 '이랏샤이마세' 어서오세요 를 외쳤다. 그 다음 말은 알아들을 수 없었기에 미소로 그냥 때우며 지나쳤다. 이 시장에는 밥 위에 게살, 오징어채, 연어알, 생새우, 성게알 등을 올린 덮밥이 유명하다. 튀김이나 돈가스, 고기를 얹은 된동이나 규동은 먹어 보았지만 해산물을 올리는 건 처음 보았다. 정확치는 않지만 '해산물덮밥'이라 부르면 될 듯 싶다. 그런데 선뜻 선택을 할 수가 없었다. 가격이 대부분 2,000엔 근처에다 3,000엔짜리도 있었다. 눈으로 보기만 할 수밖에.

마슈마루도 시장 옆 선창에 서 있다. 사고 볼 것들이 모두 역 주변에 모여 있다. '싱싱한 해산물을 사서 바로 전철을 탈 수 있겠구나!' 하는 생각이 든다. '내가 사는 부산도 가능하지 않을까?' 부산역과 자갈치시장은 택시로 10분, 지하철로 네 정거장이다. 고민만 하면 부산도 뭔가 잡힐 것 같은데….

아오모리에서 하코다마루를 열심히 보았기에 마슈마루는 스쳐가듯 보았다. 바람이 너무 찼다. 쓰가루해협에서 불어오는 1월의 바닷바람이라 정신을 못 차릴 정도였다. 가나모리창고까지는 걸어서 20분 정도인데 매서운 찬바람을 핑계로 전차를 탔다.

두 정거장 째에 내려 걸었다. 여기저기 적벽돌 건물들이 나타나기 시작했다. 맥주홀도 있고 음식점도 있고 백화점 비슷한 건물도 있다. 전차 정거장에서 걷다 보면 옛 하코다테우체국을 재활용한 '하코다테 메이지관 函館明治館'이 가장 먼저 눈에 들어 온다. 여기가 하코다테의 전통적건조물군보존지구가 시작되는 지점이다. 사실 메이지관이 자리한 보존지구의 한 쪽 부분이 툭 튀어나와 있어 모양이 좀 이상하다고 생각했다. 건물의 풍채를 직접 둘러보니 보존지구가 튀어나올 수밖에 없는 이유를 그제야 알 것 같았다.

2~3분쯤 걸으니 가나모리창고가 보였다. 옆 수로 변에 Bay하코다테와 미술관도 있었지만 진짜 가나모리창고는 정확히 5동이었다. 2동은 크리스마스용품 전문점 金森洋物館 으로, 나머지 2.5동은 식당과 특산물판매점 函館ビヤホール, 金森ホール, かねもり停 으로 쓰이고 있다. 재활용을 하지 못한 0.5동은 아직 창고로 사용중이다.

마슈마루에서 바라본 하코다테산 (산 아래 바닷가에 가나모리창고가 있다)

하코다테의 중요전통적건조물군보존지구

시찌산니다리(七財橋)에서 바라본 가나모리 전경. 언제나 켜 있는 가스등이 퍽이나 잘 어울린다.

메이지부터 쇼와시대까지 하코다테항의 중심이었던 가나모리창고 앞 해안에 '시찌산니' 七財橋 라는 돌다리가 있다. Bay하코다테와 연결된 수로 바닷물을 끌어들여 만들었고 직사각형 모양의 연못을 닮았다 와 만나는 지점이라 그런지 위로 약간 볼록한 형태이다. 해안 석축호안과 함께 그냥 그대로 남겨 놓았다. 창고, 다리, 그리고 석축호안이 빚어내는 경관이 백년째 그대로 이어지고 있다.

가나모리창고는 1909~10년에 건설되었다. 80년대 들어 세이칸연락선의 운행이 중지되었고 사용해 오던 물류시스템이 바뀌면서 해안가의 창고들도 생명이 끊길 위험에 처하게 되었다. 그러나 이를 지역활성화의 장치물로 재활용하자는 시민운동이 일어났고, 가나모리창고는 '히스토리플라자' 函館ヒストリプラザ 를 거쳐 1991년에 '하코다테 유니언스퀘어' 函館ユニオンスクェア 라는 문화상업시설로 탈바꿈했다. 이보다 5년 앞선 1986년에 리모델링한 '하코다테 메이지관' 의 영향을 받은 것이다. 더 멋진 것은 가나모리창고로 인해 일본의 역사적 건조물의 재활용 범위에 '창고' 가 들어가는 계기를 제공했다는 점이다.

보전론자인 나로서는 부러운 일이다. 재료는 다르지만 비슷하게 생긴 바닷가 창고들이 부산과 인천에 있고 목포, 군산, 통영 등지에도 있다. 재활용해야 한다. 아니 살리고 싶은 욕망이 간절하다.

가나모리창고 야경

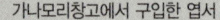

1950년대 가나모리창고 앞 풍경
(자료: 木下順一, 2002:34~35)

가나모리창고에서 구입한 엽서

창고였던 덕에 가나모리의 내부는 매우 높다.

산업도시 나고야의 지혜 1

| 나고야연극연습관 | 마쯔시게갑문 | 토요타산업기술기념관 | 노리타케의정원 |

4
네 번째 이 야 기

'나고야 名古屋'를 처음 방문 한 때가 쯔마고마을妻籠宿을 방문하기 위해 들렀던 1999년 1월이었다. 그 후 서 너 차례 나고야를 방문했지만 어딜 가기 위한 중간기착지로만 나고야를 이용했었다. 중요한 도시들이 모여 있는 관동과 관서지역의 중간지점이고 별 다른 대도시가 없는 중부지방에 위치하고 있는 나고야의 입지조건 때문이었던 것 같다. 그래서 나고야는 언제나 '별 특징이 없는 도시'이고 '나고야성과 오오도리공원을 빼면 볼게 없는 도시' 정도로만 내 기억 속에 남아있었다.

이번에는 작정을 했다. 나고야를 제대로 보기로. 일본사람들은 나고야를 '산업도시'라고 부른다. 나고야가 속한 '아이치현' 愛知縣 은 예부터 도자기산업으로 유명했던 곳이다. 바로 옆에 자동차로 유명한 도시인 '토요타' 豊田가 있고 피아노, 목재가구, 전통나무인형 등 창의성을 요하는 물건들을 잘 만들어 유명해진 도시들이 주변에 흩어져 있다. 그래서 일본사람들은 이 지역을 '모노쯔쿠리 왕국' ものづくリ王國이라고 부른다. '마찌쯔쿠리'는 익숙한데 '모노쯔쿠리'는 생소하다. 우리말로는 '물건 만들기'라고 간단히 옮길 수 있다 하지만 여기저기에서 이렇게 소개되는 걸 보면 일본의 창의 산업을 선도하는 지역임에는 틀림없는 것 같다.

2005년 여름, 다카야마高山로 가기 위해 나고야에 잠시 들렀을 때 마침 '아이치세계만국박람회' 愛知世界萬國博覽會/주제는 'Nature's Wisdom'이었고 매우 성공적인 박람회로 평가된다가 개최되고 있었다. 이 박람회는 나고야를 세계적인 '산업도시'로 거듭나게 하는 계기를 제공했다고 한다. 만 2년이 지났다. 나고야가 어떤 모습으로 바뀌어 있을지 몹시 궁금했다.

건물이 '삶의 터'가 되었다.

나고야역에서 신칸센을 내리자 마다 뛰기 시작했다. 오후 5시에 문을 닫는 '나고야연극연습관'名古屋市演劇練習館을 찾아 가야하기 때문이었다. 미리 알아 둔 코스는 지하철 '히가시야마선'東山線을 타고 '나까야마공원역'中山公園驛에 내려 6번 출구로 나온 후, 바로 앞 정류장에서 버스를 타고 두 정거장을 가는 것이었다. 총 소요시간은 30분. 지금이 3시 30분이니 연극연습관을 볼 수 있는 시간이 빠듯했다.

버스에서 내려 왼쪽으로 돌아서자마자 연한 베이지색을 띤 원통형 건물이 웅장한 자태를 드러냈다. 사실 정류장에서 이렇게 가까이 있는 줄 몰랐다. 심장이 멎는 것 같았다. 멀리서부터 조금씩 보였더라면 마음의 준비를 했을 텐데. 주홍색 저녁햇살이 은은히 스며든 연극연습관은 건물이기 보다는 마치 그리스로마시대의 거대한 신전 같이 느껴졌다.

흐르는 분수대에 아이들이 동네 친구들이랑 함께 놀러 나왔다. 지금 시간이 정확히 4시 5분. 이들의 움직임을 따라다니고 싶었지만 참아야 했다.

'연극연습관' 아쿠테논(アクテノン)이라고도 부른다이란 건물 이름만으로는 연극을 배우고 공연하는 것 같지만, 사실 이곳은 음악(연주), 발레, 댄스 등 각종 움직이는 예술활동을 배우고 가르치는 곳이다. 왜 나는 이 건물을 보기 위해 이렇게 조바심치며 찾아 왔을까? 사실 이 건물은 나고야의 '리모델링 실험장'이다. 1937년 昭和12년에 태어난 후 건물 용도가 세 번이나 바뀌었다. 건물을 지은 후 고치고 덧붙이기는 자주 하지만 용도를 세 번이나 바꾸는 일은 흔치 않은 일이다. 그것도 일반주택이나 상업건물이 아니라 특이하게 생긴 이 건물을.

이 건물의 첫 시작은 엉뚱하게도 '배수탑'名古屋市稲葉地配水塔이었다. 4,000㎥의 물을 담을 수 있는 거대한 수조水曹/지름 33m, 높이 29.4m를 16개의 기둥높이 20m, 지름 1.5m이 받치고 있다. 자료를 보니 기둥이 설치된 사연이 있었다. 원래는 590㎥의 물을 담을 수 있도록 설계되었는데 공사 중에 4,000㎥로 변경되면서 늘어난 물 무게 때문에 궁여지책으로 기둥들을 설치했다고 한다. 기둥들 때문에 우연히 로

나고야연극연습관(名古屋市演劇練習館)은 키가 작은 통조림처럼 생겼다.
저녁 햇살에 비친 열주들이 매혹적이다.
나고야연극연습관(名古屋市演劇練習館)은 그리스로마시대의 신전처럼 생겼다.

마의 열주형 건물을 닮게 되었고 그래서 아예 외관을 로마풍으로 장식했다고 한다.

그런데 당시 나고야의 급속한 변화를 예상치 못했는지 겨우 7년 만에 문을 닫았다. 원래는 70년 사용을 목표로 했지만, 인근지역에 정수장이 완성(1944년)되면서 배수탑의 기능은 소멸되었다 그 후 20년이 지난 1965년에 '나까무라도서관' 中村図書館 으로 리모델링된다. 배수탑을 도서관으로 사용하려면 뭔가 많이 고쳤을 것 같은데 오픈되어 있던 2~4층에 바닥을 새로이 설치하고 창문을 냈다는 기록 외에는 자세한 자료가 없다. 꼭대기에 있던 수조는 내버려 두었었다 도서관으로 재활용되기 전의 배수탑은 나고야에서 어떤 존재였을까? 콘크리트 덩어리로 된 도시의 흉물로 여겼을까? 아니면 편편한 지형을 가진 나고야의 랜드마크로 여겼을까? 기록을 잘 남겨 놓기로 유명한 일본사람들이 내세우는 자료가 없는 걸 보니 그냥 내버려 두었던 것 같다.

1차 리모델링을 한 후에는 26년 동안이나 도서관으로 이용을 했다. 1991년에 나까무라공원(中村公園)에 도서관이 새로 생기면서 도서관 기능을 옮긴다 원래 용도로는 7년밖에 사용을 못 했으니 주객이 바뀐 느낌이다. 이번에는 배수탑을 가만 놓아두지 않았다. 나고야시는 즉각 무엇으로 사용할 지를 고민했다. 특이하게도 나고야에 있던 한 극단 이름이 '劇座' 다 의 대표가 시장을 만난 자리에서 나고야의 연극관련 문화공간의 부족을 호소하면서 배수탑은 졸지에 '연극연습관' 으로 돌변하게 되었다. 재밌는 것은 연극연습관으로 재활용하는 것을 수락한 나고야시장 西尾竹武喜 이 배수탑에서 도서관으로 용도변경 할 당시의 담당과장이었다는 사실이다. 정말 운이 좋다. 뭐든 때를 잘 만나야 된다는 것을 새삼 다시 깨닫는다

도서관에서 연극연습관으로 바뀐 상황 : 5층과 북쪽 기단부분이 가장 많이 변경되었다.

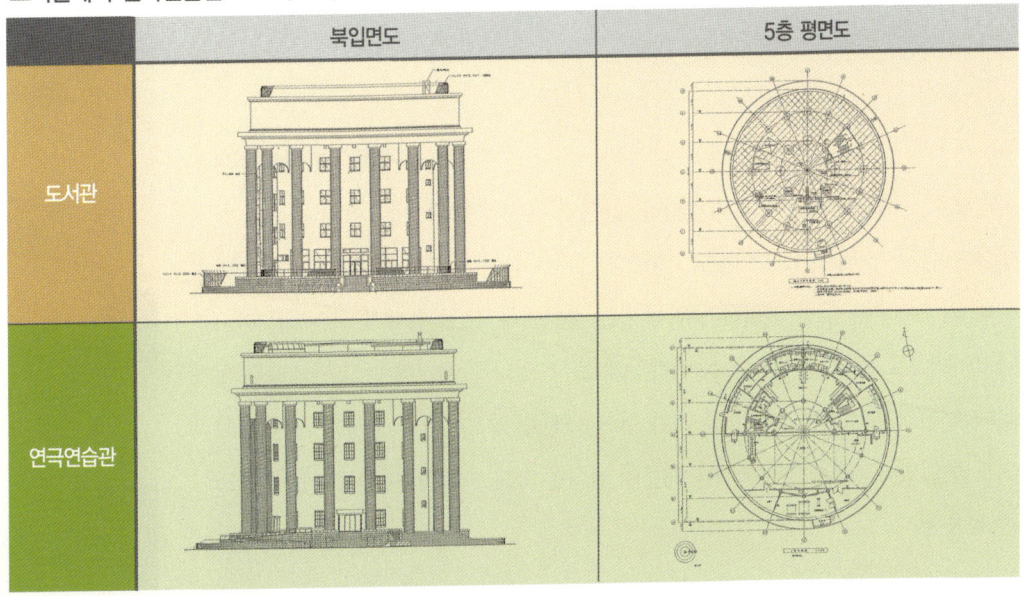

정말 친절한 사람을 만났다. 2006년부터 연극연습관의 운영을 맡고 있는 재단 財團法人名古屋市文化振興事業團 직원이었다. 처음 만난 나를 데리고 층마다 다니며 1시간이 넘도록 설명을 해주었다. 도서관에서 연극연습관으로 리모델링을 할 때에는 13억엔이나 들여 꽤 많이 고쳤다고 한다. 2~4층의 바닥을 철거해서 원래 모습으로 바꾸고, 꼭대기5층의 수조를 리허설실로 바꾸고 기둥 3개를 철거하여 연극용 무대를 만들었다. 각층에는 보강벽을 설치하여 원래 벽과 보강벽 사이에 10개소의 방을 새로 만들었다. 안전보강도 하고 공간도 얻은 일석이조의 지혜로운 방법이다.

3층의 연습실에서 반가운 손님들을 만났다. 꼬마들이 가지런히 신발을 벗어 놓고 댄스를 배우고 있었다. 가운데에 있는 원형 로비에 붙어 있는 사진들을 보니 발표회도 하나보다. 여름 축제 アクテノン夏祭り 때의 사진을 보니 연극연습관으로 리모델링할 때 만들었다는 1층의 야외계단이 공연장으로 변신을 했다.

밖으로 나왔다. 아까 본 아이들은 사라지고 또 다른 아이들이 찾아 왔다. 여기저기에서 움직이고 있는 사람들의 행색이 멀리서 온 것 같지 않았다. 산책하고, 생각하고, 운동하고, 걷고, 뛰어 노는 것이 목적인 동네사람들이었다.

단순한 토목구조물이었던 배수탑은 엉뚱하게 도서관으로 바뀌어 주민들로 부터 26년 동안이나 사랑을 받았다. 이제는 더 엉뚱하게도 연극연습관으로 바뀌었다. '590㎥의 물'이 목적이었던 콘크리트 덩어리가 이젠 한해에 오만이 넘는 주민들이 이용하는 '즐거운 삶터'로 재탄생했다.

개발의 빈자리

5시 45분. 어둠은 아직 내리지 않았다. 갑자기 욕심이 났다. 나고야의 독특한 산업유산 한 곳이 더 보고 싶어졌다. '마쯔시게 松重 갑문'. 1930년에 '나카가와 中川 운하'와 '호리 堀 강'을 연결하기 위해 만든 갑문이다. 도쿄 쪽에서 신칸센을 타고 나고야역으로 들어 올 때 갑문을 아름답게 볼 수 있다는 얘기를 듣고 카메라를 창문에 들이대고 기다렸지만 빠른 기차 탓에 사진을 찍기는커녕 갑문도 제대로 보지도 못했었다. 그 순간의 아쉬움 때문에 결심을 했다. 야경이 아름답다는 정보도 한 몫을 했다.

막았던 바닥을 제거하고 원래의 모습으로 열었다.

수조를 고쳐 만든 리허설실

댄스를 배우고 있는 아이들

분수대는 아이들이 제일 좋아하는 곳인가 보다.

전철이나 지하철로 가는 것은 불가능했다. 도착하면 해가 질 것 같았다. 택시비가 2,570엔. 여행객에게는 큰돈이었지만 해가 지기 전에 운하에 도착을 했으니 아쉬울 게 없었다.

원래 나카가와운하는 나고야항의 물류수송을 지원하기 위해 만든 수로다. 나고야항과 사사시마(笹島)화물역을 직접 연결하기 위해 만들었다고 한다 또 갑문이 연결하던 호리강은 나고야성을 둘러싸고 있는 해자 수위의 조절 기능을 가지고 있었다. 나고야에서는 정말 중요한 물길들이었다. 마쓰시게갑문은 이런 두 물길을 연결하던 역할을 했으니 그 중요함은 이루 말할 수 없었다. 최대 통행 선박의 중량은 60톤이었고, 갑문으로 배가 들어오면 수위를 상승(하강)시켜 배를 내보내는 시간이 약 20분 정도였다고 한다 그러나 화물수송의 양이 줄어들면서 결국 1968년에 갑문으로서의 기능을 마치게 되었다. 이후 1986년에 문화재로 지정이 되었고 1993년에는 나고야의 중요경관건축물(都市景觀重要建築物)로 지정 받는다

연극연습관의 4층 연습실 창문에서 바라본 나고야(멀리보이는 흰색 높은 건물이 나고야역이다)

택시가 갑문 바로 앞에 세워주었다. 주변이 온통 빠르게 달리는 차량소음뿐이었고, 갑문은 2개씩 양쪽으로 동강 나있었다. 운하 쪽의 갑문타워는 22m, 강 쪽의 갑문타워는 20m의 높이다 운하와 강 사이 약 90m 를 거대한 고가도로가 가로막고 있었다. 도시개발 때문에 어쩔 수 없는 선택이었다지만 갑문만 놓고 볼 때는 정말 안타까운 일이었다. 그나마 기차에서 나카가와운하 쪽의 타워들을 볼 수 있다는 것만으로 위안을 삼아야 하는 처지다. 바로 옆을 지나야 하는 고가도로 1979에 건설된 사직동과 금화터널을 연결하는 성산대로고가도로다 때문에 70m나 위치를 옮겨야 했던 '독립문' 생각이 났다. 우리나라에서 '문화재향유권' 文化財享有權/일반인 누구나 문화재(역사경관)를 즐기며 행복을 누릴 수 있는 권리 개념을 처음 등장시켰던 역사적인 사건이었지만, 도시개발의 힘에 밀려 결국 원래의 자기 자리를 빼앗겼던 슬픈 사건이었다. 주변을 지날 때면 지금도 독립문의 처지가 애처로워 보인다. 결국 옮겨지고 잘릴 수밖에 없는 도시의 유산과 흔적들이 언제쯤이면 도시개발과 화회할 수 있을까?

저녁 햇살이 금빛의 갑문타워를 더욱 금빛으로 물들이고 있었다. 폐쇄된 지 40년이나 된 콘크리트 토목구조물이라고 보기에는 너무나 아름다웠다.
나카가와운하 쪽의 갑문을 보려고 길을 건너니 멀리 지나고 있는 신칸센의 모습이 보였다. 바로 이 장면이었구나. 기차 속의 누군가는 내가 서있는 갑문의 모습을 보고 있겠지.
어둠이 내리기 시작했다.

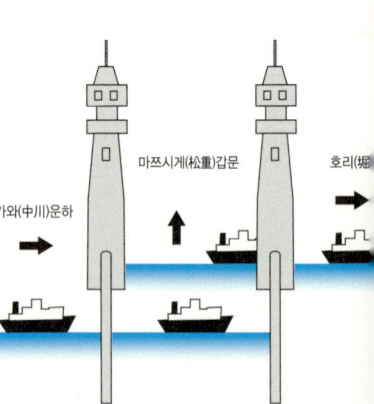

마쯔시게갑문의 운행 시스템 ■
호리강 쪽의 마쯔시게(松重)갑문 ■■
갑문 사이를 고가고속도로가 자르고 지나간다. ■■■
혼란스런 주변 경관 속에서도 빛나는 갑문 ■■■■

역사의 흔적이 스며들어 있다.

철도 쪽으로 보이는 다리 위에서 야경을 찍기로 하고 운하를 따라 걸었다. 다리 위 난간에 카메라를 올려놓고 최대한 당겨보지만 내 카메라의 한계가 금방 들통이 났다. 어둠이 제법 내려서 갑문의 황금색 야경이 뚜렷해지고는 있었지만, 차들만 지나가고 바람 부는 다리 위에서 조그만 카메라로 야경을 찍겠다고 기다리고 있는 내 처지가 갑자기 서러워졌다. 찍은 사진도 적당해 보이고, 신칸센보다는 느린 전철 안에서 갑문을 찍어 보겠다는 새로운 야망(?) 속에서 전철역 玉山驛 으로 향했다. 위치를 가늠하고 전철창문에 바짝 붙어 섰다. 느린 전철이건만 역시 찍을 수가 없었다. 획~하고 지나가 버렸다.

토요타 豊田 의 힘과 정성

지난밤 숙소가 지하철역인 푸시미역 伏見驛/지하철 히가시야마선(東山線)에 있고 나고야역 다음역이다 근처였기에 '토요타산업기술기념관' トヨタ産業技術記念館 까지 지하철을 이용하기로 했다. 두 정거장 카메지마역(龜島驛) 에서 2번출구로 나와야 한다 만 가서 10분 정도만 걸으면 되는 거리다. JR나고야역에서는 보행으로 20분, 메이테츠선(名鐵) 사코역(榮生驛)에서는 걸어서 3분이면 된다

역을 빠져나와 걷자니 중고등학교 시절에 보았던 서울의 영등포역 주변과 분위기가 흡사했다. 오래되고 큰 역 주변은 다 이런가 보다. 짐 때문에 한 손에 지도를 들고 한참을 걷다 보니 방향을 알리는 바닥표지판들이 나를 반겼다. 짐을 끌며 걷는 방문객에게는 참으로 반가운 존재들이다.

아래 위쪽으로만 향해 있던 바닥표지판이 오른쪽으로 꺾여있었다. 이제 다 왔나 보다. 표지판을 따라 오른쪽으로 돌아가니 낯익은 붉은 벽돌건물이 서있었다. 9시 10분. 문을 열려면 20분이 남았다. 오히려 잘되었다 싶어 주변을 둘러보기로 했다. 벽돌이 아닌 건물 두 동이 보였다. 앞에 보이는 3층짜리 회색빛 건물은 1924년에 설립한 '토요타방직' 豊田紡織 의 본사사무소로 사용되던 '토요타그룹관' トヨタグループ館 이다. 오늘날의 토요타그룹을 있게 한 'G형자동직기제작소' 의 설립 총회를 개최했고, 1926년의 일이다 일본 자동차산업사의 획을 그은 '토요타자동차공업' 의 설립 총회를 개최했던 곳이다. 1937년의 일이다 토요타그룹의 산증인인 셈이다. 현재는 토요타그룹의 설립자인 '토요타사키치'(豊田佐吉)의 유품과 관련자료들이

토요타산업기술기념관(トヨタ産業技術記念館)의 입구
재미있는 바닥표지판

전시되어 있다 그 옆 도로 쪽에는 '토요타사키치'가 자동직기를 발명하고 연구했던 '토요타상회' 豊田商會 가 일본의 전통와가 형태로 남아있었다. 1905년에 건설되었다

뒤쪽으로 돌아가니 넓은 주차장이 나오고, 벽돌로 된 붉은 벽체 위에 '톱날모양의 지붕'들이 웅장하게 줄지어 있는 모습이 눈에 들어왔다. '톱날형지붕공장'에 대한 얘기는 '길'편 14번째 이야기에 자세히 소개되어 있다 벽에 땜질을 많이 했다. 1911년 明治44年 에 토요타사키치가 자동기계 개발을 위한 실험용 공장 豊田自働織布工場 으로 조성한 것이니 시간이 많이 흐르긴 흘렀다. 땜질한 벽돌들이 보여주는 아기자기한 무늬들이 마치 세월을 디자인한 듯했다.

9시 30분. 입구로 뛰어갔다. 벌써 로비에서 단체사진을 찍고 있는 잽싼 사람들이 보였다. 입장료 500엔 를 내고 나니, 조금 전 단체사진을 찍던 로비에 아침 햇살이 밝게 내려비치고 있었다. 톱날형지붕을 고쳐서 햇빛이 잘 들게 만들어 놓았다. 햇살 아래에 토요타사키치가 1906년에 발명한 '환상직기' 環狀織機 가 웅장한 자태로 서있었다. 그동안 내가 보아왔던 직기들과는 모양이 완전히 달랐다. 둥그런 입체형이다. 당시 19개국에 특허를 받을 정도의 세계적인 발명품이었다고 한다. 하루에 세 번씩 실연을 하는데 10시가 첫 번째 실연시간이다

오늘 나의 임무는 '섬유기계관'을 제대로 보는 일이다. 섬유기계관은 '토요타그룹'이 탄생된 계기를 제공했던 '토요타방직'의 본사 공장 중 일부를 남겨놓은 곳이다. 산업기술기념관은 크게 '섬유기계관'과 '자동차관'으로 구성되어 있고, 대지 41,600㎡, 연면적 27,000㎡, 그리고 전시장은 14,300㎡의 규모를 가졌다

들어서자마자 톱날형지붕과 목조구조로 된 천정이 내 눈을 사로잡았다.

토요타그룹관(トヨタグループ館)
토요타상회(豊田商會)
세월이 만들어 낸 벽돌 무늬
전기가 귀했던 시대에는 톱날지붕이 필수적이었다(북쪽 채광창 때문에 실내가 밝다)
돌아가는 환상직기 (실제 작동중인 장면이다)

자동차관 위에 줄지어 서있는 톱날지붕들

섬유기계관 입구에 전시되어 있는 'G형무정지자동직기'

'G형무정지자동직기'의 조립 과정을 전시하고 있다.

움직이는 '콘다멘키'(濕打線機)가 면을 실로 만들고 있다.

모든 기계들이 옛날처럼 돌아간다. 섬유기계관은 여전히 살아 움직이고 있었다.

환상직기(環狀織機)를 조각품처럼 전시해 놓았다. 단순한 기계라기보다는 섬세한 예술품 같다.

족히 천 평은 넘을 것 같은 넓은 전시장 공장을 그대로 재활용했다 에 백 여 대의 방적기 紡績機/spinning machinery 와 방직기 紡織機/weaving machinery 들을 설치해 놓았다. 마구잡이로 둔 것이 아니었다. '인력시대-동력시대-자동화시대-고성능자동화시대'에 따라 토요타방직의 발전 과정을 펼쳐 놓았다. 유사한 전시장과의 가장 큰 차이점은 공장에서 사용하던 실제 기계들과 도구들을 전시해 놓고, 안내원들의 실연과 설명이 동시에 진행된다는 점이었다.

잠시 이 공장의 역사를 되짚어 보자. 1911년 10월에 자동직기를 제작하고 시험하기 위한 공장 豊田自動織布工場 을 지금 이 자리에 설립했다. 당시 대지는 3,000평 정도였다고 한다 1918년에는 1,000여명의 종사원, 1,008대의 방직기와 3,400대의 방적기를 갖춘 '토요타방직' 豊田紡織(株) 으로 확장되었고, 1944년에는 방직관련 기계를 개발하는 '토요타자동직기제작소 사코공장' 豊田自動織機製作所 榮生工場 으로 재개관했다. 1961년부터는 공장 일부를 '토요타자동차공업'의 연구소로 사용하게 된다. 토요타그룹 하면 자동차가 떠오르지만 사실 이의 바탕에는 방직산업이 있었기 때문에 이 자리는 토요타그룹의 발상지라해도 과언이 아니다.

10시가 되었다. 환상직기의 움직이는 모습을 보기 위해 로비로 나갔다. 기대했던 것보다 강한 감동을 느낄 수 없었다. 함께 보고 있는 일본인들은 신기한 듯 서로 얘기를 주고받으며 열심히 보고 있지만, 내 눈에는 그냥 기계가 작동하며 베를 짤 뿐이었다. 하지만 가만히 모셔놓는 '화석전시' 化石展示 가 아니라 살아있는 기계를 확인할 수 있었기에 실망으로 남은 아쉬움을 달랬다.

다시 섬유기계관으로 들어오다 보니 보물처럼 모셔놓은 직기 한 대를 발견했다. 무엇일까? 가까이 가서 보니 유명한 'G형무정지자동직기' G型 無停止自動織機/1924년에 발명했다 다. 베를 짤 때 실을 다시 공급하기 위해서는 기계를 정지해야 하는데, 이 기계는 속도를 저속으로 유지하면서 실통을 자동으로 교체하여 24시간 내내 베를 짤 수 있다고 한다. 어머니가 수동식 직기를 다루며 고생하는 모습을 보고 자동직기의 개발을 결심한 토요타사키치가 작심 40년 만에 완성한 직기다. 1886년에 기계 개발을 결심했다고 한다 이처럼 중요한 기계이다 보니 'G형무정지자동직기'에 꽤 많은 전시공간을 할애하고 있었고 밀납인형까지 동원하여 입체적으로도 전시하고 있었다.

뱀처럼 구불구불하게 연결된 '콘다멘키' 濕打線機/1950~1년 제작 라는 방적기가 단체방문객을 위해 돌아가고 있었다. 면화에서 실을 뽑아내는 작업과정이 한 눈에 들어왔다. 이곳 섬유기계관 전시의 특징은 '사실적'이라는 점이다. 당시의 현장에서 일어나던 일과 상황을 똑 같이 방문객에게 전달하려는 이들의 노력이 가슴에 와 닿았다.

섬유기계관을 빠져 나와 자동차관으로 향했다. 좁은 유리 회랑의 안쪽에 사각형모양의 넓은 정원이 있었다. 이름이 '동력의정원' 動力の庭園 이다. 원래 있던 공장과 굴뚝 등을 들어내고 그 자리에 정원을 만들었다. 이름은 정원인데 광장이나 마당을 더 닮았다. 뭔가로 꽉 채운 정원보다는 비어 있는 마당 같은 정원이 벽돌공장과는 더 잘 어울렸다. 올바른 선택을 했다.

동력의정원을 지나 자동차관으로 들어가는 길목에 '재료실험실' 材料實驗室 과 '시제품개발공장' 試作工場 이 있었다. 자동차 제조를 위해 1934년에 만든 시설들로 '산업기술기념관 설립 10주년 기념사업'의 일환으로 이축(부분)·재현해 놓았다. 토요타자동차 얘길 하려면 '토요타키치로' 豊田喜一郎/1967~1930 의 얘기부터 시작해야 한다. 토요타사키치(豊田佐吉)의 아들이다 '토요타키치로' 는 아버지만큼이나 강한 도전 정신과 미래를 내다볼 수 있는 힘을 가졌었나 보다. 자동차의 중요함을 미리 예측하고 아버지가 쌓아 놓은 방직산업과 관련된 기계제작기술과 노하우를 자동차산업에 재투자했다. 그 아버지에 그 아들이었다. 1935년에 'A1형승용차' 시제품과 'G1형트럭' 을 개발했고, 1936년에는 'AA형승용차' A1형의 양산형 를 개발하면서 본격적인 토요타자동차의 서막을 열었다. 다음해인 1937년에 토요타키치로는 '토요타자동차공업' トヨタ自動車工業(株)/지금의トヨタ自動車(株) 을 설립하고 본격적으로 자동차생산을 시작했다. 1925년에 포드사가 1927년에는 GM사가 일본에 진출하면서 일본산 日本産 자동차의 생산을 위한 경쟁적 노력도 있었지만, 다양한 방직기를 개발하는 과정에서 쌓은 기술과 노하우가 토요타자동차 탄생의 계기를 제공했던 것은 틀림없는 사실이었다. 특이한 것은 자동차를 먼저 완성한 후 회사를 설립했다는 점이다. 이는 자동차 제작의 기초를 제공한 '자동직기제작소' 가 이미 존재했었다는 점과 방직산업을 통한 경제적 안정이 새로운 분야에 대한 투자로 연결될 수 있었던 것으로 보인다.

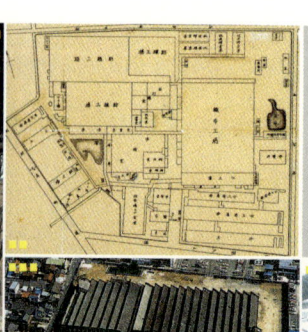
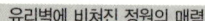

유리벽에 비쳐진 정원의 매력

가운데 복잡한 부분이 동력의정원 자리다(1933년) (자료: 産業技術記念館 ガイドブック, 2007: 13)

동력의정원 자리가 비어있다(1994년) (자료: 産業技術記念館 ガイドブック, 2007: 14)

실내에 이전·복원하여 놓은 재료실험실과 시제품개발공장

이러한 초기시대의 토요타자동차를 가장 잘 보여 주는 곳이 '재료실험실'과 '시제품개발공장'이다. 특히 시제품개발공장에서는 A1형자동차의 목재성형과정과 판금 등 토요타자동차의 실제적인 탄생과정을 볼 수 있었다.

자동차관으로 들어선 자리가 1.5층쯤 되어 보이는 높은 곳이었다. 전시장을 내려다 볼 수 있는 것을 보니 전체를 먼저 이해하라는 뜻인가 보다. 공정별로 토요타자동차의 생산과정을 볼 수 있도록 전시해 놓았다. 아래쪽에 G1형트럭에서 부터 그동안 생산했던 자동차들이 자랑스럽게 한 줄로 서있었다. 초기의 것이 당연히 촌스러울 줄 알았는데 이상하게 내 눈에는 초기에 개발된 것들이 더 나아 보였다. 초기에 시도된 '유선형' 디자인이 '각진' 형태로 바뀌었다가 1990년대 들어 다시 등장을 했다. 디자인도 시대를 초월해서 돌고 도나 보다.

갑자기 내가 잘 아는 차를 찾고 싶어졌다. 1년 동안 미국에 머물 때 중고 '토요타 캠리'(camly)를 탄 적이 있다 제법 앞쪽에 있었다. 1982년에 생산을 시작한 차였다. 동그스름하고 두툼한 지금과 달리 처음 모습은 각이 져있고 납작했다. 길 잃은 식구를 찾은 양 반가웠다. 우리나라 차는 비록 아니었지만 반가운 것을 어찌하랴.

마지막 코스는 '창조공방'. 豊田自動織機鐵工場의 일부를 이전·복원한 것이다 '자동직기' 생산에 필요한 철을 공급하던 철공장의 일부를 이전한 것이라고 한다. 안으로 들어가니 옛 자재들을 남겨 리모델링한 흔적이 군데군데 보였다. 해체되어 흩어진 자재들을 모아서 훌륭하게 복원해 놓았다. 이곳에서 토요타의 진짜배기 창조정신을 느끼고 즐길 아이들

시제품으로 제작한 A1형자동차의 탄생 직전의 모습이다.
반가웠던 원조 캠리(1982년에 생산을 시작한 차다)
재현해 놓은 옛(舊)철공장. 지금은 창조공방이라 부른다.
창조공방은 토요타의 실험교육장이다.
해체되어 흩어진 자재들을 이용해서 훌륭하게 복원해 놓았다.
나무자동차와 밀납인형
자동차관에 들어서면 이 장면을 만날 수 있다. 만든 순서대로 줄 서있는 자동차들.

이곳에서 만 만날 수 있는 토요타표 포장지

을 만나고 싶어졌다.

구경을 시작한 지 4시간이 지났다. 항상 거쳐야 하는 마지막 코스! 기념품가게다. 언제 어디서나 만나는 곳인데 '토요타는 어떤 걸, 어떻게 디자인해서 팔고 있을까?' 하는 호기심들이 발걸음을 재촉했다. 시작부터 끝까지 자동차다. 토요타를 소개하고 있는 두툼한 책 한권과 어릴 적에 엿치기 _{길쭉한 하얀 엿을 반으로 뚝 잘라서 잘린 면에 남아있는 공기구멍이 큰 사람이 이기는 게임이다. 구멍이 작은 사람이 그 엿을 사야한다} 할 때의 엿처럼 두 개로 분리되는 자동차자석 _{냉장고의 메모지부착용이다}을 샀다. 분명 미니카인데 분리해서 다른 용도로 사용할 수 있는 토요타의 빤짝이는 아이디어를 느낄 수 있어 과감히 투자를 했다.

나고야에 남은 6개 굴뚝

'노리타케의정원' _{ノリタケの森/영어로 Noritake Garden이라고 공식적으로 사용한다}은 운 좋게도 '토요타산업기술기념관' 과 걸어서 10분 거리에 있었다. _{JR나고야역에서는 걸어서 15분, 지하철 히가시야마선(東山線) 카메지마역(龜島驛)에서는 걸어서 5분 정도 걸린다} 정원으로 들어가는 조그마한 문이 보였다. 보행자만 들어갈 수 있는 '북문' 이었다. 그런데 나에게 가장 중요한 것은 '6개의 굴뚝' 이었다. 문 사이로 보니 멀리 굴뚝들이 나란히 줄을 서있었다. _{북문에서는 장애물들이 중간에 많아 완전히 보이지 않는다} 가운데 쪽 3개는 붙어있고 나머지들은 뚝뚝 떨어져 서있었다. 이들을 제대로 볼 수 있는 동쪽 자동차출입구로 들어가기로 했다.

'노리타케의정원' 은 회사 _{1904년에 창립했고, 1981년부터 '노리타케컴퍼니-리미티드' (Noritake Co., Limited)를 정식 명칭으로 사용하고 있다} 창립 100주년 기념사업으로 나고야 본사부지 내에 조성한 '공원 같은 도자기 테마단지' 다. 역사를 들쳐보니 노리타케의 탄생은 1876년 _{明治9년}으로 거슬러 올라간다. 일본 요업계의 선구자로 일컬어지고 있는 '모리무라이치자에몬' _{森村市左衛門/1839-1919} 과 동생인 '모리무라토요' _{森村豊/1854-1899}가 세운 '모리무라쿠니' _{森村組} 라는 회사가 첫 출발이다. 이들은 대단하게도 요코하마를 통해 미국으로 건너가 1876년에 'Morimura Brothers' 를 뉴욕에 설립한다.

얼마 후 노리타케를 세계적인 도자기종합회사로 육성시킨 '오쿠라카즈치카' _{大倉孫兵/1843~1921} 와 2세인 '오쿠라마고베이' _{大倉和親/1875-1955} 가 이들과 합류하면서 '모리무라쿠니' 는 새로운 길로 들어선다. 이들은 당시 미국인의 수요를 고려하여 '서양식 식기' _{디너세트} 를 만드는 일에 도전을 한다. 나고야를 생산거점도시로 삼아 1904년에 '니폰토키고메이카이샤' (日本陶器合名會社)라는 양식기 제조회사

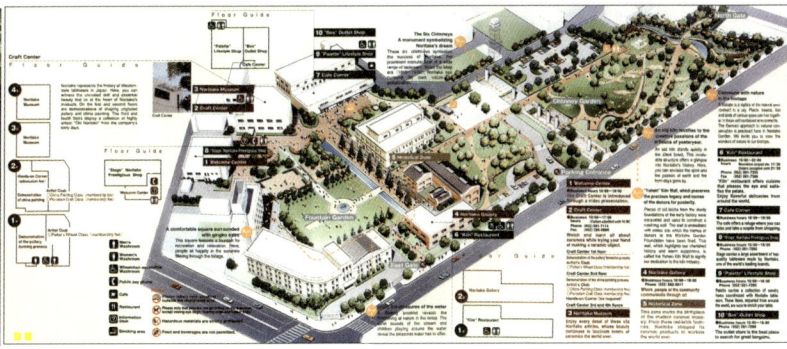

노리타케의정원과 토요타산업기술기념관은 걸어서 10분 거리다.

'노리타케의정원'(ノリタケの森) 배치도 (홈페이지 www.noritake.com)에서 다운로드 받을 수 있다)

Morimura Brothers 뉴욕지점(메이지시대 초기의 사진이다)

1914년에 생산된 일본 최초의 서양식 식기(디너세트) (자료: 愛知縣陶瓷資料館愛學藝課, 2003:27)

1904년에 건립된 일본 최초의 양식기 공장(노리타케의정원에 남아있다)

를 설립한다 각고의 노력 끝에 시작 10년 만인에 디너세트의 생산을 성공한다. 이 디너세트는 미국에서 선풍적인 인기를 끌면서 노리타케가 세계적인 회사로 성장하는 기폭제가 된다. 이래저래 '1904년'과 '내가 서 있는 이 자리'는 노리타케의 가장 상징적인 숫자이고 또 공간인 셈이다.

굴뚝들이 잘 보이는 자동차출입구 쪽에 다가섰다. 6개의 굴뚝들이 일직선으로 서있다. 이 굴뚝들은 모두 1933년생들이다. 원래 높이가 45m나 되었지만 지진을 걱정해서 상부는 잘라서 따로 보존하고 하부만 남겨놓았다. 그래서 높이가 정확히 똑 같다. 이곳이 노리타케의 발상지라는 상징성을 표현하기 위해 잘린 굴뚝들을 남겨 놓았다고 하는데, 좀 더 깊이 생각해 보니 나고야가 일본 요업의 중심지라는 더 큰 의미도 담고 있는 것 같았다.

두 개는 보행로에 한 개는 주차장에 세워져 있다. 가운데 세 개는 자신들이 내뿜어 주던 연기를 만들던 가마窯 위에 서있었다. 가마의 흔적을 그대로 남겨놓았다. 남겨진 가마 위에 짧은 다리가 있었다. 위에서 내려다보니 가마벽이었던 벽돌들과 철재구조물 등이 자연스레 나뒹굴고 있었다. 이런 걸 '현장감'이라고 하나보다. 다리에서 사진을 찍느라 이러 저리 고개를 돌리니 동쪽 잔디밭 너머로 뱀처럼 휘어 있는 벽돌담이 보였다. 저게 뭘까? 얼핏 보기에는 내 발 아래에 있는 비슷한 처지의 벽돌들을 쌓아 놓은 것 같았다.

이곳은 크게 세 개의 존 zone 으로 나누어져 있다. 역사존, 문화존, 그리고 상업존. 방금 지나온 굴뚝들과 옛공장들은 '역사존'에 속하고, 생산과정을 체험할 수 있는 크래프트센타와 노리타케박물관, 웰컴센터 등이 있는 곳은 '문화존', 각종 생산품을 판매하는 기능은 '상업존'에 속한다.

노리타케의정원에는 빨간색 벽돌로 된 공장이 두 동 남아있다. 1904년에 건설한 최초 공장은 원형 보존되어 있고, 바로 옆의 공장은 '캔바스' CANVAS

라는 특이한 이름의 시설로 재활용하고 있다. 모리그룹 산하의 4개 회사들이 공동출자를 했다. '캔바스' 는 애칭이고 실제 이름은 '모리·오쿠라기념관' 森村·大倉記念館이다. 두 공장의 옛 기능이 같았음을 알려주듯 침목 보행로와 수로가 두 공장을 연결하고 있었다. 수로 앞 벤치에 앉아 보니 주변의 모든 공간들의 바닥 높이가 같았다. 팸플릿 구석에 적힌 '유니버설 디자인' universal design이 이걸 얘기하나 보다. '유니버설 디자인' 은 장애우 등의 도시약자(都市弱者)들이 아무런 불편함 없이 일정의 공간을 이용할 수 있도록 하는 디자인이다. 도시차원에서는 무장애(無障碍)디자인이라고도 부른다.

수로 너머에 사각형으로 생긴 서양식 잔디정원도 만들어 놓았다. 잔디정원 가운데에는 제법 오래되어 보이는 분수를 놓았다. 운 좋게도 분수 옆에서 공장을 그리고 있는 할아버지를 만났다. 멀리서 어깨 너머로 몰래 보니 전문가는 아닌 듯하다. 화구통을 들고 정원 한 켠에서 그림에 열중하는 모습이 벽돌공장의 또 다른 존재 이유를 설명해주고 있었다.

그림을 그리고 있는 할아버지를 보니 갑자기 '모리·오쿠라기념관' 의 애칭인 'CANVAS'의 의미가 떠올랐다. 이럴 때 '무릎을 딱 친다' 라는 표현이 맞을 듯싶다. 캔버스는 그림을 그리기 위한 빈 바탕이다. 비어있는 캔버스에 새로운 아름다움과 실용미를 창조해 가고 있는 '노리타케' 의 기업정신을 상징하는 말 같았다.

나름의 큰 깨달음을 가지고 '캔버스' 안으로 들어갔다. 기념관이라기보다 무슨 전시관 같다. 한해 60만 명이 찾는 곳이라 한다 안내원에게 영어로 얘길 건네니 카드가 달린 빨간 줄 목걸이를 준다. 공짜로 주는 것이라 얼른 받아 목에 걸었다. 이게 뭘까? 일본말로 뭐라 뭐라 하는 것이 구경할 때 소중한 건 확실한데 용도가 정확치는 않다.

6개 굴뚝이 일직선으로 서있다.
굴뚝 밑에 남겨놓은 옛가마터
뱀처럼 구불구불한 벽돌담('가마벽' 이라고 부른다)

영상TV 앞에 혼자 섰다. 갑자기 문이 닫히며 영상으로 소개를 했다. 마치 디즈니랜드나 유니버설스 투디오 같은 테마파크에 온 기분이다. 목에 건 카드의 쓰임새를 설명한다. 이름이 '어드벤처카드' アドベンチャーカード 다. 4가지의 기능을 가지고 있다고 한다. 올려놓기, 길이재기, 넣기, 확대하기, 온도측정하기 더 궁금해졌다. 설명을 마치자 문이 열리니 생활, 미래요업, 환경 등의 테마를 가진 작은 박람회장이 나타났다. 카드가 없으면 아무것도 할 수가 없었다. 올려놓으니 정말로 작동을 하고, 넣으면 돌아가고, 온도도 측정할 수도 있었다. 정말 신기한 놈이다. 그런데 내 뒤의 사람은 일본말로 설명을 했다. 나는 영어인데. 자세히 보니 색이 다르다. 나는 빨강이고 뒤 사람은 파랑이다. 어린이용은 초록색이다 '지혜롭다'는 말 외에 아무것도 떠오르지 않았다.

미래요업존에는 그릇은 안보이고 온통 전자·전기관련 제품들만 전시되어 있었다. 그동안 '파인세라믹스' 제품 개발에 꽤 많은 투자와 노력을 해왔나보다. 8곳의 자회사 중 7군데가 엔진점화플러그, 타일, 위생도기제품, 화장실, 세면대 등 각종 전력공급시설, 碍子 등 반도체관련 등을 생산하는 회사라고 한다. 무인우주선 '콜롬비아'의 표면을 세라믹으로 만들었다는 얘기는 아주 오래전에 들은 얘기지만, 머리속에 박혀있던 '요업=도자기 굽고 그릇 만드는 일'이라는 진부한 등식을 이제야 확실히 깨어 버린다.

전혀 다른 요소들(공장, 할아버지, 분수 등)이 만나 이루어낸 어울리는 정경 ■
빨강색줄 카드를 올려놓으니 기계가 작동하고 영어로 설명이 나온다. ■■
캔버스의 겉과 속은 완전히 달랐다. ■■■

할아버지와의 만남이 나에게 새로운 깨달음을 주었다.

유일하게 입장료 500엔 를 낸다는 '크레프트센터'로 향했다. 돈을 받으니
뭔가 있겠지. 1층에서는 직원들이 직접 도기의 본을 뜨고 또 성형을 하고
있었다. 두 사람이 작업 모습을 카메라에 담았다. 이게 크레프트센터 안
에서 찍은 유일한 사진이었다. 사진을 찍으면 안 되는 규칙을 첫 사진을
찍은 후에야 알게 되었다. 정중하게 허락을 받으려다 우연히 알게 되었다. 후회막심! 사진
찍는 일을 포기하니 오히려 몸도 마음도 훨씬 홀가분했다. 2층에서는 각종 도
기에 그림을 그려 넣는 작업이 진행 중이었다. 일하고 있는 사람이 20여 명은 되는
것 같았다. 실제 작업공정과 탐방코스를 절묘하게 결합시켜 놓았다. 증거를 남겨 놓치는 못
했지만 마치 노리타케의 숨은 비밀을 알아낸 기분이었다.

가마벽에 붙어 있는 기증자의 이름들

이제 '노리타케의정원'의 진짜 정원 속으로 걷기로 했다. 2001년에 조성되어 6년이 지났지만 아직
나무들이 어려 보였다. 정교한 정원이나 짙은 숲이라기보다는 넓직한 잔디원이었다. 그래도 이 땅에
서 나온 한 조각의 벽돌도 버리지 않고 모두 이곳에 담아 놓았다. 그릇을 굽던 진짜 가마도 한곳을 남
겨 놓았고, 멀리서 보았던 가마벽 窯壁 도 한몫을 했다. 가마벽을 따라 나있는 오솔길을 걷다 보니 이
름이 잔뜩 적힌 하얀 원형판들이 가마벽에 다닥다닥 붙어 있었다. 한 두 개가 아니고 수 백 개다. 노
리타케의 회원들인가? 가마에서 사고로 죽은 사람들인가? 유명한 방문자들인가? 분명히 중요한 사
람들인데. 별 생각을 다하다 원형판의 시작점에 도착했다. 뱀처럼 긴 가마벽의 꼬리 쪽에서 걸어 왔다 정답은
'기증자'들의 이름이었다. 노리타케의정원을 발굴·복원하고 리모델링하는 과정에서 1,000엔 이상
씩을 기증한 사람들이었다. 이름을 남겨도 멋지게 남겨 놓았다.

벽돌공장들 너머로 삐죽 삐죽 고층빌딩들이 서있었다. 이들이 잘하는 '도시경관관리'의 손길이 미처
미치지를 못했다. 바로 옆이 나고야역이고 중심가서어 어쩔 수 없었나 보다.

나고야역까지는 걸어서 15분. 생각도 정리할 겸해서 그냥 걷기로 했다. 오늘 본 나고야의 두 곳은 나
에게 '산업관광' 産業觀光 이 무엇인지를 확실히 보여주었다. 껍질만 남겨 놓은 것이 아니라, 실연을 통
한 창조적인 모습들을 가득 채워 남겨 놓았다. 실물이 아닌 행위의 '진정성'을 본 것이었다.

건널목 앞에 섰다. 건너 편에 노란색 간판이 강하게 눈에 들어왔다. '오코노미야끼' お好み哮燒/해물빈대떡
이다 를 파는 '산다' さんた 라는 가게다. 길 반대편에서 보니 손님들이 여럿 기다리고 있었다. 바빠 보
라 점심을 건넌 덕에 나도 모르게 그냥 직진을 했다. 100엔. 크기가 비록 손바닥만 하고 얇지만 이렇
게 싼 오코노미야끼는 처음 보았다. 호떡 굽듯이 굽는다. 2개를 사서 비닐봉지에 들고 다시 역으로 향

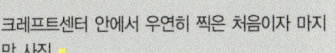

014 산업도시 나고야의 지혜

했다. 어디서 먹나. 이러 저리 둘러봐도 신통한 곳이 없다. 역에 거의 도착할 즈음에 근사한 마당을 발견했다. 나고야역의 북쪽에 있는 새로 지은 루센트빌딩 앞의 공개공지다 그러고 보니 정원에서 공장 너머로 보였던 건물이었다. 나무로 된 데크에 앉아 비닐을 열었다. 오는 도중에 적당히 식은 탓에 순식간에 다 먹어 버렸다. 맛을 느낄 겨를도 없이.

양복을 입은 젊은이들이 많이 오가고 있었다. 특이하게 양복 색이 대부분 짙은 회색과 군청색 계통이다 제법 큰 가방들을 맨걸 보니 출장 온 사람들이 대부분인 듯했다. 어디서 왔을까? 9년 전 나고야에 처음 왔을 때 '무특징'이 특징으로 느껴질 만큼 그저 그래 보였던 나고야가 완전히 달라진 모습으로 내게 다가왔다. '나고야는 살아있었다'. 나고야성과 오오도리공원은 내 기억에서 이제 완전히 사라졌다.

크레프트센터 안에서 우연히 찍은 처음이자 마지막 사진 ■
하얀색 원형판들이 마치 뱀 무늬를 닮았다. ■■
가마벽과 굴뚝이 제법 어울린다. ■■■
'산다'(さんた)는 노리타케에서 나고야역으로 걷다 만나는 첫 번째 건널목에 있다. ■■■■
쉬어가기 좋은 루센트빌딩 앞 공개공지 ■■■■■

벽돌공장 너머로 솟아 있는 빌딩이 굴뚝과 대조를 이룬다.

02 村落

마을들은 입지와 생업이 무엇이냐에 따라 수 십 가지의 성격을 가지고 있지만, 복잡해서 보통 농촌, 산촌, 어촌으로 구분한다. 이 책에서의 나오는 마을들은 모두 '산촌'에 속한다. 입지적으로 산으로 둘러싸여 있고, 또 광산업, 양잠업 그리고 먼 길을 오가는 사람들의 숙박을 책임지던 여관업을 생업으로 하던 산촌마을들이다.

어찌 보면 이 마을들은 산업유산과 거리가 있다고 생각할 수 있지만, 한 시대의 산업으로서 그 마을의 생업을 도맡았던 엄연한 '산업유산'이다. 아무리 그래도 여관업을 주로 하던 마을을 산업유산으로 보는 것은 무리가 있다. 사실 나는 '전통역사마을'에서부터 오래된 것에 대한 관심이 시작되었고, 특히 쯔마고마을은 일본에 대한 첫 번째 연구를 시작하게 해준 마을이었다. 나에게는 인연이 깊어 산업의 범위를 약간 넓혀 보았고 또 욕심을 부려 보았다.

끊어질 듯 이어지는 북쪽의 광산마을 2

| 코사카 광산마을 | 비바이 광산마을 | 유바리 광산마을 |

다섯 번째 이야기

코사카로 가는 길

2006년 1월 15일. 그날따라 수은주는 영하 10도에 육박하고, 눈은 계속 쏟아졌다. 아오모리역에서 코사카 小坂 로 가기 위해 고속버스 아스나루 あすなろ 를 타고 코사카고교 앞 정류장에 내렸다. 오후 4시 50분. 조금 연착을 했다. 눈은 그쳤지만 이미 어둠은 짙어지기 시작했고 5시가 지나자 어둠이 급작스레 시작되었다. 다행히도 눈 때문에 길이 환해 제법 걸을 만했다.

30분쯤 걸었을까. 동네가 보이기 시작했다. 이곳에 오기전 인터넷에서 찾은 '금속광업연수센터' 라는 묘한 이름의 호텔 코사카광산의 업무와 연수생들을 위한 숙소였지만, 지금은 숙박도 겸하고 있다 에 전화로 적당히 예약만 했었다. 4~50분이 지났을까, 인터넷에서 보았던 민박집들 겨울철이라 모두 영업을 하지 않는다 의 간판이 보이기 시작했다. 맞게 오긴 왔나 보다. 거의 다 문을 닫았고 '행락' 幸樂 이라는 식당만 불을 밝히고 있었다. 혹시 하는 생각에 8시쯤 식사 예약을 미리 해두었다. 연수센터는 웬만한 비즈니스호텔보다도 괜찮았다. 오전에 비행기에서 먹었던 샌드위치 외에는 먹은 게 없어 허기가 졌다.

주인아주머니가 신기하게 한국말을 했다. '안녕하십니까'. '고맙습니다'. 단 두 마디였지만 말투가 자연스러웠다. 재일교포 2세. 이런 산 속에서 그것도 폐광산지대에서 한국 사람을 만나다니, 그런데다 우리 어머니들과 너무 닮아 보였다. 주문하지도 않았는데 가장 맛있다며 불고기곱창전골을 내오셨다. 정말 푸짐했다. 김치도 있었다. 동행한 기덕이가 통역을 했다. 기덕이는 일본에서 2년을 생활했다 한국사람을 만났다는 반가운 마음에 틈틈이 섞여져나오는 눈물과 함께 고생했던 지난 세월의 옛 얘기를 가슴에서 꺼내 놓으셨다. 잠시나마 조금의 위로가 되었는지 모르겠다. 다음날 떠나기 전 점심을 다시금 약속했다.

자료를 보니 코사카광산에는 광산관련 산업유산이 69개소나 남아있다고 한다. 집중도 면에서 최고다. 또 코사카광산은 '노천광산' 으로 유명하고, 생산되는 광물은 금, 은, 동 등이 섞인 복합광이어서 제련업이 매우 발달했었다고 한다. 그런데 아주머니를 통해 재밌는 얘길 듣게 되었다. 광산은 폐쇄되었는데 아직도 제련공장은 돌아가고 있다고 한다. 이유는 미국과 남미, 스페인 등지에서 미제련 상태의 광물을 수입하여 이곳에서 제련을 한다고 한다. 일반공장의 3~4배 이상의 고효율을 가진 제련기술을 재활용하고 있는 것이다.

이제야 의문이 풀렸다. 폐광산지대의 일반적인 모습처럼 모두 다 떠나버리고, 옛 시설들 몇 개만 재활용되고 있을 것으로 생각했었는데 지혜롭게도 '제련기술' 을 재활용하여 지역을 유지시키고 있던 것이다.

그 당시 폐광산을 재활용하는 일에 관심을 갖기 시작한 지 몇 달이 지났지만, '대체산업' 代替産業 의 필

요성을 인식하지 못하고 있던 내 자신이 쑥스러워졌다. 한국에서의 대체산업은 카지노 외에는 떠오르질 않는다. 내가 본 게 그것 뿐이므로. 얼마 전 태백의 철암에서 급격히 사라져 가고 있는 광산지대의 모습과 철암역을 거대한 5층짜리 콘크리트 건물로 다시 짓는 모습을 보면서 슬펐던 기억이 뇌리를 스친다

힘차게 돌아가고 있는 제련공장을 확인하고 싶었지만 밤 11시가 넘었다. 어쩔 수 없었다. 다음날 눈을 뜨자마자 잠자리에 들기 전에 확인해 두었던 지도를 들고는 제련공장을 찾아갔다. 코사카강을 건너니 옛 광부와 가족들의 삶을 도왔던 갖가지 생활시설들이 줄을 서 있었다. 마치 철암에서 만났던 중심가로 같았다. 저 멀리 꿈틀거리며 하늘로 오르는 연기가 보였다. 제련공장이 정말 있었다.

낡아 보였지만 살아 있었다. 아무 것도 없을 줄 알았던 이곳에 변전소, 전련 電煉 공장, 제품창고, 정수시설 등이 조용히 제 할 일을 하고 있었다. 살아 움직이는 것이 남아 있다는 사실, 눈물이 핑 돌 정도였다. 공장 안으로 더 깊게 들어가기에는 시간이 없었다. 아직 코사카를 찾아 온 목적을 1%도 채 달성 못한 상태였기에 과감하게(?) 발길을 돌렸다.

제련공장으로 가는 강가에서 만난 모습이 영락 광산촌이다.

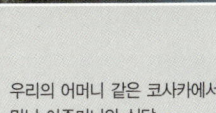
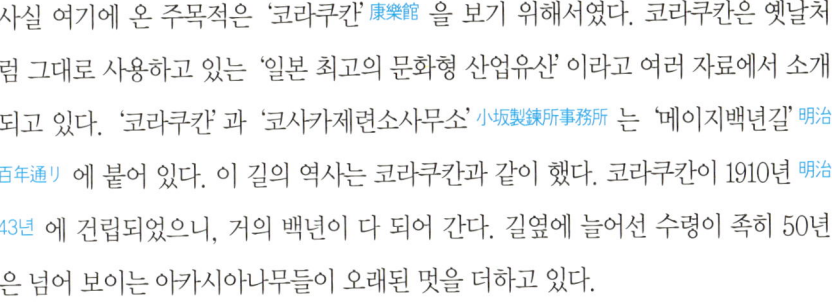

사실 여기에 온 주목적은 '코라쿠칸' 康樂館 을 보기 위해서였다. 코라쿠칸은 옛날처럼 그대로 사용하고 있는 '일본 최고의 문화형 산업유산'이라고 여러 자료에서 소개되고 있다. '코라쿠칸'과 '코사카제련소사무소' 小坂製鍊所事務所 는 '메이지백년길' 明治百年通り 에 붙어 있다. 이 길의 역사는 코라쿠칸과 같이 했다. 코라쿠칸이 1910년 明治 43년 에 건립되었으니, 거의 백년이 다 되어 간다. 길옆에 늘어선 수령이 족히 50년은 넘어 보이는 아카시아나무들이 오래된 멋을 더하고 있다.

먼저 코사카제련소사무소에 들러 입장권을 끊기로 했다. 코라쿠칸과 코사카제련소사무소, 향토관을 묶은 입장료가 900엔이다. 코라쿠칸에서 공연을 보면 1,900엔을 내야 한다 원래 제련소사무소는 아침에 보았던 제련공장 앞에 있었다. 코라쿠칸보다 역사가 5년 더 깊은데 2001년에 이곳으로 옮겨왔다고 한다. 목조건물이었기에 가능했던 일이다. 그리고 이축한 이듬해 국가중요문화재로 지정되었다. 코사카제련소사무소는 쌓인 눈 때문인지 무척 정갈해 보였다. 3층인 외관은 르네상스양식 연면적은 2,595.71㎡ (785.20坪)이고, 정면 일부분은 바로크양식이라 한다 에 가깝다고 할 수 있다.

1층에 코사카의 '관광과'가 있었다. 현명하다. 궁금한 걸 공무원인 관광과 여직원이 친절히 설명해 주었다. 둘러보니 거의 코사카의 박물관 수준으로 역사와 그동안의 과정을 잘 꾸며 놓았다. 로비에서 3층까지 하나로 통하는 나선형 계단이 멋져보였다. 이축할 때 꽤나 애먹었을 텐데…. 그럴듯해 보이는 포스터를 한 장 샀고, 다시 발

우리의 어머니 같은 코사카에서 만난 아주머니와 식당 ■

지금도 코사카광산은 살아있다 (기계가 돌고 있는 제련공장과 전련공장) ■■

가로수 풍경까지도 재활용하고 있다(明治百年通り) ■■■

분명 광산마을인데 마치 르네상스시대로 돌아간 것 같은 착각에 빠진다 (코사카제련소사무소) ■■■■

길을 돌려 코라쿠칸으로 향했다. 잃어버리면 안 되는 입장권을 꼭 쥐고. 눈이 그친 맑은 날이어서 그런지 모든 게 싱그러웠다. 맑은 공기, 푸른 하늘, 하얀 풍경. 음침한 폐광산의 기색은 어디에도 없었다. 제련사무소 바로 앞으로 광산에 살던 어린이들이 다녔던 '보육원' 天使館 이 있다. 연보랏빛 목조건물이 눈 속에서도 다정하게 감싸오는 마리아상의 얼굴처럼 편안해 보였다.

보육원을 지나 백 여 미터 앞에 노란 깃대들이 펄럭이며 줄을 서 있다. 드디어 코라쿠칸이다. 이른 시간이어서 그런지 조용했다. 겉모습이 특이했다. 앞은 서양풍인데, 옆과 뒤는 일본 냄새가 났다. 앞은 적벽돌조의 서양풍인데 지붕과 뒷모습은 한식인 안성의 '구포동성당' 이 떠 올랐다. 도대체 뭔가 싶어 자료를 뒤지니 정면부만 '미국목조고딕풍' 이다. 정확히는 어떤 양식인지 모르겠다.

어쨌든 보고 싶어 했던 코라쿠칸이 바로 눈앞에 있었다. 들어가면서 가장 자신 있는 일본 말 '쓰미마셍' 실례합니다 을 건넸다. 두 사람이 동시에 나왔다. 내민 입장권을 받고는 따라 오라고 한다. 한 청년을 따라 좁은 계단을 올라 공연장 2층으로 들어갔다. '와아' 하는 함성이 절로 나왔다. 5단으로 된 관람

광산촌 아이들을 돌보던 천사관의 마리아상이 마음을 따뜻하게 한다 *

코사카제련사무소 내 나선형 계단 **

길가에 늘어선 노란 깃발들이 코라쿠칸으로 가는 길의 흥을 돋운다 ***

내린 눈 때문인지 코라쿠칸(康樂館)이 말쑥하다 ****

쇼와시대의 코라쿠칸도 그대로다 *****

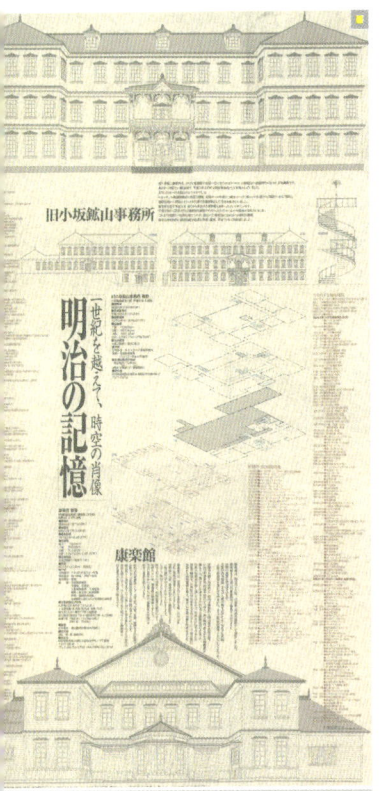

석. 1층 관람석에는 다다미가 깔려져 있고, 경사가 나있다. 극장이기 때문에 그렇단다 나를 데려온 그 청년이 열심히 설명을 한다. 공연은 4월부터 12월까지 진행되고, 가부끼 歌舞伎 를 진짜 좋아하는 사람들이 앉는다는 자리도 일러줬다. 가장 멀고 높은 곳이고 가장 싼 곳. 그 덕에 도시락만 있으면 하루 종일 볼 수 있는 곳이란다 그때 일본인 단체관광객이 몰려왔다. 이렇게 추운 날, 더구나 공연도 없는 날이었는데도 첩첩산중을 찾아오다니 놀라웠다.

객석에 비해 무대가 무척 넓어 보였다. 비례가 맞지 않아 보였다. 질문을 하니 그 이유를 알려 준다며 바로 지하로 데려갔다. 무대 바로 밑 지하에 연을 날릴 때 사용하는 얼레 처럼 생긴 목조시설이 있었다. 4명이 돌린다는 '회전무대시설' 이었다. 공연 중에 발로 '탁탁' 치는 신호가 오면 돌린다고 한다.

무대로 올라갔다. 두 겹으로 된 무대가 정말 넓었다. 폭이 20미터는 족히 넘어 보였다. 그런데 넓은 무대를 꽉 채우고 있는 생명력은 한 명의 배우 伊東元春 때문이라고 한다. 복원공사를 마친 1986년부터 2005년까지 20년 동안 상설공연을 무려 10,353회나 했다 한다. 2005년 12월 11일에 종영했다 무대 뒤의 분장실 또한 관광코스다. 사무라이칼, 가발, 분장거울 등이 그대로 놓여있다. 공연이 없다는 것이 오히려 행운이었다.

70여 년 동안은 이곳의 광부와 가족들을 위로하였고, 쿠라쿠칸은 1910년에 건립되어 가부끼, 신극, 영화 등을 상영하던 광부와 가족들을 위한 문화휴양시설이었다 그 후 20년은 공연을 보러 온 관람객들과 나 같은 사람들을 위해 그 자리에 그 모습 그대로 서 있는 코라쿠칸 일본 최고의 극장(芝居小屋)으로 평가받고 있고, 2002년에 국가중요문화재로 지정되었다 이 대단해 보였다. 이는 살아있다는 당연함, 그리고 숭고했던 사연들 때문일 것이다. 건물도 살아있었지만, 사람들도 살아 있었다.

그러다 보니 나를 위해 열심히 설명하던 젊은 청년의 정체가 궁금해졌다. 아르바이트생인가? 직원인가? 도대체 누굴까? 자신의 정체를 궁금하게 여기는 것을 알았는지 가볍게 웃었다. 예상은 했지만 코라쿠칸을 지키기 위한 주민들의 자발적인 노력이 오늘의 계기가 되었다 한다. 자긍심 없이

마을 포스터
코라쿠칸을 찾은 일본인 노부부 **
무대를 돌리는 지하의 회전시설 ***

옛 모습 그대로인 공연장 객석 전경
2005년 겨울. 언제나 코라쿠칸은 움직인다.
이 청년은 무한한 자긍심 속에서 살고 있었다.

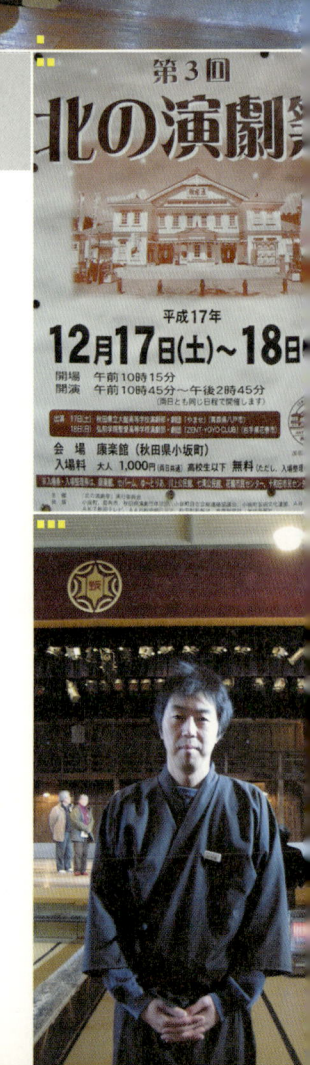

는 불가능하다는 생각이 들었다. 적자에 허덕이고 있지만 끝까지 이 자리를 지킬 거란다. 파이팅 청년! 이름 물어보는 걸 까먹고 왔다

이미 식사를 약속했던 행락에 가서 다시 아주머니를 반갑게 만났다. 그런데 어젯밤과 식단이 그대로였다. 잠시 당황하면서도 먹는 일에 최선을 다한 우리가 기특하셨던지 정류장까지 태워주셨다. 크림색 '도요타 크라운'이다. 산촌마을의 작고 허름한 식당집 아주머니가 먼지 하나 없는 세단을 탄다. 그런데 전혀 어색하지가 않았다. 왜일까? 하는 의문은 그냥 접기로 했다.

비바이에서 만난 아이들

이제 두 번째 목적지인 비바이 美唄 로 향했다. 삿포로에서 전철로 꼭 30분 거리다. '아르테피아짜 비바이' アルテピアッツァ美唄 를 보기 위해서는 비바이역에서 또 버스를 타야 했다.

창밖으로 바라보는 풍경은 전부 하얗다. 200엔 우리처럼 거리를 불문하고 차비가 모두 같다

을 내고 내리려 하는데 예순은 되어 보이는 운전사아저씨가 뭐라고 설명을 한다. 눈치로 보아 돌아가는 버스가 앞으로 두 편 밖에 없는데 시간을 잘 맞추라는 얘기인 것 같았다. '아리가토'를 서너 번 쯤 외쳤다. 게다가 버스시간표까지 주었다. 사실 버스시간은 이미 알고 있었지만 그분의 친절이 고마워서 그냥 모른 척하고 받았다. 버스에서 내리자 한숨이 절로 나왔다. 온통 눈이다. 멀리 교사건물이 보였다. 운동장이 모두 하얀 바다다. 그래도 '눈 바다' 사이로 조금씩 모습을 드러내고 있는 조각들이 보였다. '사진 찍고 조각 확인하기'가 목적인데 1미터 이상 쌓인 눈을 무식하게 나 혼자 헤쳐나가기는 무리였다. 고민하다 누군가가 만들어 놓은 눈길과 눈발자국을 따라 다니기로 했다. 1시간쯤 지났을까. 겨우 11개의 조각을 모두 다 찍었다.

'아르테피아짜 비바이'는 원래 폐교 榮小學校/1981년에 폐교 였다. 1992년에 목조교사와 체육관, 유치원을 재활용하고 지역 출신으로 세계적인 조각가인 야스다 간 安田 侃 http://www.kan-yasuda.co.jp이 자신의 작품들을 설치하여 만든 곳이다. '아르테피아짜 비바이'에는 누구나 와서 즐길 수 있고, 리모델링한 교실을 공방처럼 사용할 수 있다. 아이들이 보였다. 눈 속에서 뛰어 노는 저 아이들도 언젠가 야스다와 같이 고향의 흔적을 후대에 전하려는 노력을 할 것이다.

이곳에서 한 정거장 떨어져 있는 '도우메이역' 東明驛/1943에서 1973년까지 각종 물자를 실어 나르던 역 은 현재 향토자료관으로 재활용되고 있다. 뒤뜰에는 한꺼번에 10개의 화물차량을 실어 날랐다고 하는 힘 좋

비바이의 폐교는 겨울 내내 눈 속에 묻혀있다. ■

자연체험을 위해 폐교로 달려온 아이들 ■■

고고한 자태를 자랑하고 있는 야구라(立式坑口施設) ■■■

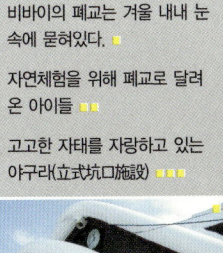

아 보이는 '4110형 탱크기관차 2호'가 까만색 자태를 뽐내고 있다. 1976년에 이곳으로 이전하여 비바이지정문화재로 보호하고 있다 또 다른 탄광시설들은 지역 곳곳에 흩어져 있다. 일부는 '탄광기념산림공원' 炭鉱メモリアル森林公園 에 모아 놓았다. 깊이 170미터 이상의 깊이에서 사람과 석탄을 실어 나르던 주홍색 '야구라' 堅坑櫓/입식갱도시설 들이 당시 탄광의 경제적 파워를 전해주는 것 같았다.

비바이탄광 일대는 삿포로의 최대 탄광지대였다. 1928년에 개업하여 1972년에 폐업하였고, 1950년대 가장 피크를 이루었다 1945년에 탄광노동자가 16,285인이었고 그 중 외국인노동자가 6,000인에 달했다는 시청 공무원의 얘기를 듣고 징용으로 끌려 간 수천의 선조들도 포함되어 있었을 것 같아 가슴이 참참해져 왔다.

비바이탄광이 문을 닫은 지 30년이나 지나다 보니, 시청 공무원들도 서서히 잊어 가고 있었던 모양이다. 미리 예약을 못한 내 잘못이 크지만, 난리법석이 일어나고 말았다. 이리저리 전화를 해서 알아보고, 자료를 뒤져가며 겨우 겨우 설명을 해주면서 계속 '쓰미마셍' 미안합니다을 연발했다. 물증은 남아있지만 광산이 가졌던 사람들의 채취와 감성은 거의 사라진 듯하였다. 코사카와는 또 달랐다. 우리의 문경이나 정선, 태백도 언젠가 이런 시간이 오겠지.

영화도시로 재탄생한 유바리

삿포로로 돌아와, 다음날 오전 9시 55분에 출발하는 전철 에어포트 96호 을 타고 유바리 夕張 로 떠났다. 미나미치토세역에서 다시 전철을 갈아탔다. 1량짜리 완행이었다. 승객은 우리를 포함하여 다섯뿐이었다. 옛날 우리가 탔던 비둘기호와 닮은 모습. 천정에 매달린 쇠로 된 선풍기들이 정겨웠다. 창밖으로 눈이 펑펑 쏟아지고 있었고 제설기들이 계속 눈을 뿜어냈다. 완행이어서 역이라는 역은 다 서는 것 같았다. 창밖으로 한없이 쌓이는 눈처럼 여러가지 걱정도 함께 쌓여가기 시작했다.

유바리는 산 속 계곡을 따라 형성되어 있어 전철은 우리가 탔던 것 JR石勝線 이 유일했다. 물론 버스나 택시도 있긴 하지만 이런 눈 속에서 도로를 달린다는 것이 솔직히 무섭기도 했다.그런데 차창 밖 버스들은 쌩쌩 잘도 달리다 드디어 종점 유바리에 도착했다.

유라비역은 작은 시골교회 같다.

2006년 유바리 국제영화제 포스터

유바리역에는 아무것도(?) 없었다. 제대로 된 시설이라곤 화장실뿐이었다. 이상했다. '유바리 국제영화제'가 열리는 꽤 알려진 곳인데 말이다. '왜 이럴까?' 하는 생각과 동시에 이유를 발견했다. 역 바로 앞에 '마운트리젠시호텔'이 가로막고 있었다. 118실을 가진 6층 건물. 일단 로비로 갔다. 호텔 유리창 너머가 바로 스키장이다. 유바리역과 호텔, 스키장이 모두 붙어 있었다. 호텔 로비가 역 로비인 셈이다.

눈은 계속 내렸다. 간단히 삼각 김밥과 뜨거운 녹차로 식사를 하고, 약속한 유바리시청으로 갔다. 비바이와 달리 산업경제과 관광계의 니시무라 계장과 떠나기 1주일 전에 약속을 했다 영화제의 도시, 도시라기보다는 큰 마을 같다 건물들 곳곳에 영화 포스터들이 붙어 있었고, 손으로 그린듯 한 옛 극장의 간판들이 영화제의 매력을 한층 더하고 있었다. 어느덧 17회가 되었다고 한다. 2006년에는 2월 23일부터 28일까지 열렸다

시청으로 걸어가면서 여러 생각이 스쳐갔다. '스키장의 존재 이유', '영화제가 시작한 시점'. "모든 게 폐광과 관련이 있으리라." 악전고투 끝에 힘들게 시청에 도착했다. 온통 눈이다. 일본의 시청에 오면 맘에 드는 것이 한 가지 있다. 실내를 전부 하나로 터 놓았다는 점이다. 이렇게 해 놓은 다른 이유들도 있겠지만, 내부를 열어두면 담당자를 찾을 때 수월하지 않겠는가. 이곳 공무원들은 늘 깍듯했다. 기대한 것처럼 자리를 따로 만들어 놓았고, '니시무라' 西村常男 계장이 자료를 잔뜩 쌓아 놓고는 하나씩 설명을 해주었다. 관심 없는 내용도 있었지만 열심히 들었다.

유바리는 탄광도시에서 영화도시로 변신 중이다.

1시간이나 흘렀을까, 드디어 최대의 관심사인 '석탄역사촌' 石炭歷史村 으로 직접 안내하겠다고 했다. 정말 고마웠다. 눈만 안 내렸다면 사양할 수도 있었지만. 차를 타고 10분쯤, 이곳의 랜드마크 시설인 주홍빛 야구라타워가 눈에 들어왔다. 석탄역사촌은 '유바리 제1, 2탄광' 자리에 만든 테마시설이다. 석탄박물관, 탄광생활관, 기타 부대시설들로 이루어져 있다. 그런데 겨울철인데다 기후적인 악조건이 겹친 탓인지 아무도 없었다. 박물관장이 우리를 반겼다. 건네주는 명함을 보니 소속이 유바리시가 아니다. '(株)夕張石炭觀光' 이라고 적힌 것으로 보아 제3섹터를 통해 이곳을 관리하고 있는 것 같았다. 짐작이 맞았다. 또 1시간의 친절한 설명, 도저히 막을 수가 없다. 또 열심히 듣고 적고 질문을 했다. 그 노고의 보답인 듯 드디어 기다렸던 현장답사시간. 여기에 오면 제일 보고 싶어했던 야구라 타워로 들어갔다. 엘리베이터를 타고 지하로 내려갔다. 수 백 미터는 내려가는 것 같았는데 사실은 지하 20미터라고 했다. 여기는 전에 '문경석탄박물관'에서 보았던 갱도전시관과 비슷했다. 그런데 훨씬 길고 사실적이었다. 조명이 달린 헬멧을 쓰고 진짜배기 체험을 한다. 밀납인형으로 된 광부들만 있는 것은 아니다. 채굴용 기계들이 실제로 소리를 내고 움직인다. 오래전에 만든 것이라 어색하고 촌스런(?) 부분도 있었지만, 갱내 시스템을 이해하는 데에는 더없이 좋았다. 갱구도 역시 진짜라고 했다. 내 눈앞에 바위언덕처럼 솟아 있는 탄흔, 이로 인해 이곳이 탄광으로 개발되기 시작했다고 한다. 유바리광산에서는 가장 중요한 의미를 가지는 모태인 것이다.

생활관으로 들어서니, 반가운(?) 얼굴이 우리를 기다렸다. 아까 갱도에서 헬멧을 건네 준 그 아저씨였다. 당연히 목적은 헬멧을 수거하는 것이었다. 상황은 다르지만 군데군데 기억에 남아있는 옛 생활시설들을 보니 미소가 절로 나왔다.

니시무라 계장이 또 다른 곳으로 데려갔다. 새로 지었다는 '유바리생활전시관' 이다. 역시 여기도 전시관장이 기다렸다. 치밀하게 약속을 해놓은 모양이었다. 두 동이 마주보고 있었는데 한 동은 온통 영화 이야기뿐이었다. 반가운 것을 만났다. '차태현' 과 '전지현' 영화에서는 김지현이었나 보다 의 주민등록증이 있었다. 〈엽기적인 그녀〉가 영화제에서 상영되었던 것이다.

유바리탄광은 1890년부터 본격적으로 개발되었고 1960년 최전성기에는 도시인

석탄박물관에서의 전시·체험활동. 진짜처럼 꼭 헬멧을 착용해야 한다.

석탄박물관의 관람시설로 재활용한 야구라

구가 11만이 넘는 제법 큰 도시였다. 지금은 1만 5천명이 채 되지 않는 일본에서 가장 인구가 적은 도시에 속한다. 1990년에 마지막 탄광회사 三菱南大夕張炭鑛 가 폐쇄된 후, 유바리는 급격한 쇠락의 길을 걷게 되었다.

이후 유바리는 석탄역사촌, 폐광과 동시에 시작되어 17회째를 맞는 국제영화제, 유바리역 앞의 호텔과 스키장, 일본 최고의 당도를 자랑하는 유바리 메론 출하시기가 6~8월인데 1년 전부터 예약을 한다고 한다 등 연관상품을 계속적으로 개발하며 살아남기 위한 눈물겨운 길을 걸어 왔다.

무던히도 노력하던 유바리가 370억엔의 적자를 내고 2007년 4월에 도산을 했다. 하지만 분명 유바리는 다시 살아날 것이다. 그날을 애타게 기다려 본다.

돌아오는 전철 속에서 여러 가지 생각들이 교차했다. 가장 특이한 점은 폐광산의 재활용 방식이 모두 '예술' 과 관련되어 있다는 것이었다. 유바리는 '영화' 와, 코사카는 '연극' , 그리고 비바이는 '조각' 이었다. 우연한 일치일까? 만약 우연이 아니라면 폐광산에 사람을 끌어 들이고 활성화를 위해서는 '예술' 그러니까 '문화적 소프트웨어' 만이 살 길이란 뜻이 된다.

아르테파이짜 비바이의 조각들

남쪽의 광산마을, 아픔 잊기와 추억 연결하기 2

| 오오무타(大牟田)의 미쓰이(三井) 미케(三池) 폐광산 흔적들 | 시메광산 |

여섯 번째 이 야 기

만다갱(万田坑)에서 만난 사람들

큐슈의 후쿠오카현에 있는 '오오무타' 大牟田 에 도착한 시각이 토요일 늦은 오후였다. 오오무타역의 이상할 정도로 한산한 모습과 내 눈에 비친 오오무타의 첫인상은 시대를 한참 거슬러 올라간 느낌이었다.

아니나 다를까 우려했던 일들이 터지고야 말았다. 역과 주변을 아무리 뒤져도 기대했던 자전거대여점은 물론이고, 지도와 오오무타를 소개하는 팸플릿조차도 보이질 않았다. 역 승무원에게 물어 보아도 마찬가지였다. 역 건너편 시청도 토요일 저녁이라 문을 닫았다 자전거를 빌려 돌아 보려했던 소박한 꿈은 여지없이 무너져버렸고, 지도도 오로지 대합실 벽에 붙어있는 안내지도 뿐이었다. 일본에서 이런 도시는 처음 만났다. 황당했다. 내가 가지고 있는 것이 약식지도여서 불안해 졌다. 가보고 확인할 곳이 많은데. 남은 기대는 오로지 호텔뿐.

미리 알아둔 바로는 걸어 6분 거리에 호텔이 있다. 'グランドホテル清風荘'. '그랜드호텔' 이라는 이름이 멋지고 거창하다. 또 한 번의 '황당함'. 70년대 초반에 지은 듯한 3층짜리 건물이었다. 인터넷에서는 근접 사진을 올려놓아 정확히 파악하기 힘들었다 주말행사 때문에 로비가 동네식당 같았다. 호텔리어(?) 같아 보이는 아저씨가 호텔카운트도 보고 음식도 나른다. 더군다나 '온리 캐쉬' only cash 란다. 예상치 못한 공격에 당황하면서 지갑을 털어 현금으로 숙박비를 치르고 지도부터 찾았다. 여행 막바지여서 현금이 거의 다 떨어졌을 때였다 '아이 해브 노 맵부'. I have no map 여기저기를 뒤지더니 내가 가지고 있는 지도보다도 못한 복사된 지도를 찾아 주었다. 슬슬 화가 나기 시작했다. 어쩌랴 내가 직접 고르고 고른 호텔인데.

고풍스런(?) 호텔의 열쇠가 인상적이어서 기록으로 남겨두었다.

지도 때문에 전쟁을 치르고 난 직후라 배가 고팠다. 오던 길에 봐 둔 라면집이나 가야겠다 싶어 길을 나섰다. 로비에서 아저씨가 '강상~' 하고 부른다. 어디 가느냐고 묻는 아저씨 표정이 내 눈치를 보는 듯했다.

막막했다. 미케항 三池港 과 점찍어 둔 갱(坑)이 3개나 되는데. 국가지정문화재로 지정되어 있는 미케광산에 속해있는 중요한 갱들이다 라면을 먹으며 약식지도와 실제거리를 비교하며 아무리 고민을 해도 어떤 코스를 잡아야 할지 막막했다.

로비에서 건질게 없나 싶어 기웃거렸다. 눈에 들어 온 건 오오무타에서 발행되는

오오무타역 건너편에 있는 시청 본관
(겉모습은 '국보' 감인데 그날 나에게는 무용지물이었다)

일간지 日刊大牟田 한 묶음. 2007년 1월 1일자부터 4월 14일(오늘)자 까지 가지런히 정리되어 있었다 그래 이거나 보자. 한 장 한 장 넘기기를 1시간째. 막막했던 내 머리가 뚫리기 시작했다. 폐광산과 관련된 기사가 10여 군데 나 있었다. 내가 몰랐던 사실들. 길에서 공돈을 주은 기분이었다. 1월 31일자에는 '내년 2008년이 미케항의 개항 100주년이 되는 해이고 미케항개항백주년사업본부 三池港開港百周年事業本部 에서 백주년기념사업들을 준비 중이다' 라는 기사가, 2월 6일자에는 'My Port 미케 이용촉진협의회 マイポートみいけ利用促進協議會 에서 미케항의 교류촉진을 위한 세미나를 2월 8일에 도쿄에서 개최한다' 는 기사도 있었다.

4월 5일자에서 내 눈을 확 뜨게 만드는 기사를 발견했다. '만다갱시민축제 이벤트참가자모집 万田坑市民まつり イベント参加者募集 이벤트를 하는 그날이 일요일인 바로 내일이었다. '오오무타-아라오탄광촌팬클럽' 大牟田·荒尾炭鑛のまちファンクラブ 이라는 시민단체가 봄을 맞아 '만다갱' 万田坑 에서 스케치대회, 걷기이벤트, 연주회, 강연회 등을 개최한다는 기사였다. 오전 10시에 '아라오역' 荒尾驛/오오무타역 다음 역이다 에서 '만다갱' 까지 걷는 이벤트도 연다고 했다. 갑자기 힘이 나기 시작했다. 이젠 내가 아저씨에게 눈치를 보며 '설마 복사기는 있겠지' 하는 우려와 기대 속에서 부탁을 했다. 아저씨는 흔쾌하게 A3용지에 10여장이 넘는 복사를 공짜로 해주었다. 이걸로 모든 게 용서되었다.

'미케광산' 三池鑛山 은 오오무타시 전역 '만다갱' 은 유일하게 아라오시에 걸쳐져 있다 에 산재하여 있는 광산 大浦, 七浦, 宮浦, 勝立, 万田, 四山, 三川 등 을 모아서 부르는 이름이다.

최초의 갱은 '오오미야갱' 大浦坑/1857~1926 이었고 마지막은 미가와갱 三川坑/1940~1997 이었다. 일단 호텔에서 제일 가까운 곳에 있는 '미야우라갱' 宮浦坑 을 이른 아침에 해결한 후, 미케항을 둘러보고 10시를 맞추어 아라오역으로 가기로 했다. 그 이후에는 '만다갱' 万田坑 과 '미야바라

무작정 걷기로 한 그날, 이 지도는 나의 눈과 발이 되어주었다

그날 아저씨가 복사해 준 4월 5일자 만다갱 기사

미야우라갱(宮浦坑)에 남아있는 컨베이어벨트 플랫폼

미야우라갱의 옛 사진. 제일 오른쪽 굴뚝이 현존하는 것이다
(http://homepage1.nifty.com)

미야우라갱에 남아있는 굴뚝

1910년부터 미야우라갱과 함께 움직이던 화학공장군과 철도

갱' 宮原坑 에 모든 시간을 투자하기로 했다. 약 20km의 긴 여정이 시작되었다. 내일이 이번 여행의 마지막 날이라 큰맘을 먹었다

걱정과 기대 때문에 새벽부터 눈이 말똥말똥했다. 6시 출발. 일차 목적지인 '미야우라갱' 宮浦坑 으로 향했다. 1km 남짓. 운이 좋았다. 갱 일대가 '공원' 宮浦石炭記念公園 으로 정비되어 있었다. 이 갱은 1888년 明治21년 부터 1968년 昭和43년 까지 80년 동안 약 4,000만톤의 석탄을 채굴한 미케광산의 주력광산이었다. 1933년에는 일본 최초로 컨베이어벨트를 이용하여 석탄의 자동운반시스템을 실용화했던 의미 있는 광산이라 한다. 이곳에서 채굴된 석탄은 미케의 또 다른 관련공장 三池染料工業所 三池製鍊所 등 으로 직접 운반되어 석탄을 원료로 하는 일본 최고의 '화학컴비나트'를 형성했었다고 한다. 컴비나트(コンビナート)는 관련 산업시설을 유기적으로 함께 배치시켜 원료공급과 제품생산이 한 체제 속에서 관리되어 시너지효과를 거둘 수 있도록 하는 공업시설 배치시스템을 말한다

옛 사진과 도면을 보니 광산의 70% 정도는 용도가 다른 공장지대로 재개발되었고, 갱구가 있었던 일부만 공원으로 만들어 놓았다. 공원에는 1998년에 국가등록문화재로 지정된 굴뚝 지하갱도와 연결된 3개의 굴뚝 중 한 개만 남아있다 이 남아있는데 높이가 31.2m나 된다. 위쪽 지름은 2.9m, 기초부 지름은 4.3m이다 옛 사진을 보니 갱과 철로가 바로 붙어 있었다. 굴뚝 너머로 내 눈앞에 펼쳐져 있는 철로가 바로 그 철도였고, 1910년대부터 갱과 함께 움직이던 거대한 공장군 미쓰이화학오오무타공장((株)三井化學大牟田工場) 이 여전히 연기를 내뿜고 있었다.

자료를 보니 이 공장에서 사용하고 있는 철도가 바로 '미케탄광전용철도' 三池炭鑛專用鐵道 였다. 1890년에 부분개통, 1905년에 완전 개통, 그리고 1923년에 전철로 변신했다 흩어져 있던 갱들과 미케항을 연결하는 것이 주된 임무였기에 이 철도 위를 달리던 열차들을 '석탄전차'라 불렀다 한다. 항구까지 석탄을 나르는 일이 주업이었지만, 아침과 저녁에는 광부와 미케항 근무자들의 출퇴근용으로 사용하고 급할 때는 일반 승객의 수송업무까지도 담당했다고 한다. 현재는 미쓰이화학에서 일부구간만을 인수하여 '미쓰이화학전용철도' 三井化學專用線 로 사용 중이나 나머지 구간은 폐선 되었다고 한다.

공장과 관련된 재밌는 자료를 발견했다. 이 공장이 미케광산의 역사적인 전기기관차를 5대나 보관하고 있다고 한다. 4대는 공장 어딘가에서 보관중이고 1대는 사용 중이라고 한다. 4대 중에는 일본에서 가장 오래된 전기기관차인 '가메전차' ガメ電車/L형 도 포함되

어 있고, 1908년에 미국에서 수입했던 10대 중 마지막 남은 1대다. 또 일본에서 제작된 최초의 '철도용전기기관차' 1915년에 나가사키에 있는 미츠비씨(三菱) 나가사키조선소에서 제작된 기관차다. 도 1대 포함되어 있다고 한다. 이래저래 흥미로운 공장이다.

미케항 三池港 으로 걷는 중, 발견한 몇 가지의 사실들이 '오오무타' 라는 도시를 다시금 생각게 했다. '역과 이렇게 가까운 곳에 광산이 있었다는 사실', '이렇게 큰 화학공장이 도심 한 복판에 자리를 잡고 있었다는 사실', '그 공장이 90여 년 동안 쉬지 않고 돌아가고 있다는 사실'. 지금은 미야우라갱 주변이 완전히 주거지로 변화되어 딴 세상이 되어 버렸지만, 한창이던 당시의 모습을 상상해보니 어제 저녁부터 가지고 있던 오오무타에 대한 의문들이 실타래처럼 풀려갔다. '다니던 차들의 수에 비해 엄청나게 넓었던 역 앞 도로', '작은 소도시의 시청이라고 볼 수 없었던 웅장한 시청', '겉모습에 비해 속이 덜 찬 것 같은 도시 분위기' 등등.

미케항으로 가려면 오오무타역을 건너가야 했다. 반대쪽의 오오무타는 완전히 달랐다. 한가롭기는 비슷했지만 훨씬 깨끗하고 새것이었다. 내가 모르는 변화들이 항구 쪽에서 일어나고 있는 것 같았다. 걷기를 30여분. 드디어 '미쓰이항구구락부' 三井港俱樂部 를 만났다. 이곳은 미케항의 개항과 동시에 건설되어 방문객들 주로 항구에 왕래하던 고급선원과 바이어들이었다고 한다 의 사교와 숙박시설로 사용되던 3층짜리 서양풍의 목조건물이다. 바로 옆에 폐광이 있다는 사실을 믿을 수 없을 정도로 광산과는 어울리지 않는 분위기를 가졌다. 문화재라고 가만히 모셔두지 않고 1986년에 리모델링을 하여 결혼식장과 레스토랑으로 지혜롭게 재활용 중이었다.

공장 어딘가에 보관 중인 일본에서 가장 오래된 전기기관차(가메전차) (http://www.sekoia.org)

1997년에 폐광된 미가와갱(三川坑)의 입구 전경들

- 굳게 닫힌 대문
- 문틈 사이로 보니 들풀들이 많이 자라고 있다.
- 녹슨 감시카메라가 인상적이다.
- 버려진 채 그대로인 수위실

미쓰이 항구구락부(三井港俱樂部) 전경

미가와갱을 방문한 쇼와천황(1949년 5월)
(자료: 每日新聞西部本社, 1997:26)

바로 오른쪽 길로 접어드니 '미가와갱' 三川坑 의 굳게 닫힌 대문이 나타났다. 문 틈사이로 카메라를 들이대고 사진을 찍어보지만 내부를 시원스레 찍을 수가 없었다. 폐광 후 계속 버려져 있는 것 같은 수위실 내부와 녹슨 감시카메라만이 10년 전의 모습을 대변하고 있었다.

1940년에서 시작하여 1997년에 폐광된 큐슈지역의 마지막 탄광인 미가와갱은 여러 가지로 의미를 가지고 있다. 패전 후 경제부흥을 독려하기 위해 쇼와천황이 이곳을 방문했다는 기록도 있고, 1949년의 일이다 일본의 광산사고 중 두 번째로 많은 사상자가 발생한 폭팔사고가 있었던 곳이다. 1963년 11월 9일 오전 3시 15분에 발생한 대폭팔사고로 인해 458명이 사망하고 839명이 부상당했다 또 일본광산사에 길이 남은 노동쟁의 2차 쟁의는 10개월 동안 계속되었다고 한다 도 1953년과 1960년에 두 차례나 있었다.

낡아 떨어진 콘크리트 담과 높게 자란 풀들 사이로 들려오는 노랫소리 미쓰이석탄화력발전소에서 들려오던 노래였다. 모두들 아침운동을 하는 것 같았다 가 고요한 적막을 깨어 버렸다. 갱 바로 옆에 옛 집들이 그대로 있었다. 모두 문이 닫혀있었다. 불과 10여 년 전의 영화로움은 어디로 가버리고 이중으로 막아 놓은 나무기둥들만이 집을 지키고 있었다.

뼈대만 남은 육교가 게이트 역할을 하고 있는 미케항이 바로 앞에 있었다. 다행히 안내판은 그대로 있었다. 내가 서있는 이곳에 역이 있었다. 지금은 아무것도 없는데. 철도가 있던 자리는 길이 새로 나버렸다. 석탄을 쌓아두던 선탄장도 없어졌고, 각종 자료에 얼굴을 내밀었던 '제3호 쾌속석탄선적기' 第3號 三池式快速石炭船積機 도 사라져 버렸다. 3호선적기는 2004년 10월에 해체했다고 한다 내 눈앞에 펼쳐져 있는 미케항은 많은 역사를 삼켜 버린 듯 아무런 움직임이 없었다.

미가와갱에서의 노동쟁의(1960년 3월)
(자료: 每日新聞西部本社, 1997:81)
아무도 없는 미가와갱 앞의 주택
뼈대만 남은 육교가 미케항의 게이트처럼 보였다.
남아있는 미케항 안내도
2004년 10월에 해체된 쾌속석탄선적기 3호기
(http://homepage1.nifty.com)
고요 속에 잠긴 미케항의 아침. 멀리 갑문이 바라보이고 그 너머로 외항이 보인다.
미케항의 한가로운 낚시꾼들
미케항 갑문은 미케광산의 핵심장치였다.
갑문을 힘차게 들어 올렸던 도르래
이 좁은 갑문길을 따라 가면 건너편으로 바로 갈 수 있다.

미케항에서 내가 해야 하는 가장 중요한 일은 '갑문' 三池港閘門 을 확인하는 일이다. 미케항을 품고 있는 '아리아케카이' 有名海 는 간만의 차가 5.5m나 되어 석탄을 실어 날라야 하는 대형선박의 접안이 불가능했다고 한다. 그래서 오오무타강 大牟田川 의 하구에 갑문을 설치하고 별도의 내항을 만든 것이었다. 1902년에 공사를 시작하여 6년 만인 1908년에 갑문을 준공한 후, 내항은 1만톤급 석탄수송선이 접안이 가능한 일정 수위 8.5m 를 유지하게 되었다고 한다. 당시 공사비는 376만엔이고 연인원 262만 명이 공사에 참가하는 대공사였 이러한 탄생의 사연을 가진 미케항은 일본 유일의 갑문식 항구다. 그래서 이들은 애지중지하며 10년 동안이나 어떻게 다루어야 할지를 고민해 왔나보다.

갑문으로 가려니 '출입금지'라는 팻말 때문에 조금 겁이 났다. 이리 저리 눈치를 살피며 가고 있는데 반가운 사람들을 만났다. 낚시꾼들이다. 그런데 차림새가 전문 낚시꾼이라기보다는 동네사람들 같았다. 슬리퍼에 추리닝. 사실 미케항의 내항은 갑문 때문에 낚시의 천국일 듯싶다. 갑문 안으로 한번 들어 온 물고기는 못 빠져나간다 반가운 마음에 나도 낚시꾼 인양 슬그머니 갑문 쪽으로 걸었다.

정확한 용도를 알 수 없이 버려져 있는 낡은 나무기둥들이 이곳의 긴 역사를 전해주었다. 갑문 위에도 용감한(?) 낚시꾼이 있었다. 어찌되었던 보고 싶었던 갑문이니 맘껏 둘러보고 열심히 기록을 남겼다.

멀리 옛날의 번영을 대변하듯 발전소의 높은 굴뚝들이 항구의 양쪽 그 자리에 여전히 서 있었다. 멀리 선적기 한 대가 보였다. 이상하다. 내가 보고 모았던 자료들에는 선적기가 3대이고 그 중 1대만 남아있다고 했는데, 와서 보니 3호기도 해체된 지 3년이 지났다 엉뚱한 자리에 있는 저건 도대체 무얼까? 갑문을 직접 건너가는 것이 가깝긴 한데 용기도 부족하고, 사라진 선적기 자리들을 확인해보고 싶은 생각에 항구 쪽으로 걸어가기로 했다.

갑문 주변에 흩어져 있는 이름 모를 나무둥치들과 기계장치들

한 대당 하루 5,000톤을 처리하던 시절의 쾌속선적기들
(http://homepage1.nifty.com)

내 눈에는 단순한 기계가 아니라 미케 만의 명물처럼 보였다.

너무나 반가웠던 타바코가게

폐철도에 까만색 고무판을 덮어 놓았다.

폐철도에서 만다갱으로 들어가는 개구멍

석탄을 싣는 선적시스템이 어렴풋이 눈에 들어온다.

선적기의 이름이 재밌다. '쾌속석탄선적기'. 快速石炭船積機 얼마나 빠르게 일 처리를 했으면 '쾌속'이란 말을 붙였을까? 더 재밌는 것은 이 선적기의 애칭이 '단쿠로·로다' ダンクロ·ローダー 라는 것이다. 선적기를 '단타쿠마' 團琢磨 와 '쿠로다쯔네마' 黑田恒馬 가 함께 설계를 했는데 이들은 '三井鑛山 株式會社'의 직원들이었다 이들의 이니셜을 따서 '단쿠로'라고 불렀다고 한다. 계획가나 설계가는 뒤로 빠지고 엉뚱한 이름이 앞서는 우리의 처지와 사뭇 다르다. 또 다른 자료를 보니 이 선적기들은 특허까지 얻은 진짜배기 'made in MiKE' 다. 그래서 정식이름이 '特許三池式快速石炭船積機' 다.

아저씨가 그려준 아라오역 가는 길

가까이 다가서니 책에서 보았던 3호기와 닮았다. 여기에서도 동네아저씨들이 한창 낚시를 즐기고 있었다. 갑문 쪽보다 여기가 더 본격적이다. 완전히 자리를 잡은 아저씨들이 여럿 보였다. 역시 예상했던 것처럼 새것이었다. 선적기에 붙어 있는 명패를 보니 '昭和50年' 그러니까 1975년에 만든 선적기다. 보고 싶었던 진짜배기는 아니었지만 이곳 이 자리에서만 볼 수 있었기에 웅장한 쾌속선적기의 섬세한 아름다움에 한동안 취해 있었다.

시계 바늘이 9시 20분을 가리키고 있었다. 10시까지 아라오역에 도착해야 하는데. 선적기 바로 앞에 미쓰이금속 三井金屬 사무실과 창고로 사용 중인 흐름한 건물이 하나 있었다. 나중에 알고 보니 나가사키세관미케지부(長崎稅關三池支署)로 사용했던 유서 깊은 건물이었다 마침 당직근무 중인 사무원 60세쯤 되어 보이는 남자분이었다 에게 아라오역으로 가는 길을 물었다. 책상에 앉더니 갑자기 백지에 30cm 자를 대고 약도를 그리기 시작했다. 너무 고민하며 작업(?)을 하고 있어 급하다는 얘길 꺼낼 수가 없었다. 겨우 완성했나 싶었더니 이제는 약도를 들고 설명을 시작했다. '타바코' 얘길 계속했다. 담배가게인가?

약도를 들고 길을 나섰다. 아라오역 쪽으로 쭉 이어져 있는 석탄전차가 달리던 폐철도를 다시 만났다. 한참을 걸으니 아저씨가 몇 번이나 강조했던(?) '타바코' 가 나타났다. 가게이름이었다. 일요일이고 손님이 없어 그런지 문을 닫고 있었다 세 번의 건널목을 건너고 한참만에야 아라오역에 도착했다. 거의 뛰다시피 했는데도 10시 10분이었다.

10분을 늦었다. 아무도 없었다. 등에서 흘러내리던 땀도 식히고 또 이 난관을 어떻게 극복해야 할지를 고민할 겸해서 캔커피를 뽑아 들고 역 앞 화단에 걸터 앉았다. 도대체 어느 쪽으로 갔을까? 한국 같았으면 늦게 오는 사람들을 모으느라 30분정도는 기다려 주었을 텐데. 인정머리 없는 사람들 같으니. 결론을 내렸다. '만다갱' 方田坑 을 직접 찾아가자!
내 지도에 표시되어 있는 '原方田' 만다갱 앞에 있는 만다탄광관의 주소는 荒尾市原万田213番地31이었다/만다갱은 미케광산에서 오오무타와 아라오에 걸쳐있는 유일한 갱이고, 주요시설이 아라오 쪽에 있어 아라오에서 관리를 한다 이 유일한 실마리였다. '原方田' 쪽으로 대강의 방향을 잡고 물어물어 찾아갔다. 이상할 정도로 만다갱(方田坑)이라는 안내판을 발견할 수가 없었다 30분쯤 갔을까. 반가운 것을 다시 만났다. 폐철도다. 만다갱에 거의 다 왔나보다. 분명 철도와 갱은 연결되어 있으리라. 폐철길에 덮어 놓은 까만 고무판을 따라 한참을 걷다 보니 오른쪽 저편에서 '야구라' 입식갱도시설/竪坑櫓 의 꼭대기가 보이기 시작했다. 키 높은 풀들로 둘러싸인 아무도 없는 폐철길이 무서웠는데(?) 얼마나 반가웠던지. 한걸음에 달려갔다.

그런데 한참을 뛰었는데도 갱은 내 앞에 나타나질 않는다. 어디선가 사람소리가 들리기 시작했다. 점점 가까워지는 소리에 마음만 급해졌다. 문은 커녕 만다갱으로 들어가는 샛길도 보이질 않는다. 안되겠다 싶어 높은 풀을 여기 저기 제쳐보니 개구멍 허물어진 담 사이로 들어갈 수 있는 동네아이들의 지름길인 것 같은 한 곳이 보였다. 개구멍 바로 앞에 한 여학생이 다소곳이 앉아 그림을 그리고 있었다. 바로 옆에 있는 삭막한 폐철도와는 완전히 딴 세상이었다. 벌써 봄맞이축제의 스케치대회가 시작되었다. 부자 夫子도 있고, 혼자 온 할아버지도 있고, 친구인 것 같은 할아버지 등 다양한 사람들이 그림을 그리고 있었다. 따뜻한 봄 햇살이 내려쬐는 만다갱은 까만 석탄가루가 날리던 삶의 전쟁터가 아니라 평화와

아버지와 아들이 진지한 모습으로 그림을 그리고 있다.

022 남쪽의 광산마을, 아픔 잊기와 추억 연결하기 | 093

사랑이 넘치는 그런 곳으로 변해 있었다.

입구 쪽에 길쭉한 하얀 천막이 보였다. 본부인가 보다. '오오무타-아라오탄광촌팬클럽'의 '나가요시 永吉 守' 사무국장이 반겨주었다. 여기까지 찾아 온 긴 사연을 늘어놓으니 신기해하며 금방 친구가 되어 주었다. 행사진행으로 바쁜 국장을 놓아주고(?) 혼자서 둘러 본 만다갱은 단지 사람이 바뀌었을 뿐 50여 년 전의 그 모습 그대로 였다. 메이지시대에 조성된 광산들 중 가장 원형에 가깝고 당시 시설들이 제일 많이 남아 있다는 소문이 사실이었다. 1902년(明治35年)부터 역사가 시작되어 1951년(昭和26年)에 폐광되었다

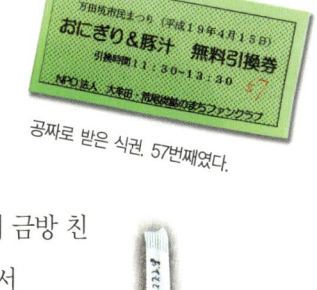

공짜로 받은 식권. 57번째였다.

그날 점심은 정말 달았다.

더욱이 오늘은 만다갱을 사랑하는 사람들 까지 모였으니 만다갱에 힘이 넘쳐났다. 구석구석에 흩어져 있는 사람들을 다 합치면 족히 50명은 될 듯싶었다. 살펴보니 사람들이 몇 그룹으로 나눠져 있다. 중년부인들과 할머니들은 주로 천막 주변에서 식사준비를 하고 뭐가 그리 신나는지 계속 웃으며 얘기를 나눈다. 학생들과 가족단위의 그룹들은 그림을 그리느라 정신이 없고, 대부분의 할아버지들은 이곳저곳에서 삼삼오오 모이거나 한가로이 거닐며 얘기를 나누고 있었다. 비슷한 연배이고 또 얘기를 주고받는 모습으로 보아 "이 할아버지들은 이곳에서 일했던 분들이 아닐까?" 하는 상상을 해보았다.

유채가 곳곳에 피었다. 뒷모습이 정말 아름다운 아버지와 딸을 발견했다. 거무튀튀하고 붉은 빛을 배경으로 노란색 유채와 함께 있는 두 사람의 풍경이 참으로 조화로웠다. 놀라운 가족을 발견했다. 아마 일본 여행 중에서 내가 본 가장 아름다운 장면이었으리라. 뒤로 멀찍이 앉은 엄마, 그리고 네 명의 아이들 틈에 앉은 아빠와 열심히 그림을 그리고 있었다. 두 서넛 되어 보이는 막내까지도 물감을 열심히 칠하고 있었다. 도대체 뭘 그리고 있을까? 방해가 될까봐 살금살금 다가갔다. 하얀 켄트지를 채워가고 있던 엄마의 그림이 감동을 넘어 심장까지 멎게 만들었다. 만다갱을 뒤로 한 네 아이들의 모습이 그림

행사장에 하얀 천막을 치는 것은 우리나 여기나 마찬가지다.

살아있는 만다갱

할아버지가 뭘 그리나 궁금하셨나보다.

그림에 열중인 이 아이들의 마음 속에 들어가고 싶었다.

떠나면서 발견한 행사안내문 (나는 뒤쪽 개구멍으로 들어와서 이것을 보지 못했었다)다.

아이의 눈에 비친 옛 흔적

속에 담겨 가고 있었다.

만다갱에서 캔 석탄조각이 든 기념품과 기념엽서를 사니, 국장이 덤으로 식권을 건넸다. 메뉴는 세모주먹밥 2개와 고기토란국. 삐죽이 자란 들풀 사이의 작은 돌판 위에 자리를 잡았다. 꿀맛! 새벽부터 걸어 다녔으니 게 눈 감추듯 해치웠다. 허기를 반도 못 채웠지만 참가비 1000엔 이었다 도 안낸 객의 처지인데 어쩌랴.

오후 1시. 10시에 아라오역에서 출발했던 '보행팀'이 도착했다. 20명쯤 되어 보였다. 이렇게 늦을 걸 보니 도중에 다른 프로그램이 있었나 보다. 청소를 했단다. 80여명의 사람들로 붐비는 만다갱이 참으로 행복해 보였다. 만다갱은 단지 50여 년 동안 석탄 캐는 제 할일만 열심히 했을 뿐인데 사람들은 일했던 시간보다 더 긴 시간을 사랑해주고 있었다.

이제 떠날 시간이 되었다. '미야바라갱' 宮原坑 을 찾아가야 했다. 어제 밤에 발견한 신문기사 큐슈의 탄광시설들을 묶어 세계문화유산으로 지정하기 위한 준비작업으로 국제산업유산위원회에서 미야바라갱에 방문했다는 2월 2일자 기사 때문에 내심 엄청 기대를 하고 있었다. 나가요시 국장이 2km 정도 떨어진 곳이지만 내가 못 찾을 거라며 택시를 불렀다. 20km 완주(?)에 대한 목표가 무너질 까봐 버티고 버텼지만 어쩔 수 없이 그냥 타기로 했다. 고집이 대단했다. 내부 개방을 매월 1회만 한다는 걸 보니 정말 중요한가 보다. 매월 셋째주 토요일만 내부 개방을 한다 기대가 하늘을 찔렀다.

좁디좁은 골목길을 잘도 달렸다. 이 골목길들 때문에 국장이 택시를 타라고 했나보다. 670엔. 금방 도착했다. 역시 문이 잠겨있었다. 그러고 보니 여기나 만다갱이나 모두 평지에 있고 사람 사는 동네와 붙어 있다. 폐광 후에 탄광에 대한 기억이 잊혀 지면서 진행된 주거지 개발이 정답일 것 같았다. 탄광사택단지들의 자체적인 재개발도 한 몫을 했다 어쨌든 우

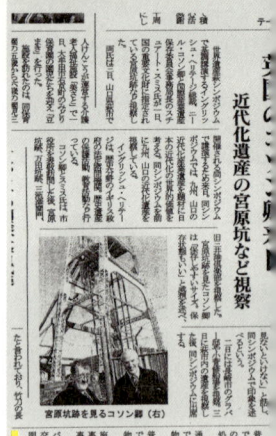

2월 2일자 기사

새것 같은 미야바라갱의 야구라

마야바라갱은 사람 사는 동네 속에 있었다.

펌프실과 연결된 파이프와 야구라

지하수를 퍼 올리던 3개의 파이프

야구라 밑에 있는 반지하공간의 펌프실(1901년 건설)

리나라의 광산도시들은 물론이고 일본의 북쪽에서 본 광산도시들과도 시스템이 달랐다.
겉으로 드러나 있는 흔적의 규모가 너무 조금이었다. 달랑 야구라 1개소와 붉은 벽돌건물 하나. 이게 다인가? 만다갱과 같은 '국가중요문화재' 사적 인데. 국제산업유산위원회에서는 왜 여길 보러 왔을까? 뭐가 비밀이 있을 것 같은데. 안으로 들어갈 수가 없으니 답답하기 그지없었다. 미리 확인한 자료에 의하면 내 앞에서 은빛으로 빛나고 있는 이 야구라는 1901년 明治34년 에 제작한 일본 최초의 '강철제 야구라' 鋼鐵立坑櫓 인데, 왜 새것 같아 보일까?

그나마 벽에 붙어 있는 안내판 덕분에 위로를 받았다. 미야바라갱이 개발된 시점, 1898년부터 1931년까지 채굴을 했다 그러니까 지금으로부터 백년보다 더 전에 건설된 이곳의 배수시설은 당시 세계 최고 수준의 펌프시스템을 갖추고 있었다는 설명이었다. 주변지역의 지하수가 높아 지하수처리 문제가 탄광개발의 가장 큰 난관이었다고 한다 미야바라갱의 갱도가 2km나 떨어져 있는 미야우라갱 原浦坑 지역과 연결되면서 늘어난 지하수 때문에 배수시설을 겸하는 '제2호야구라' 第2立坑櫓 를 만들었고, 그것이 바로 이 야구라라는 것이다. 그제야 의문들이 풀리기 시작했다. 잠긴 문틈 사이로 보였던 녹슨 3개의 파이프들이 그 당시의 것이었고 야구라 아래쪽에 비어있던 반지하공간이 펌프실이었다. 특이하게도 이곳은 석탄보다 '지하수' 때문에 유명해진 곳이었다.

나중에 알고 보니 미야바라갱은 2000년에 오오무타시에서 공유화를 했고 제2호야구라는 2002년부터 보존정비사업의 일환으로 교체하여 정비 중이었다. 그래서 새것이었다.

2006년 11월부터 이곳의 탄광시설들은 새로운 힘을 얻기 시작했다. '큐슈와 시코쿠의 6개 현 縣 과 8개 시 市 가 연합하여 '근대화 산업유산군' 近代化産業遺産群) 을 세계문화유산으로 지정 받자는 운동이 시작되었기 때문이다. 2007년 1월에는 유네스코에서도 공식적으로 이를 심의하기로 했다고 한다. 단일 폐광산이 세계문화유산으로 지정된 예 독일의 람멜스부르크광산이 있다 는 있지만 이런 경우는 처음이다. 멋진 일이다. 나에게 더욱 더 멋져 보이는 것은 내가 만난 만다갱과 미야바라갱이 이 운동의 중심에 있다는 사실 때문이었다.

마을 너머로 고개를 내민 시메타워 (사카도역에서 볼 수 있다)

시메(志免)폐광산에서 만난 또 다른 사람들

6년 전 쯤에 후쿠오카 福岡 의 '우미노나카미찌 海の中道 공원'을 가기 위해 '사카이선' JR香椎線 을 탔던 적이 있었다. 다른 일본 도시들과 달리 전부 새것만 있을 것 같았던 이 도시에서 만난 '사카이선'은 정말 의외였다. 당시 후쿠오카는 해안개발과 캐널시티 등을 건설하여 국제적 감각을 가진 현대도시로 급변하고 있었다

당시에는 왜 이런 낡은 전철이 후쿠오카에 있는지 그 이유를 몰랐다. 이제 그 이유를 정확히 알고 전철을 다시 탔다. '사카이선'은 후쿠오카 동쪽 내륙지역에 생산되던 막대한 석탄을 항구로 실어 나르던 석탄전철이었다. 12개의 역이 있고 30분 정도면 종점에 갈 수 있는 매우 짧은 전철이다

'시메광산' 志免鑛山 에 가려면 시점인 사이토자키 西戸崎 에서는 9번째, 종점인 우미 宇美 /신기하게 우리의 한자음 발음과 일본말이 똑 같다 에서는 4번째 역인 '사카도' 酒殿 에서 내려야 했다. 사실 후쿠오카의 본 역인 하카타역 博多驛 에서 불과 20분밖에 걸리지 않는 거리였다. 버스로는 후쿠오카공항에서 10분 정도면 갈 수 있다

사카도역이 들판 한 가운데 있었다. 정말 작은 간이역이었다. 오늘 보려고 하는 시메타워 志免鑛業所竪坑櫓 가 멀리 보타산 ぼた山 너머로 고개를 내밀고 있었다. 한걸음에 달려가고 싶었으나 20분은 걸어야 했다. 대강 방향만 잡고 걷기 시작했다. 먼저 사카도 마을 酒殿町 을 지나고, 농촌 분위기와 전혀 안 어울리는 대형쇼핑몰 Diamond City JUSCA 을 지나야 한다. 도시근교의 신개발지역이나 보니 일본에서는 보기 힘든 대형쇼핑몰이 들어섰다 길은 넓히지 않고 쇼핑몰만 지어 차들이 잔뜩 밀려있었다. '시메마을' 志免町 일대가 신흥주택지로 급부상하면서 급하게 지었나 보다. 마치 붐타운에 온 것 같아 불안했지만, 솔직히 나에게는 매우 익숙한 풍경이었다.

오오무타에서도 느꼈듯이 광산도시들은 대부분 조금 세련되지 못하고 거칠다. 부와 명예 보다는 험하고 고생스러움이 더 잘 어울렸던 광산 기능이 도시까지도 그렇게 만들어 버린 것이다. 그래서 거칠어 질 때로 거칠어진 도시를 한꺼번에 되돌리려 하니 힘이 들 수밖에 없고 또 시행착오를 거치는 것 같다.

보타산에 다다랐다. 전혀 사람이 안다니는 듯한 경사길이 나있었다. 언덕 위에 시메타워가 있음을 확신하고 올라갔다. 멀리서 아이들의 웃음소리가 들려온다. 이상하다. 어떻게 된 걸까? 경사길을 뒤로 하니 내 눈앞에 믿지 못할 일이 벌어지고 있었다. 백

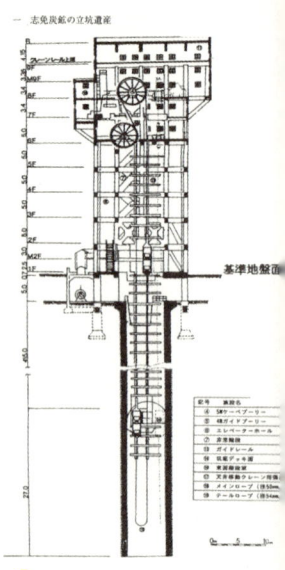
— 志免炭鑛の立坑遺産

벌판 한가운데 서 있는 사카도역(전철이 동시에 들어 왔다)

일본에서는 보기 드문 대형쇼핑몰 (Diamond City JUSCA)

시메타워로 가는 마지막 고비다.

시메타워의 단면 (자료: 玉川寛治?前田清志, 2000:87)

명이 족히 넘을 것 같은 아이들이 시메타워 옆에서 뛰어 놀고 있는 것이 아닌가? 바로 옆에는 나지막하고 널찍해 보이는 건물도 있었다. 도대체 누구이고 무슨 건물일까? 가까이 다가가 보니 2004년에 완공된 시메마을의 복지관 志免町綜合福祉施設 이었다. 유아·유치원은 기본이고 태양열을 이용하는 목욕탕, 각종 운동시설, 놀이터, 대형주차장 248대 등 없는 게 없었다. 그날이 마침 일요일이었다.

이제야 내가 듣고 의아해 했던 사실이 이해가 된다. 처음 이야기부터 되짚어 보자. 시메마을은 후쿠오카의 동부지역에 속하며 후쿠오카공항 바로 옆에 있다. 개발에 좋은 입지조건으로 인해 마을과 주변지역이 급작스럽게 개발되기 시작하면서 4만명이 넘는 인구와 시 전역에서 두 번째로 높은 밀도를 가진 곳으로 변모를 한다. 시메광산의 시작은 일본이 엉뚱한 욕심 때문에 군사력을 한창 키우던 때 1889년/明治22년 로 거슬러 올라간다. 마을 근처에서 양질의 석탄들이 발견되면서 시메마을 일대는 '일본해군 채탄소'로 지정을 받는다. 이로 인해 2,000명 정도가 살던 농촌마을이 개벽을 한다. 1921년 후쿠오카시의 인구가 9만이었는데 시메마을의 인구가 1.1만이나 되었다고 한다 8개소의 갱을 개발하여 연 50만톤의 석탄을 생산하다. 패전 후 해군 海軍省 의 해체와 동시에 시메광산은 운송성 運輸省 산하의 탄광 門司鐵道局志免鑛業所 으로 변신을 한다. 또 4년 뒤인 1949년에는 일본국철에서 운영하는 탄광 日本國有鐵道志免鑛 業所 으로 다시 변신을 한다. 서너 차례나 주인이 바뀌었지만 시메광산은 한결같이 국가가 주인이었다. 폐광할 때 까지 75년 동안이나 유지된 일본의 유일한 국영탄광이었다고 한다. 일본의 석탄 채굴을 주도했던 탄광 (三井, 三菱, 住友)들은 모두 민간탄광이었다 국철 현재의 Japan Rail이다 과 인연을 맺으면서 시메탄광은 증기기관차의 석탄을 공급하는 임무를 맡다가 원료공급시스템이 석유로 전환되면서 1964년에 광산활동이 중지된다.

시메타워와 아이들

지금까지 '시메타워'가 살아남은 이유는 큰 덩치 때문이었다고 한다. 다른 광산시설들은 모두 해체되었지만, 지하부가 430m에나 이르는 대형 구조물인 시메타워는 너무 커서 해체가 곤란하다는 이유로 지금까지 남아있다고 한다.

시메타워는 철근콘크리트 구조이고, 높이가 53.6m, 긴 쪽의 폭은 15.3m, 짧은 폭은 12.25m이다. 지하 상층부의 석탄이 고갈되자 지하 깊숙이 있던 석탄을 채굴하기 위해 만든 시설이었다고 한다. 1941년에 착공하여 1943년에 준공을 했다 건설 될 당시가 한창 전쟁 중인데도 이런 시설에 거금을 투자한 것을 보니 석탄이 급하긴 정말 급했나 보다. 당시 공사비가 총200만엔(현재는 40억엔)이었다고 한다

30년 넘게 방치되어 오던 시메타워는 본격적인 개발 붐이 불기 시작하면서 해체의 위기를 겪는다. 위험하고 흉물스러운 타워를 해체 한 후 광산일대를 종합개발하자는 주민들의 의견이 강하게 대두되고 당시 정장 町長 도 이에 동의하면서 시메타워의 해체는 기정사실화 된다. 이로 인해 '보존'과 '해체'를 원하는 주민들 간의 갈등으로 번지면서 지역의 큰 사회문제로 확산된다. 이즈음에 일본토목학회는 근대화 토목유산 등급 중 시메타워를 가장 중요한 A급에 해당한다는 발표를 한다. A급은 16%에 해당하는 455건이었다 그 이유는 일본의 입식갱도시설들 중 가장 규모가 크며 철근콘크리트 구조학과 탄광기술사적으로 일본의 매우 우수한 유산이라는 것이었다. 이를 계기로 관련 학회들과 뜻있는 주민들의 마음이 모아지면서 해체의 위기를 넘기게 된다. 2005년에 시메타워를 보존하는데 뜻을 같이한 사람들이 모여 '志免立坑櫓を活かす議員の會'를 조직하였고 별도의 주민모임 志免立坑櫓を活かす住民の會 도 만들어 각종 보존활동을 벌이고 있다. 2006년 4월에는 소유주인 'NEDO' 新エネルギー産業技術總合開發機構 가 시메타워를 시메마을에 무상양도를 하면서 '보는 것을 지키

철근콘크리트 건물이 확실하다.

주민모임에서 발간한 회지(창간호)

시메타워의 3중막

주민들에 의해 가끔씩 불도 켠다고 한다 (http://www.tateko.com)

갇혀있는 듯한 시메타워가 왠지 안쓰러웠다.

시메타워 아래에 형성된 신흥주택가

는 보존' 見守り保存 이라는 독특한 개념의 보존 원칙을 주민합의 하에 결정을 한다.
'보는 것을 지키는 보존'. 재밌는 말이다. 그 속에는 직접 사용하면 위험하다는 의미가 숨어있다. 그래서 그런지 시메타워는 3중막으로 둘러싸여 있다. 발생 할 수 있는 지진과 태풍의 가능성을 건설 당시에 충분히 고려하여 붕괴 위험은 없다고 확인되었지만, 부식된 콘크리트 조각들이 떨어질 위험은 있다고 한다. 아마 해체론자들을 설득하기 위해 3중막을 치고 바로 옆에 복지관을 만들었던 것 같다

그러고 보니 아이들과 시메타워는 전혀 관계가 없어 보였다. 아이들을 지켜보고 있는 가족들도 마찬가지 인 듯했다. 이들은 기억 속에서 완전히 시메타워를 잊은 듯 열심히 뛰며 웃기만 했다. 시메타워로 올라오는 정문 내가 온 길은 뒤쪽의 옛길이었다 쪽 경사지 아래에는 새로 지은 고급주택들이 모여 있었다. 광산의 아픔을 기억하던 옛 사람들은 모두 떠났고, 대형쇼핑몰과 다목적복지관이 필요한 새로운 사람들로 시메광산은 채워지고 있었다.

길고 길었던 큐슈 폐광산 탐방의 마침표를 찍었다. 다 해냈다는 기쁨보다 더 큰 아쉬움이 진하게 다가왔다. 어젯밤 TV에서 본 뉴스 때문이었다. 그렇게도 다시 살아보려고 노력하던 유바리 夕張 의 도산 소식이었다. 가장 서둘러 노력했던 광산도시였기에 너무나 큰 시행착오를 거치고 있다 보다. 너무 열심히 앞서 나가도 문제가 발생할 수 있다는 지혜를 얻는다 370억 엔의 적자가 났고 공무원도 이미 50%나 해고되었고, 새로 임명될 시장 시장 퇴임 후, 7명의 후보가 재선거 중이었다 의 월급이 26만 엔에 불과하다는 등등의 소식이었다. 갑자기 작년 2006년 1월에 만났던 니시무라 西村 계장의 얼굴이 떠올랐다. 유바리를 살리는 일에 정말 열심히 노력하고 있었는데…..

한마음으로 지켜온 누에마을 2
| 시라카와 마을 |

일곱 번째 이 야 기

시라카와마을 白川村 에 처음 간 것은 2000년 겨울 정확히 1월 20일이다 이었다. 그때는 나고야 名古屋 에서 다까야마 高山 로 가는 전철 JR特急ひだ 을 탔다. 지금은 나고야에서 바로 가는 고속버스도 있고, 토야마에서 가는 방법도 있지만, 당시에는 내가 알아낸 최고의 방법이었다.

다까야마는 가나자와와 함께 '제2의 교토' 또는 '리틀 교토' 자리를 놓고 경쟁하는 도시다. 이방인인 나에게는 어느 도시가 뭐가 되던지 상관 없지만, 교토를 따르려는 노력과 의지가 가상해 보인다. 다까야마역 앞에서 오후 1시 20분에 출발하는 자그마한 버스를 탔다. 마을로 들어가는 버스는 하루에 3편이고, 나오는 것은 2편뿐이었다. 시라카와마을까지는 2시간 정도 더 가야 했다.

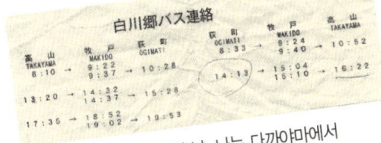

시라카와에 처음 가던 날, 나는 다까야마에서 13:20분 발 버스를 탔다.

승객은 나를 포함해서 할아버지 한 분과 대학생으로 보이는 여학생 둘 뿐이었다. 길은 대부분 구불구불한 산길이었다. 곳곳에 '도로 위 지붕' 이 시선을 잡아끈다. 그 순간에는 산사태 방지용이 아닐까하고 짐작했었는데 동해남부선을 따라 부산 해운대에서 청사포로 가는 절벽에 산사태 방지용으로 만든 피암터널(길이가 20m에 불과한 작은 터널)이 있어 미루어 짐작했다 나중에 알고 보니 내린 눈이 얼어 생기는 빙판을 방지하기 위한 지붕이었다. 그러고보니 한결같이 해가 안 드는 북쪽 모서리에 설치되어 있었다.

마을에 도착한 뒤 어두워지기 전에 한 컷이라도 더 찍기 위해 카메라를 들고 이리저리 정신없이 뛰어다녔다. 그러다 이내 어두어져버렸다. 눈에 띄는 민박집 民宿 을 찾아 문을 두드렸으나 인기척이 없었다. 다음집도 마찬가지였다. 걱정 속에서 안내센터를 찾았다.

버스정류장 앞 전망대를 10여분 오르면 이런 풍경을 만날 수 있다.

겨울에는 숙박객이 적어 30여 개 소의 민박집들 중에서 대 여섯 집씩 돌아가며 운영을 한다. 지혜롭다. 호객을 안 해도 되고, 큰 간판을 안 붙여도 되고, 남아서 버리는 음식도 없다. 사람 없는 겨울에도 손님을 꽉 채울 수 있고, 비번일 때는 도회지로 나간 자식들에게 맘 편히 다녀올 수도 있으니 '일석오조' 쯤 된다고나 할까.

그날 묵었던 '마고에몬' 孫右工門 이라는 민박집은 마을 중심도로에서 20미터 정도 떨어져 있었다. 맘 좋아 보이는 주인아주머니의 안내로 짐을 풀고, '이로리' 火爐 라 부르는 화로를 중심으로 동그랗게 줄 서 있는 저녁상을 맞았다. 나만 체육복이고 모두들 '유가타'를 입었다. "어~" 아까 버스에서 보았던 여학생 둘이 건너편 상에 앉는다. 아무도 모르는 이곳에서 아는(?) 사람을 만났으니 나로서는 정말 반갑다. 물론 그들은 내게 아무런 관심도 없는 듯 계속 재잘거린다.

손님들이 많아서 인지 '쯔마고' 다음 이야기에 소개 마을처럼 식단에 대한 설명이 없었다. 사실 한마디도 못 알아듣지만, 무덤덤하게 밥 만 먹으려니 섭섭했다. 시라카와의 특산품인 거무튀튀한 '소바' 메밀국수 가 있다. 한 젓가락도 안 되는 양이지만, 쯔마고에서 맛 본 달콤한 생선조림처럼 독특하다. 특산품인가? 나뭇잎 위에 얹은 고기볶음 나중에 알았지만 다카야마지방의 특산품이다 이 맛있었다. 알콜 램프로 데우는 모습이나 나뭇잎을 냄비로 사용하는 모습... 이곳만의 또다른 느낌들이 좋았다. 이런 저런 생각 속에서 식사를 마치고 용기를 내어 여학생들에게 다가갔다. 짧은 영어실력으로 마을에 온 이유를 물었다. '오사카'에 살고 있다고 한다. 그리고 그냥 밤새 얘기가 하고 싶어서왔다고 했다.

'시라카와는 이런 곳이구나'. 일본인들에게 시라카와는 어떤 참견도 없이 편하게 얘기하고 싶을 때, 누군가가 그리워지고 생각이 날 때 그냥 올 수 있는 고향 같은 곳일 거라는 생각이 들었다. 나에게도

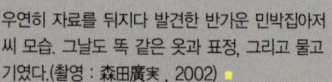
우연히 자료를 뒤지다 발견한 반가운 민박집아저씨 모습. 그날도 똑 같은 옷과 표정, 그리고 물고기였다.(촬영 : 森田廣實, 2002)

시라카와에서 처음 묵은 날, 민박집아저씨가 건네 준 명함 ■■

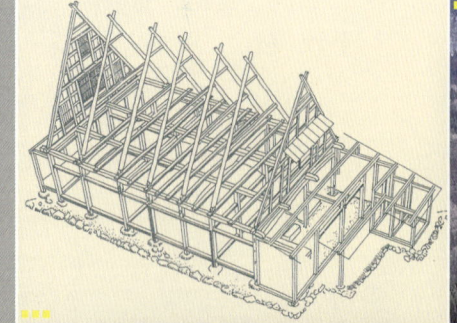
삼각형으로 생긴 위층에서 누에를 키우고 말린다.(자료 : 官澤土智, 2005)

눈 오기 전날 저녁 풍경 ■■■

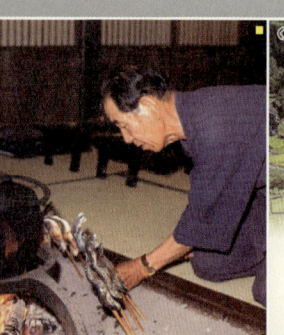

양동마을과 하회마을이 이런 곳일까. 방으로 돌아와 보니 이부자리가 말끔하게 깔려 있었다. 고맙기도 하고 황송하기도 했다. 6,000엔 요즘은 8,900엔이다 을 주고 두 끼 식사에 이부자리까지 깔아주니 호강이다.

시라카와는 원래 '누에'로 먹고 살았다. 지금은 '누에'는 없고, '누에집'만 있다. 옛날에는 누에랑 사람이 같이 살며 삼각형으로 생긴 위층에서 누에를 키웠다고 한다. 이런 집을 '갓쇼쯔쿠리형 가옥' 合掌造り家屋/Gassho-style house 이라 부른다. '갓쇼'는 일본어로 '기도하는 손들' praying hands 이라는 뜻이다. 집의 형태가부처를 향해 기도하는 형상과 유사해서 붙인 이름이라고 한다. 약 60도의 가파른 물매를 가진 트러스구조의 지붕을 포함하여 3~4층 높이는 10~20m 쯤 된다 에 이르는 일본의 전통적인 산촌주거다.

바로 이 집들 때문에 시라카와는 1995년에 마을전체가 유네스코로부터 '세계문화유산' 世界文化遺産으로 지정받았다. 그래서 시라카와는 이 집들에 '목숨'을 건다. 그러다 보니 집에 얽힌 재밌는 일이 많다. 시라카와는 적설기간이 4개월 11월~3월 이나 되는 대설 大雪 지역이어서 겨

> 우리의 '전통마을'은 예로부터 이어져 내려오는 마을로서 혈연중심(씨족마을)과 자연중심(각성마을)형으로 구분한다. 앞의 것을 '반촌(班村)'이라고 한다면 뒤의 것은 '민촌(民村)'이라 한다. 즉, '전통마을'이란 용어는 오랫동안 시대 변화의 동요됨이 없이 마을 전통이 내려오고 있는 지역 집단을 말하는 것이다. '문화재보호법'에 의해 보호받고 있는 6개 마을(낙안읍성, 하회, 양동, 성읍, 외암리, 왕곡마을) 외에 전국적으로 40여 개 소의 전통마을들이 남아 있다.

하룻밤 사이에 시라카와는 완전히 딴 세상으로 변해 버렸다. 다음날 새벽 눈 내린 풍경

울에 마을을 찾는 관광객이 매우 적다. 이 때문에 4월까지 각 1시간 30분씩 10회에 걸쳐 10여 개의 집에 조명을 밝히는 조명연출 light-up event 을 한다. '산촌에서의 야경' 꿈에도 꿈꾸지 못했던 일이다. 또 '마을 설경 사진콘테스트'도 매년 연다고 한다. 관광객이 안 오면 못 배기도록 해 놓았다.

본격적으로 봄이 되면 주민들과 관광객들이 함께 이엉을 잇는다. 전통기술을 전승하고 공동체 의식을 높이는 계기가 됨은 물론이다. 이엉잇기에 모두들 못 참가해서 안달이란다. 외국인도 신청을 한다니, 멋진 관광자원이다. 가을에만 하는 일도 있다. 10월 마지막 일요일에 실시하는 방재훈련이다. 방수총 59개를 일제히 쏘는 훈련 광경은 이미 최고의 이벤트로 자리 잡았다.

시라카와에 처음 왔던 날, 방수총이 은폐되어 있는 작은 집들을 '우체통'으로 착각했었다. 집 어귀마다 서 있으니 당연히 그리 생각했다. 지붕은 뚜껑이었고 그 속에 총이 숨어 있었다. 알루미늄으로 된 길쭉한 소방시설이 버젓이 대문 앞에 버티고 있는 양동마을과 하회마을이 생각나 씁쓸했다. 사실 시라카와는 우리의 전통마을들보다 특별히 아름답거나 고즈넉하지 않다. 또 투박해 보이기까지 하고 일본의 여느 정원들처럼 디테일 detail 하지도 않다. 그런데 어떻게 이런 모습으로 남게 되었을까?

지금의 시라카와마을은 '1971년'이 큰 분기점이 된다. '시라카와의 자연환경을 보호하는 모임' 白川鄕荻町集落の自然環境守る會 의 결성과 스스로 마을주민 '주민헌장' 마을환경, 방화, 방범, 교통안전 등 마을 전반에 걸친 유지·관리에 관한 내용들을 포

방재훈련과 이엉잇기는 이제 시라카와의 대표 관광상품이 되었다.
우체통 같은 작은 집의 뚜껑을 열면 방수총이 나온다.
푸짐하게 준비된 마을자료들은 언제든 맘만 먹으면 고를 수 있다.
주민들이 가장 자랑스럽게 여기는 고귀한 정신이다.

함하고 있다 을 제정한 해이다. 지금으로부터 꼭 35년 전의 일이다. 유사한 역사지구 歷史地區/특정지역 전체를 역사보존구역으로 지키는 경우를 말한다. 우리로 치면 서울 인사동길이나 북촌한옥마을, 안동하회마을, 경주의 월성대공원 일대 등이다 들이 그렇듯이 주민단체의 자발적인 노력이 핵심이다. 1976년에 시라카와마을은 보존지구로 지정 45.6ha 되었고, 꼭 20년 뒤에는 세계문화유산으로 지정 받았다. 지금은 전문적인 보존재단도 생겼다. 갓쇼형주택과 똑 같이 생긴 '보존재단'에 들렀다. 보존재단은 그냥 돈만 모으는 것이 아니라 집 수리와 관련된 일은 물론 조경사업, 주차장관리, 조사연구 등의 모든 것에 관여하다 보니, 마을의 모든 일들이 순서가 있고 체계적이다.

6년째 촌장 시라카와 자연환경을 보호하는 모임의 회장이다 일을 맡고 있는 미시마 三島敏樹 촌장은 정말 씩씩해 보였다. 2005년 8월에 동행했던 김종주 PD 전남동부방송에 근무하는 꿈많은 젊은 PD이다 가 인터뷰 요청을 했다. 농번기인데도 달려와 열심히 설명을 해주었다. 마을에서 가장 맛있다는 소바집으로 안내를 했다. 민박을 겸하는 새로 지은 갓쇼형주택이었다. 기존 집들의 단점들을 완전히 보완한 것 같았다. 화로연기에도 목이 아프지 않았고 테이블 밑이 파져있어 다리도 편했다.

이런 저런 얘기를 나누다, 대뜸 "시라카와의 힘이 뭡니까"하고 물었다. 촌장은 가장 중요한 것이 '주민들의 공동체의식'이라고 했다. 모두가 마을 지키기에 '한 마음'이 되는 것. 미시마 촌장의 얘기를 종합해 보면 한마음의 근원은 '같이 나누려는 마음'인 것 같다. 그동안 마을을 지키기 위해 도입하고 적용한 각종 제도들을 모아보니 10여 가지나 된다. 마을 전체가 '규제 덩어리'다. 그런데 그 규제가 강제적으로 정한 것이기 보다는 주민 스스로 정하거나 원한 것이란다. 또 이들은 규제가 자신들의 자유를 막고 재산권을 제약하는 네가티브 negative 한 것이 아니라 '마을을 지키는 방패'라고 생각하고 있었다.

시라카와에서 제일 맛있다는 메밀국수집(식당 이름이 やまこし다)
마을 사랑이 차고 넘치는 미시마 촌장

시라카와마을의 규제들

시라카와자연환경을지키기위한주민헌장(白川集落の自然環境守る住民憲章) / 1971년 선언
시라카와자연환경을지키기위한회칙(白川鄕萩町集落の自然環境守る會則) / 1971년 시행
전통건조물보존지구지정(重要傳統的建造物保存地區指定) / 1976년 지정
시라카와보존지구보존조례(白川村重要傳統的建造物保存地區保存條例) / 1976년 시행
마을간판없애기운동(萩町から看板を失くす ろ運動) / 1980년 시행
시라카와중요전통적건조물보존지구보존조례시행규칙(白川村重要傳統的建造物保存地區保存條例施行規則) / 1981년 개정
중요전통적건조물보존지구보존계획(重要傳統的建造物保存地區保存計劃) / 1994년 개정
시라카와자연환경확보에관한조례(白川村自然環境の確保に關する條例) / 1994년 개정
시라카와자연환경확보에관한조례시행규칙(白川村自然環境の確保に關する條例施行規則) / 1994년 개정
세계문화유산지정(世界文化遺産指定) / 1995년 지정

더 눈여겨 볼 것은 마을보전운동이 시작된 이후, 새로이 만들어진 관련단체는 1996년에 만들어진 '세계유산 시라카와 갓쇼형가옥 보존재단' (財)世界遺産白川鄕合掌造り保存財團 하나뿐이라는 점이다. 35년 동안 모두가 한마음으로 버텨온 것이다. 바로 이것이 '시라카와의 힘'이었다.

또 있다. 겨울철 방문객을 늘리기 위해 기후현 岐阜縣 을 관통하는 JR Japan Rail의 약자 역 주변에 흩어져 있는 관광자원들을 묶은 '공동할인제도' Package Discount System 를 운영하고 있다. 각종 스키장과 온천, 그리고 마을이 하나로 움직인다. 이것은 물론 공공 JR과 기후현 과의 공동작품이다.

눈이 내리건 코스모스가 피건 정겹기는 마찬가지다.

집 구경에 지쳐도, 물길과 물고기 체험이 있어 아이들은 즐겁다.

시라카와는 유별나게 '문화적 소프트웨어' 가 무척 풍부하다.

정월 / 하루고마(초봄에 말머리탈을 쓰고 집집마다 다니며 춤추고 노래하는 축제)(春駒)
1월 중순~2월 / 풍년기원제(初干)
3~4월 중순 / 갓쇼형가옥 조명연출제(合掌集落ライトアップ)
4월 / 곰사냥제(熊狩り)
4월 15일~25일 / 갓쇼형가옥 지붕갈기(合掌屋根葺替え)
4월 하순~5월 하순 / 벚꽃제(櫻開花)
5월 중순~6월 초순 / 미스바쇼(다년초야생화)개화제(ミズバショウ開花)
5월 하순 / 하계신록제(新綠)
8월 14일~16일 / 모내기축제(田植まつり)
9월 15일, 26일 / 봉오도리(음력7월 윤무제)(盆おどり)
10월 14~15일 / 도부로쿠(일본전통탁주)축제(どぶろく祭り)
10월 최종 일요일 / 방화훈련(일제방수)(防水訓練)
10월 초순~11월 초순 / 추계단풍제(紅葉)
12월 중순~3월 하순 / 동계설산제(峰雪)

갑자기 만들어낸 것이 아니라, 모두 조상 때부터 해오던 일이다.

미시마촌장은 얼마 남지 않은 막걸리 축제인 '도부로쿠제' どぶろく祭り 에 꼭 오란다. 신과 자연과 사람의 결속을 기원하는 이 축제는 매년 9월 25일부터 10월 19일까지 5회에 걸쳐 지역에 흩어져 있는 신사에서 개최되는데 시라카와마을의 하치만신사 八幡神社 에서는 10월 14일에서 15일까지 축제가 개최된다고 한다. 방문객 수를 물어 보았다. 촌장이 귀중한 자료를 선뜻 보여 주었다. 지난 1990년 이후 마을 방문객 변화표였다. "1995년 세계문화유산을 지정한 후 방문객이 1백만명을 넘었고, 2003년도 방문객이 1,559,000명으로 최고치였습니다.

2004년에만 태풍이 여러 차례 불어 방문객이 잠시 줄었습니다"라고 말했다. 지난 2000년 엘리자베스여왕 방문 때 1백만 명을 넘은 후 계속 방문객이 줄고 있는 하회마을을 떠올려 보았다.

미시마 촌장은 말을 이었다. "마을을 알고 있는 일본인은 대부분 1회씩 마을을 다녀간 것으로 파악됩니다. 그래서 이들의 '재방문'을 위한 다양한 프로그램 개발과 노력을 강구 중이고, 이것이 시라카와의 최대 과제입니다". 너무나 당연한 말 같지만, 놀라운 얘기였다. 주민 스스로의 생각이기에.

방문객 변화 추이 1996년도는 세계문화유산으로 지정 받은 해이다.   단위 / 인

구분	1990	1992	1994	1996	1998	2000	2002	2004
당일귀가	556,000	573,000	582,000	886,000	989,000	1,175,000	1,483,000	1,384,000
숙박	112,000	113,000	89,000	133,000	58,000	62,000	62,000	64,000
계	668,000	686,000	671,000	1,091,000	1,047,000	1,237,000	1,545,000	1,448,000

"당일 방문객 숫자가 2004년에 약 140만 명이나 되었는데 늘어난 방문객 대부분이 당일에 돌아갑니다." 한때는 산간 오지였지만 주변 고속도로들이 속속 개통되면서 莊川IC, 請見IC, 白川IC 등이 개설 생긴 일이다. 특히, 대형버스를 이용하는 단체관광객이 급격히 증가되고 있다고 한다. 촌장은 마을의 깊은 체험보다는 흥미 위주로 다녀가는 단체관람객이 늘면서 생기는 환경과 경관 문제를 걱정했다. 대형 숙박시설 건설에 대한 의견을 물었다. "대형 숙박시설은 절대 만들지 않을 것입니다. 그리고 마을 민박집의 숫자도 늘릴 생각이 없습니다". 또 한가지 흥미로운 얘기를 했다. "갓쇼형주택을 실제적으로 체험할 수 있는 민가원 기존 주택들의 리모델링 은 1995년에 약 6만 3천 명, 2000년에 6만 7천 명, 2004년에 약 11만 3천 명으로 방문객의 수가 급격히 증가하고 있습니다". 우리나라와 비슷한 상황이다. 전통을 체험하고 싶어 하는 사람들이 늘고 있는 것이다. 그래서 새로운 전시관을 짓기 보다는 지금까지 지켜 온 생명 같은 원칙인 생활 자체를 그대로 보여주기 위한 또 다른 방안들을 찾고 있다고 했다.

봄은 봄대로, 여름은 여름대로, 가을은 가을대로, 겨울은 겨울대로 시라카와마을은 살아 움직였다.

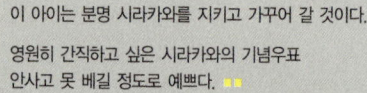

이 아이는 분명 시라카와를 지키고 가꾸어 갈 것이다.
영원히 간직하고 싶은 시라카와의 기념우표 안사고 못 베길 정도로 예쁘다. ■■
시라카와에서 만 살 수 있는 생수와 메밀국수 ■■■

뒷산에서 내려온 깨끗한 물들이 마을을 조용히 휘감아 돌고 있다. 건강한 물고기들이 그 물에 살고 있다. 똑 같은 집 보기에 지치고 지루해진 아이들이 즐거워한다.

토산품점에 들렀다. 겨우내 만든 다양한 수공예품들과 메밀식품 외에 처음 보는 특산품들이 많았다. 모두가 여기서 직접 만든 것들이다. 가게 아줌마가 한국인인 줄 알고 '욘사마' 얘길 한다. 봄에 '욘사마'를 보러 한국에 왔었다고 한다. 남이섬이며 춘천이며, 산골마을에 사는 아줌마가 '욘사마' 때문에 직접 한국까지 왔었다고 하니 놀랄 일이다. 사진만 찍기가 미안해서 몇 가지를 샀다. 그 중에 '白川鄕의 水'란 생수를 샀다. 전부 '메이드 인 시라카와' 였다.

눈이 없던 겨울. 두 번째 방문했던 날로 기억된다. 마을 전망대에 올랐다. '갈색의 아름다움'에 취해 멍하니 앉아 느꼈던 감동이 떠올랐다. 우리네 마을들 같이 올망졸망하지도 않고 자연스럽지는 않다. 그래서인지 그다지 정겹게 다가오지는 않았지만, 마음 깊은 곳에서 밀려오던 감동은 주체할 수 없을 정도로 더 컸다. 왜 그랬을까?

짙은 삼나무 숲 속 여관마을 2
| 쯔마고 마을 |

4
여덟 번째 이야기

쯔마고 妻籠宿 마을은 나가노현 長野縣 의 남서부에 위치하며, 에도시대의 나가센도 中山道/도쿄와 교토를 연결하던 우리의 '嶺南大路'와 같은 길이다 를 따라 형성된 마을이다. 이곳은 나가센도의 69개 역 驛 중, 42번째 역의 기능을 수행하던 '여관마을' 宿場町 이다. 1601년에 조성되었으니, 약 400년의 역사를 가졌다. '여관마을'. 우리에게는 생소한 개념이다. 69개 역 중에 6개가 '중요전통적건조물군보존지구'로 지정되어 있다. 이 중에서 쯔마고를 최고로 친다. 일본의 관련 자료들을 보면 쯔마고 얘기가 빠지지 않는다.

1999년 1월 나고야역. JR특급 시나노 特急しなの 를 탔다. 나기소 南木曾町 에 도착하니, 이미 거리는 어둑어둑해졌다. 먼저 일본인들이 역사가도라 여기는 '나가센도'를 따라 걸어 본다. 지도를 보니 여관마을까지는 20분 정도의 거리였다. 길 주변이 쭉쭉 뻗은 삼나무들로 꽉 차 있다. 마치 흐린 새벽에 촉촉한 산길을 따라 걷는 기분이다.

기대했던 것 보다는 안내가 부실하다. 30분이 지났는데도 마을도 안내판도 나타날 기미를 보이지 않았다. 멀리 주택 한 채가 보였다. 집주인에게 길을 물었다. 방향은 맞는 것 같았다.

어둠이 본격적으로 깔리기 시작했다. 버스를 탈 걸하는 후회가 발목에 전해져 왔다. 분명 버스로 5분 거리라고 적혀 있었는데. 산록을 따라 걷는 옛 길이 이리 꾸불꾸불하고 멀 줄이야.

주홍색 등불이 보인다. 쯔마고에 50여분을 걸어 도착한 것이다. 예약해 둔 민박집이 나가센도에서 마을로 진입하는 입구에 있었다. '大吉'이라는 표지판이 눈에 들어온다. 아직은 사진을 찍을 수 있다 싶어 마을 이곳 저곳을 기웃거리며 다녔다. '妻籠宿'이라 적힌 등불이 외롭게 밝히고 있다. 정말 아무도 보이질 않았다.

6시가 지나 민박집으로 갔다. 호호아줌마. 작고 오동통한 몸집과 방글방글 웃는 모습이 그대로였다. 어찌나 반기는지. 건물은 나가센도 쪽에서는 단층인데, 뒤쪽에서 보면 이층이다. 좁은 계단을 내려갔다. 두 평쯤 될까. 다다미와 우리 곁에서는 대부분 사라진 배가 불룩한 작은 TV 12인치쯤 되는 것 같다 가 정겹다. 저녁상을 맞는다. 또 다른 숙박객인 아저씨 한 분과 나, 딱 두 사람이다. 오늘 숙박객은 두 명. 정원은 12명이다 결혼한 딸 부부와 함께 운영을 하고 있었다. 저녁상 차림이 정갈하다. 팸플릿에서 본 상차림과 똑 같았다. 50년 전부터 똑 같다고 한다.

산채, 민물생선조림, 그리고 말고기육회가 핵심이다. 주인아주머니께서 열심히 설명을 시작했다. 아저씨는 단골손님이었는지 내 앞에서 무릎을 꿇고 앉아 반찬을 설명해 주었다. 사실 내가 알아들을 수 있는 건 20%도 안 되지만, 고개를 끄덕이며 계속 장단을 맞추었다. 마지막 설명은 직접 담갔다는 과일주였다. 달콤했다. 매실주인 것 같았다.

드디어 10여 분에 걸친 멋진(?) 설명이 끝났다. 큼지막한 밥통 하나를 내 상 옆으로 밀어준다. 열어 보니 밥이 한 가득이다. 맘대로 먹으란다. 우리와는 반대이다. 우리는 추가 공기밥은 돈을 내야하고 반찬은 말만 잘하면 공짜인데 여기는 밥만 공짜이다. 부족한 반찬 때문에 간장까지 싹싹 비벼 해치웠다. 아주머니의 표정이 즐거워 보였다. 어디를 가나 밥 잘 먹는 모습은 보기 좋은 일인가보다.

활짝 갠 아침. 지붕 사이로 보이는 에어컨시설이 애처롭다.

포만감을 누르며 마을 도랑을 따라 흐르고 있는 '물의 정체'에 대해 아주머니에게 물었다. 궁금한 이의 영어실력도 짧긴 했지만 심하게 이해를 못했다. '워러', '워터', 결국 '와타'까지 가니 대화가 통했다. 그런데 괜히 물어 본 것 같았다. 또 그냥 5분이 지나갔다. '자연수'라고 한마디만 해주면 되는데.

아침 일찍 민박집을 나섰다. 잠자는 곳과 볼 것이 함께 있으니 정말 편했다. 마을은 나가센도를 따라 길게 누워있다. 아래는 하천 蘭川이고, 그 위에 학교와 집들이 경사지에 계단식으로 배치되어 있다. 일단 마을마을 전체를 정확히 알고 싶어 마을자료관에 들렀다. 마을자료관은 옛 역의 기능을 수행했던 '쯔마고혼진' 妻籠宿本陳 을 복원하여 사용하고 있었다. 마을의 긴 역사가 잘 정리되어 있었다. 1960년대 쯔마고의 흑백사진들이 눈에 들어왔다. 여느 마을들과 비슷한 모습이다.

지금의 쯔마고는 1968년 당시 마을의 민속자료를 수집하던 마을단체 '쯔마고를 사랑하는 모임' 妻籠を愛する會 이 그 출발이라 한다. 순수한 시민운동을 통해 지켜낸 일본의 원조마을로써 시라카와마을 보다도 3년이 빨랐다. 그래서 더 유명하다.

1976년 일본 최초로 보존지구로 지정되었고, 1983년 '재단법인·쯔마고 보존재단' 財團法人·妻籠宿保存財團 이 설립되어 본격적인 보전활동이 전개되기 시작했다. 한해에 약 80~90만의 관광객이 쯔마고를 찾는다고 한다. 시라카와마을과는 또 다른 힘이 느껴졌다. 쯔마고는 1971년 7월에 제정된 '주민헌장' 속에 있는 '팔지 않는다, 빌려주지 않는다, 부수지 않는다' 賣らない·貸さない·壊さない 라는 구호가 유명하다. 주민들 스스로 합의한 구호에 따라 40여 년을 지켜 온 것이다.

물론 국가도 큰 공헌을 했다. 마을 주변 400여 만 평 정확히 1,245.4ha 을 보존지구로 지정했다. 그러니까 지켜야 할 마을의 범위를 나가센도 주변부까지 포함한 것이다. 일본의 일반적인 보존지구가 평균 20여 만 평이니 이곳의 규모는 정말 어마어마하다고 할 수 있다. 400여 만 평은 '마을경관보존지구', 宿場景觀保存地區 '지역경관보존지구', 在鄉景觀保存地區 '자연경관보존지구' 自然景觀保存地區 로 구분하고 있다.

2000년 1월. 쯔마고에 처음 간 날 묵었던 곳이다. 50년 넘게 똑 같은 석식. 나도 그 날 똑같은 저녁을 먹었다.

전날 걸어 왔던 그 길이 나가센도를 따라 분포하는 관광자원들을 묶은 'NAGISO Roman Story'의 일부라고 한다. 뭐 그렇게 낭만적이지는 않았지만. 생각지도 않게 '자연경관보존지구'를 통해 걸어 온 것이다.

이리 저리 돌아 다니다 허름한 안내센터에 들어갔다. 안내센터라기보다는 마을회의장 같았다. 마을관련 책들을 팔고, 각종 정보들을 제공해 주고 있다. 그리고 일반적인 마을홍보물 팸플릿, 마을문화지도, 그림엽서 등 외에 사회생활, 역사, 지리 등을 다루고 있는 각종 서적들과 전문작가들이 촬영한 사진집, 마을보전과 관련된 학술행사 결과물 등도 함께 전시·판매하고 있다. 한 자리에서 귀한 것들을 모두 얻을 수 있어서 좋았다.

'하나야 鈴屋'라는 식당에서 차를 마시며 쌓아놓은 자료들을 느긋하게 하나씩 눈에 담았다. 마을에는 세 개의 단체가 있다. '쯔마고를 사랑하는 모임'과 '재단법인·쯔마고 보존재단', 그리고 비영리단체인 '쯔마고 부인소방대'. 妻籠自衛婦人消防隊 부인소방대? 이는 화재 예방 차원에서 여성 168명으로 구성된 특이한 조직으로 매년 1월 26일에 소방훈련을 한다고 한다.

'쯔마고를 사랑하는 모임'의 활동은 섬세하고 치밀하다. 모임

쯔마고보존운동이 시작되었던 1960년대 초반
비록 허름해 보이지만, 쯔마고를 살려낸 산실이다.
마을보전도면

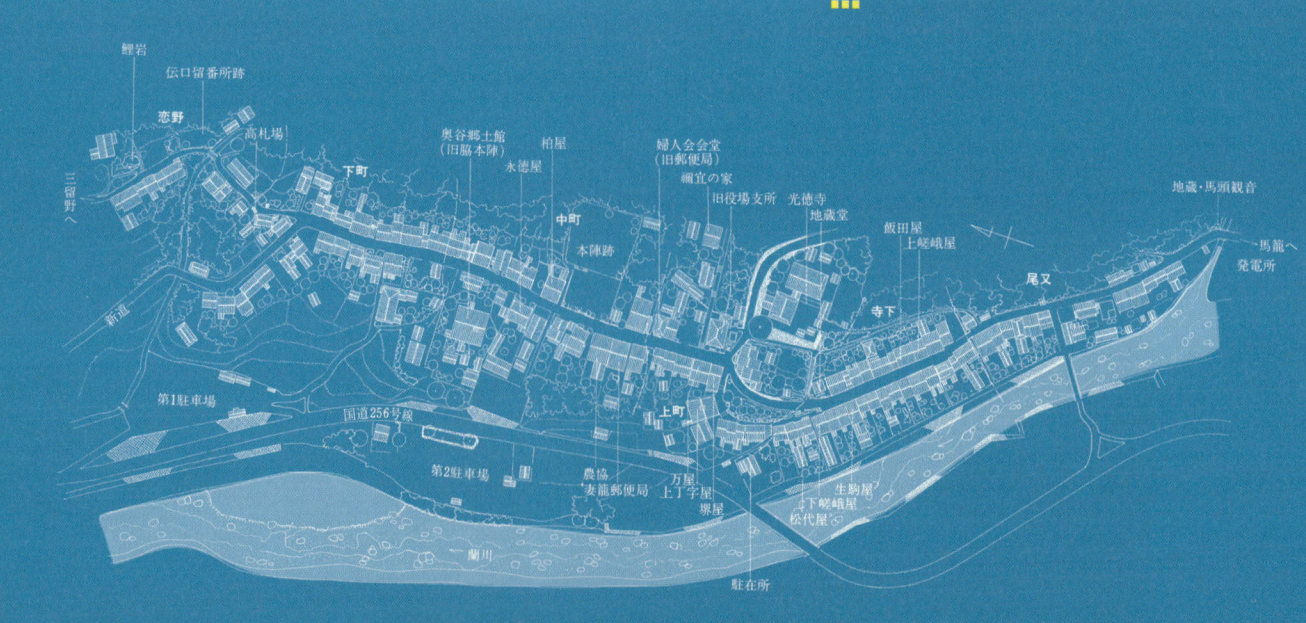

내부에는 희한한 위원회들이 많다. '식당위원회', '숙박위원회' 등. 모두 방문객들에게 제공하는 식단과 이부자리 등을 스스로 점검하고 서로 감시하는 위원회다. '통제위원회'도 색다르다. 보존지구와 관련된 각종 내용을 조사하고 지도하는 위원회다. '문화위원회'는 각종 행사와 축제를 관리하는데 관례적인 것도 있지만, 교육강좌나 건강마라톤대회, 세미나참가 등 정말 다양하다. 전통마을에서의 건강마라톤대회. 언뜻 이해가 안 되지만 그래도 마을을 지키려는 노력인 것은 확실하다.

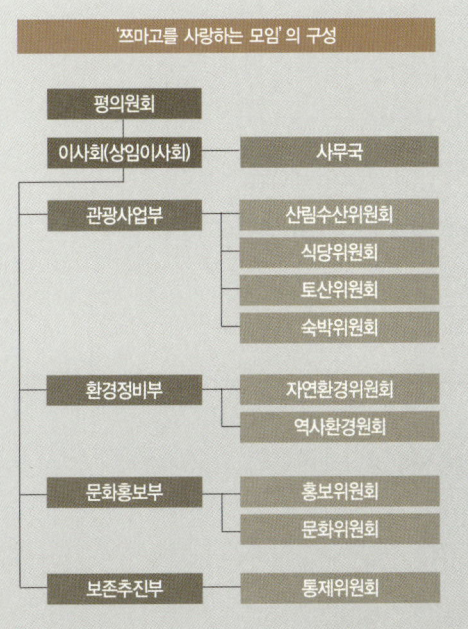

1월~2월 / 쯔마고동계대학강좌(妻籠宿冬期大學講座)
1월 26일 / 문화재방재훈련(文化財防災訓練)
3월 초순 / 정기환경정비사업(妻籠宿定期環境整備事業)
4월 8일 / 꽃축제(花祭り)
4월~11월(매주일요일) / 새벽시장개최(朝市の開催)
5월(제3일요일) / 건강마라톤대회(妻籠健康マラソン大會)
7월 초순 / 방화시설정기청소(防炎施設(大井水)淸掃)
7월23~24일 / 하계축제(夏祭り)와지노신사축제(和智野神社祭)
8월(제4토요일) / 성산불축제(城山の火祭り)
9월 중순 / 방재의날훈련(소화작업)(防炎の日訓練)
10월 / 마을가로세미나전국대회참가(町並 みぜミ 全國大會參加)
11월 제2토, 일요일 / 추계걷기대회(さわやかウォキング(秋))
11월 하순 / 쯔마고문화제(妻籠文化祭)
11월 23일 / 쯔마고전통행렬(妻籠宿文化文政風俗卷之行列)

마당에 까지 나와 앉아 열중하는 모습이 진지하다.(제18회 전국마을보존연맹 쯔마고대회 / 1995년)

쯔마고에서 발행하는 관광상품용 엽서.

이 가게에서 대나무로 포장을 한 양갱을 샀다.

산업유산으로 보호받고 있는 목조콘크리트조 모모스케다리

자료 사진들 가운데 재밌는 것을 발견했다. 1995년 이곳에서 열린 '제18회 전국 마을보존 학술대회' 第18回全國町並みゼミ妻籠大會 의 모습을 담은 사진으로 길가 주택에서 학술대회가 열리고 있는 것이다. 이 학술대회는 전국전통마을보존연맹 주최로 매년 전통마을들을 순례하며 열린다. 마을 홍보는 물론, 주민들의 사기와 자긍심을 북돋우는 과정으로 진행된다. 특히 시상 施賞 프로그램을 활용하여 주민들에게 힘을 주고 격려를 한다. 쯔마고는 지금까지 총 17회의 각종 보전관련 상 日本消防協會賞, 木曾景觀賞 등 을 수상했다고 한다. 이러니 주민들의 자긍심이 하늘을 찌를 수밖에 없다.

다시 길을 나섰다. 그래 봐야 오전에 본 그 동네다. 그래도 새로운 것을 발견할까하고 두리번거리며 다녔다. '우체국' 정식명칭은 郵便史料館이다 이 눈에 들어온다. 나가센도 69개 역마다 있는 우체국이다. 들어가 보니, 그냥 우체국이 아니고 작은 박물관이다. 큰 엽서와 마을 우표가 있고 엽서나 편지를 쓰게끔 책상과 의자가 마련되어 있었다. 판매하는 엽서는 A4사이즈 용지보다 컸다. 많은 사람들이 이용한 듯했다. 동참을 하기에는 시간적으로 여유롭지 못해 엽서와 우표만 사들고 나왔다.

느긋하게 찾아 온 사람들은 고향에 있는 분명 가족이

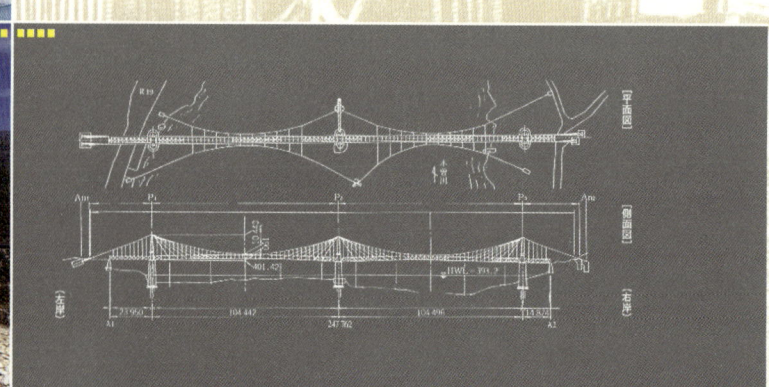

나, 사랑하는 사람을 떠올리며 엽서를 보낼 것이다. 'NAGISO Roman Story'라는 문구가 자연스레 떠올랐다. 그런데 우표의 그림이 어디서 많이 본 구도다. 어디부터서인가 쭉 보아왔었던 낯익은 느낌. 그러고 보니 팸플릿의 모든 사진이 같은 방향이고 같은 자리다. 부용대에서 찍은 하회마을의 사진처럼, 쯔마고의 '대표 사진'인 것 같았다.

배가 고팠다. 아침부터 눈여겨 보아 두었던 지역특산품 '꼬치 떡' 모헤이모찌(五平餠) 가게로 부리나케 달려 갔다. 둥그런 완자처럼 생긴 것과 나뭇잎 모양의 납작한 것이 있었다. 떡에서 호두 냄새가 났다. 달지 않고 제법 쫄깃쫄깃하다. 또 다른 곳에서는 김밥을 말 때 사용하는 대나무발로 싼 양갱을 샀다. 여기에만 있고 크기도 적당해서 선물하기 제격이었다.

마을을 떠날 때에는 일부러 버스를 탔다. 마을로 들어 오는 교통시스템을 알고 싶었고, 또 전날 자기 전에 확인해 두었던 곳들을 빨리 보고 싶어서였다. 버스로 5분정도 거리인 나기소역 근처엔 '텐파쿠공원' 天白公園 이 있다. 공원 안에 있는 '모모스케다리' 桃介橋 로 갔다. 1922년에 건설되었고 연석기초로 된 철근콘크리트 주탑이 세 개인 현수교이다. 상판이 나무로 되어 있다는 희소성 때문에 일본에서는 금이야 옥이야 하는 '근대화유산'이다. 기소강 木曾川 의 수력발전소와 관련된 건설자재를 운반하던 다리로 길이도 247m나 된다. 모모스케다리는 다이쇼시대 大正時代 에 건설된 가장 긴 현수교로 인정을 받아, 1950년에 국가중요문화재로 등록된 진정한 산업유산이다. 가운데 주탑에서 수변으로 가는 계단이 흥미로웠다.

근처에 산업유산이 두 개 더 있다. 1923년에 완공한 '요미가키발전소' 讀書發電所 와 발전소에 물을 공급하던 도수시설인 '가키조레수로교'. 柿其水路橋 모두 1920년대의 최고 기술이 적용된 시설들로 국가중요문화재로 지정되어 있다.

쯔마고는 언제나 그대로다.

짙은 초록색 삼나무들과 짙은 고동색 집으로 꽉 차있는 쯔마고는 여느 마을들과 달리 변화를 느낄 수 없다. '팔지 않는다, 빌려주지 않는다, 부수지 않는다'라는 구호가 있는 한.

03 港口

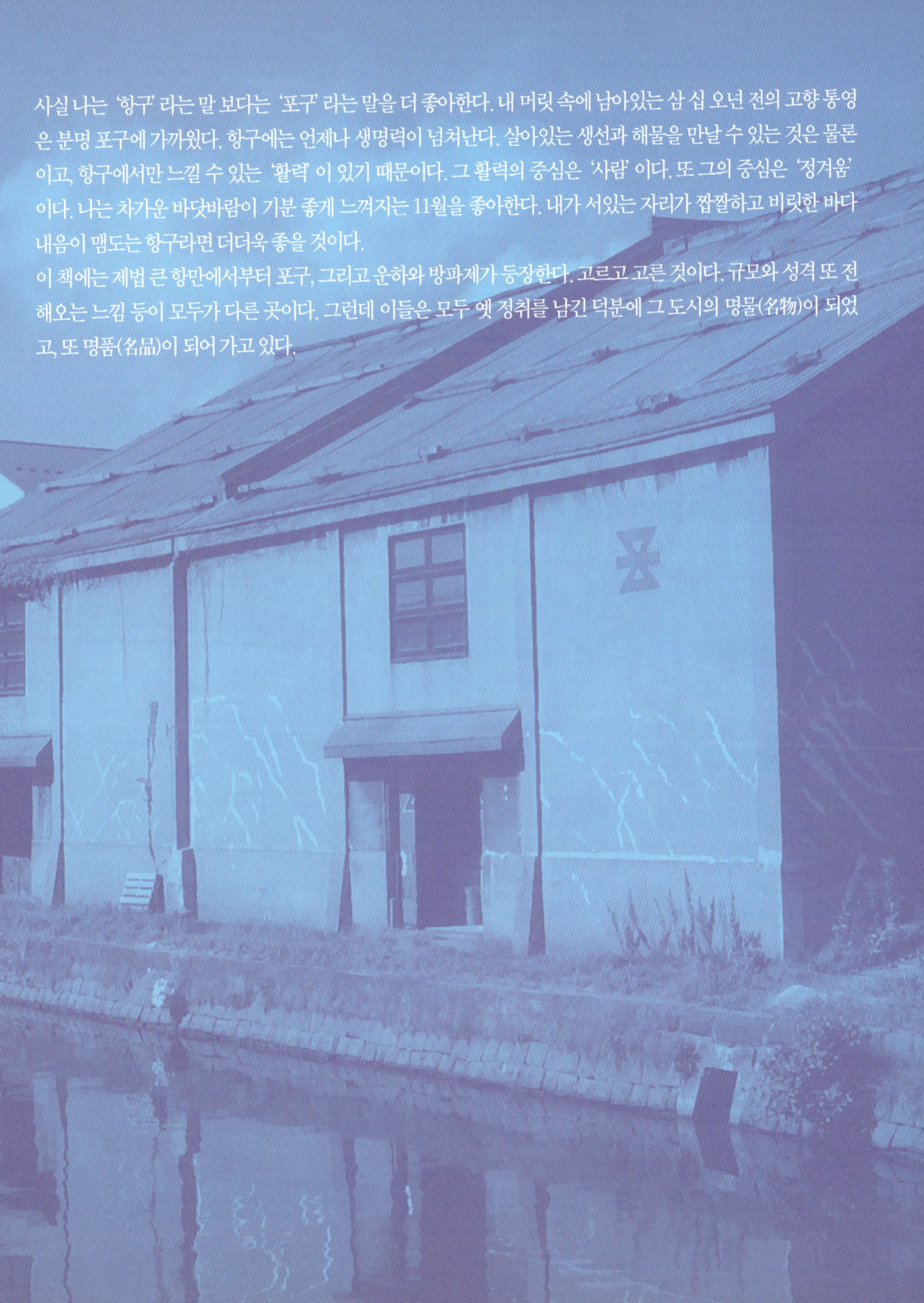

사실 나는 '항구'라는 말 보다는 '포구'라는 말을 더 좋아한다. 내 머릿 속에 남아있는 삼 십 오년 전의 고향 통영은 분명 포구에 가까웠다. 항구에는 언제나 생명력이 넘쳐난다. 살아있는 생선과 해물을 만날 수 있는 것은 물론이고, 항구에서만 느낄 수 있는 '활력'이 있기 때문이다. 그 활력의 중심은 '사람'이다. 또 그의 중심은 '정겨움'이다. 나는 차가운 바닷바람이 기분 좋게 느껴지는 11월을 좋아한다. 내가 서있는 자리가 짭짤하고 비릿한 바다 내음이 맴도는 항구라면 더더욱 좋을 것이다.

이 책에는 제법 큰 항만에서부터 포구, 그리고 운하와 방파제가 등장한다. 고르고 고른 것이다. 규모와 성격 또 전해오는 느낌 등이 모두가 다른 곳이다. 그런데 이들은 모두 옛 정취를 남긴 덕분에 그 도시의 명물(名物)이 되었고, 또 명품(名品)이 되어 가고 있다.

러브레터가 날아든 운하의 도시 3

| 오타루운하 | 고가석탄잔교와 북방파제 |

오타루

아홉 번째 이야기

오타루 小樽 와의 두 번째 만남. 그래서 인지 마음에 여유가 조금 생겼다. 오타루역에 도착하기 두 정거장 전 역 JR小樽築港驛 에 내렸다. 목적지는 '魚一心' 이라는 회전스시집이다. 잡지책만 보고 무조건 찾아갔다. '신선함'을 생명으로 하는 스시는 주방장의 숙달된 '순간적 솜씨' 도 중요하지만, 아무래도 생선 자체만을 놓고 볼 때는 내륙도시보다는 항구도시가 좀 더 유리하다. 분명 깨끗하기로 이름난 홋카이도의 도시들은 바다에 인접해 있어 그 신선함이 더할 것이다. 참치, 오징어, 성게알, 연어, 김말이낙지, 방어. 눈으로는 대충 구분하지만, 표현이 불가능한 나로서는 맘대로 골라 먹을 수 있는 '회전스시집' 이 최고다. 다시 전철을 탔다. 7일짜리 'JR 패스' 가 있는데 뭐가 두려우랴.

'이와이 순지' 岩井俊二 가 만든 영화 〈러브레터〉는 '나까야마 미호' 中山美穗 를 세계적으로 유명하게 만든 영화다. 배경이 고베도 나오지만 촬영지는 대부분은 오타루다. 오타루는 〈러브레터〉와 뗄 수 없을 정도로 주요 배경이 되었다. 영화가 1995년에 상영되었으니 벌써 10년이 지났다. 극중에 이츠끼의 근무지인 도서관으로 나오는 옛 일본유센오타루지점, 舊日本郵船小樽支店 운하공예관, 小樽運河工藝館 우체국, 小樽郵局 이츠키와 히로코가 스쳐지나가는 이로나이교차로, 色内交叉路 병원 장면으로 나오는 시청 小樽市廳 등이 없어지지 않는 한 영화에서처럼 오타루는 '〈러브레터〉의 도시' 로 영원히 기억될 것이다.

영화 〈러브레터〉에서는 '운하' 가 없다. 그런데 영화의 장면들은 모두 운하 주변에서 맴돌고 있었다. '왜 일까?' 의문은 또 있다. 일본인들에게 오타루는 19세기에서 20세기 초반까지 부흥했던 '청어 青魚의 도시' 이고 홋카이도의 석탄을 실어 나르던 '석탄의 무역항' 으로 알려져 있다. 그러나 지금은 청어도 석탄도 아니다. 엉뚱하게 대 변신을 해버렸다. 어떤 이유에서 일까?

북해도 개척시대에 오타루는 내륙도시인 삿포로의 외항 역할을 담당했었다. 1907년에 철도 手宮線 가 개설되면서 오타루는 홋카이도의 관문도시로 발전했다. 러일전쟁 후 호경기였던 1906년에 옛 일본유센오타루지점이, 1912년에는 홋카이도 은행본점 北海道銀行本店 이 건립되면서 오타루의 석조건물 역사가 본격적으로 시작된다.

1차 대전 후, 이로나이지역에 수많은 금융기관들이 들어섰고 한때 '홋카이도의 월스트리트' 라는 애칭을 가질 정도로 온갖 영화를 누렸다. 홋카이도의 각종 해산물과 농산업물들이 집중되는 물류거점 도시로 한 시대를 풍미했다.

현재 오타루운하 주변에 늘어선 창고들은 당시 미곡과 해산물을 보관하던 창고이고 점포들이었다.

이러한 과정 속에서 부족한 가용지 확보를 위해 북측 해안을 매립하게 되었고, 해안과 매립지 사이 공간에 각종 화물을 하역하고 수송하기 위한 폭 40미터 수심 2.4미터, 길이 1,324미터 의 수로를 남겨놓게 되었다. 이것이 '오타루운하' 小樽運河 의 시작이다. 1923년의 일이다. 오타루운하는 바다와 접하는 항구에 있다. 내륙과의 연계를 목적으로 하는 운하가 아니라, 물류를 하역하던 배들이 머물고 통과하는 '물류하역용 시설'이었다. 그래서 운하가 한쪽으로만 흐른다거나 홍수나 파도에 별 영향을 받지 않는다.

나는 이 운하를 보기 위해 오타루에 두 번을 왔다. 어떻게 생각하면 항만에 있는 20~40미터의 폭을 가진 일자형의 단순한 바다 물길일 뿐인데 이걸 보러 두 번이나 여기에 왔다. 이걸 보러 오는 사람이 한 해에 천 만 명이나 된다고 한다. 왜 이렇게 많은 사람들이 몰려올까?

JR오타루역에 내렸다. 역을 나오면 버스들이 분주히 사람들을 맞이한다. 6번정류소에 서 있는 빨갛고 초록색을 띤 버스가 '오타루산책(관광)버스'. 하우스덴보스에 있는 버스와 닮았고, 우리나라 무주리조트에 있는 버스와도 닮았다. 750엔을 주면 하루 동안 맘대로 탈 수 있다.

꽤 더운 8월 하순 어느 날. 버스를 타는 대신 그냥 걷기로 했다. 역에서 동쪽 해안으로 가는 길은 약간 경사가 져있고 뒷편으로는 덴구산 天拘山 이 오타루를 감싸고 있다. 방향은 틀리지만 '배산임해' 背山臨海 구조이다. 그런데 서쪽으로 산이 있다 보니 원래의 배산임해와는 다르고 또 밤이 무척 빨리 오는 편이다.

바다쪽으로 한 5분쯤 갔을까, 눈길이 가는 장소가 나타난다. 지금은 사용하지 않는 옛 테미야철길 手宮線 이 그대로 있다. 홋카이도에서 첫 번째로 만들어진 철길이다. 철길에서는 시민들이 사진전을 열고 있었다. 궁금해서 온갖 자료를 뒤져 봐도 철길을 어떻게 재활용하겠다는 얘기는 어디에도 없

현존하거나 재활용하고 있는 석조건물들. 대부분 금융시설이다.
옛 북해도은행
옛 야스다은행
옛 일본은행오따루지점
옛 일본유센(주)오따루지점

순수하게 운하로만 사용될 때의 오타루운하다. (자료: 大石 亨, 2002)

오타루운하 주변을 특별히 보호하고 있다.

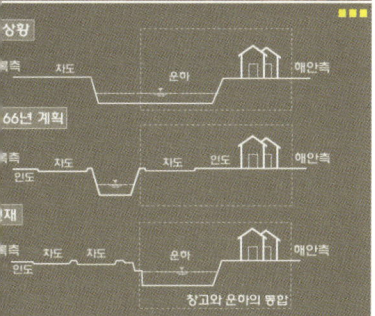

시민 누구에게나 열려 있는 테미야 폐선부지
(사진전이 열리고 있다) *

오타루 눈빛길축제가 열리면 테미야 철길은 신비의 길로 변신한다. **

원래 계획처럼 산 쪽으로 운하가 났더라면... 분명 지금의 오타루는 없었을 것이다. (자료: 西村幸夫, 1997) ***

다. 홋카이도의 역사를 알려주는 철길이라고 그냥 내버려 두나보다. 그래서 시민들이 언제나 허가만 받으면 사용할 수도 있고, 겨울철에는 '오타루 눈빛길축제' 小樽雪あかりの路 도 개최하는가 보다. 이 폐선부지를 어떻게 사용하는지는 계속 눈여겨 보아야겠다. 광주의 도심에도 비슷한 경우가 있고, 또 부산의 해운대에서도 비슷한 경우가 있을 예정이어서 더더욱 관심이 간다.

이 철길을 따라 가면 무엇이 나타날까? 그러나 당장은 운하가 먼저였다. 급한 불부터 먼저 끄고 철길을 따라가 보기로 했다. 드디어 운하에 도착했다. 더운 여름날이어서 그런지, 양산을 든 사람이 많았다. 모두들 오타루운하의 여름사진을 부지런히 찍는다.

사진을 찍는 사람들의 움직임을 가만히 살펴보면서 카메라가 누덕누덕한 외관을 가진 창고 같은 건물들로 향하고 있음을 발견했다. 나도 마찬가지. 약 60여 동에 이르는 창고들은 대부분 1890년대에 조성된 것이다. '청어'와 관련된 창고가 대부분이고 내부는 나무골조인데 외관은 돌을 쌓은 조적조 木骨石造平家 다. 분명 운하보다 먼저 생겼다. 그래서 지금도 창고의 입구들은 운하 너머의 길 쪽을 바라보고 있는 것이다.

그런데 별로 크지도 멋지지도 않은 이 창고들이 어떻게 남아 있을까? 2차 대전이 끝난 후, 오타루는 급격한 퇴락기를 맞게 된다. 오타루의 찬란했던 번영도 잊혀져갔다. 1966년에 운하를 매립하여 해안도로를 개설하려는 오타루항 재개발계획이 수립되었고, 결국 1973년에 운하자리에 도로를 건설한다는 발표를 하게 된다. 그때 운하를 지키려는 시민보존운동이 시작되었고 10여 년이 지난 1980년에 이르러 도로계획이 변경되면서 오타루운하가 살아남게 된 것이다. 창고들도 덩달아.

그러니까 우리 상식으로는 이미 몇 번은 허물고 또 새로 지었을 것 같은 허름한 창고들과, 매워서 근사한 도로와 주차장을 만들고도 남았을 것 같은 가느다란 물길 때문에 천 만 명이나 되는 사람이 해마다 모이는 것이다. 많은 사람들이 계절에 따라 시간에 따라 변하는 오타루운하의 낭만적인 풍경 때문에 이곳을 찾는다. 그 중에서도 창고지붕에 하얀 눈이 쌓이고, 흔들거리는 가스등이 켜지고, 석양에 붉게 물든 운하의 풍경을 최고로 친다.

오타루의 겨울. 특히 2월이 되면 사람들이 넘쳐난다. 눈이 많아 다니기 힘든 때인데도 사람들이 더 많이 모이는 이유는 정말 간단했다. 눈 내린 운하를 보기 위해서다. 겨울풍경을 팔기 위해 이 도시에서는 2월 중순이 되면 눈빛길축제를 연다. 등을 운하에 띄우고, 폐선부지인 테미야철길을 작은 등으로 장식한다. 2006까지 8번의 축제가 있었다. 2006년에는 2월 10일부터 19일까지 개최되었다

남아있는 운하 중에서 원래 폭인 40미터가 온전히 남아있는 곳은 북쪽의 470여 미터 뿐이다. 관광객들이 주로 찾는곳으로 '아사쿠사다리' 에서 '츄오다리' 까지다. 다리 사이의 운하 길은 늘 북적거린다. 구경하는 사람, 사진 찍는 사람, 그림 그리는 사람, 연주하는 사람. 호객하는 인력거와 운하

눈빛길축제가 한창인 겨울 밤
아사쿠사다리에서 바라본 운하

031 러브레터가 날아든 운하의 도시 | 125

의 모습을 담은 그림을 파는 사람들까지 합치면 정신이 없을 정도이다. 이 좁은 길에 에너지가 넘친다. '오타루표 에너지'.

오타루운하에는 네 개의 다리가 있다. 이 중 사람들이 가장 많이 모이는 다리가 '아사쿠사다리'다. 관광안내소가 있어서 이기도 하지만 더 큰 이유는 〈러브레터〉 때문에 유명세를 타는 '이로나이교차로'가 바로 근처이기 때문이다. 또 이곳에서는 오타루의 재미를 더해주는 창고 운하창고식당, 오타루창고NO1, 운하창고 등이 유명하다 를 직접 만날 수 있기 때문이기도 했다. 그리고 여기가 운하를 배경으로 한 사진이 제일 예쁘게 나오는 건 덤이다. 두 시간 이상을 계속 왔다 갔다 하느라 힘이 들었다. '오타루창고NO1' 앞에서 아이스크림콘을 샀다. 홋카이도산 우유가 듬뿍 들어 있어서 그런지 케익처럼 부드럽다.

운하와 사람들, 여러 목적의 사람들로 오따루운하는 언제나 에너지가 넘친다.

운하 주변 모두는 오타루시가 '경관형성지구'로 보호를 하고 있다. 또 운하주변 창고들의 외관 유지를 위해 '역사적건축물및경관지구 보존조례'를 제정하여 다양한 재정지원과 정책을 추진하고 있었다. 너무나 물이 흔한 항구에서 물길을 지켜온 시민들의 용기와 또 보잘 것 없는 창고들을 살려 오타루의 낭만으로 만들어가는 행정의 지혜를 보았다.

운하의 뒷길인 창고 길을 돌아 나왔다. 역광으로 비쳐지는 텐구산의 경관이 무척 아름다웠다. 경관을 스치며 네 개의 다리 중 세 번째 다리인 '류우구우다리'를 건너본다. 바로 앞으로 창고들이 서너 개 눈에 들어왔다. 그 중 하나는 '오타루박물관'이다. 〈러브레터〉에 등장했던 두 개의 유리통을 가진 '운하공예관'도 보인다.

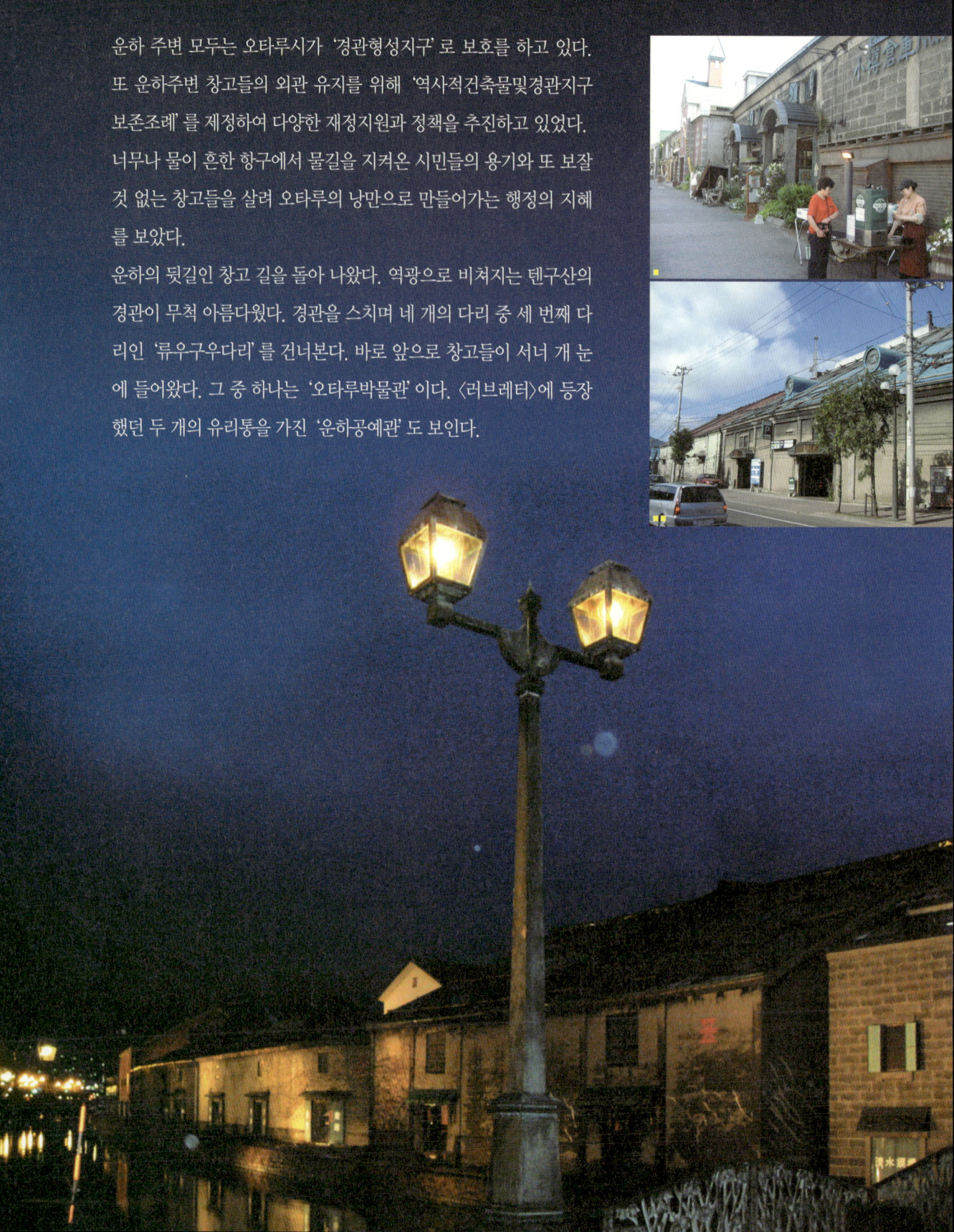

031 러브레터가 날아든 운하의 도시 | 127

여름에는 삿포로 우유가 듬뿍 담긴 아이스크림을 맛볼 수 있다. ■
기둥이 없는 목골조여서 주차장으로 이용하기도 한다. 이래저래 이로운 창고. ■■
열린 창 너머에서 오타루에 新낭만이 만들어 진다. ■■■
오타루교통기념관에는 북해도 최초였던 테미야철길의 역사가 가득 담겨있다. ■■■■

북쪽으로 걸었다. 마지막 다리인 '기타하마다리'를 지나 새로 만든 '운하공원'에 도착했다. 정사각형이다. 무더운 날씨 탓에 사람들이 드물었고 공원 한 가운데를 차지한 분수조차도 나른해 보였다.

가까이에 옛 일본유센오타루지점이 보인다. 〈러브레터〉에서 이츠끼가 근무하던 도서관으로 둔갑했던 곳이다. 영국 르네상스풍이고 1904년에 지어져 한 해운회사의 지점으로 사용하던 건물이다. 이곳은 1906년에 포츠머스 조약의 기초가 되었던 일본과 러시아 간의 국경획정회의가 있었던 곳이며, 1층에 20세기 초반의 해운업 자료와 조약관련 자료를 전시하고 있다는 내용의 건물 역사를 이미 알기에 100엔의 무게감을 핑계 삼아 발길을 북쪽으로 돌렸다. 들어가려면 100엔을 내야 한다

뒤로 미루었던 테미야철길의 종점을 찾아 나섰다. 테미야철길의 잔재를 따라 걷다 보니 '오타루교통기념공원'이 나타났다. 기념공원 내에는 1885년에 준공된 벽채는 벽돌이고 지붕은 평지붕인 '기관차고'가 있다. 일본에서 최고로 오래된 차고라고 한다. 오타루는 철길, 창고, 배수시설, 기차, 차고 등 모두를 남겨놓았다. 하긴 오타루가 홋카이도의 철도역사가 시작된 곳이고 또 그 철길의 종점이니 그들로서는 당연한 일인지도 모른다.

사실 내가 운하를 지나 이곳까지 온 데는 다른 두 가지 이유가 있다. 하나는 '석탄하적용 고가잔교' 高架石炭棧橋 를 확인하는 일이었고, 또 하나는 오타루항을 보호하고 있는 '방파제'를 보기 위해서였다. 특히 여기에 있는 세 개의 방파제 중에서 산업유산 얘기만 나오면 빠지질 않는 '북방파제' 北防波堤 를 보고 싶어서였다. 항구 어디나 가면 있는 방파제인데 왜 산업유산이라 하는지 그 이유가 궁금했고, 또 150여 년 전에 석탄을 실어 나르기 위해 만든 고가잔교의 기둥이 남아있는 현장도 보고 싶었다.

테미야철도와 연결된 교통기념공원 앞 해안부에서 동남방향 석탄하적용 고가잔교는 원래 높이 19미터, 수면부 길이는 289미터, 육상부 길이는 109미터, 그리고 폭이 17~21미터에 이르는 거대한 구조물로 6천톤급 선박 4대가 하역이 가능했다고 한다. 1892년에 건설된 후 50여 년이 지난 1940년에 철거를 했지만, 일부 교각의 하단부를 남겨 놓았다. 바다 위로 빼꼼이 머리를 내밀고 있는 정사각형의 콘크리트 파편이 많은 생각을 하게 한다.

북방파제는 오타루항이 점차 무역중심도시로 발전하면서 가장 장애가 되었던 높은 파도를 해소하기 위해서 1897년에 건설을 시작했다. 파도가 심한 곳이라 여러 번 실패를 거듭했고, 결국 일본 방파제 기술의 시금석이 되었다는 새로운 방식 스리랑카의 콜롬보항에서 벤치마킹하였고, 내구성을 높이기 위해 화산재와 콘크리트를 배합한 블록을 경사지게 쌓고 블록의 상하부를 하나로 결합하여 유실을 방지했다고 한다 을 창안하게 되었다. 1,289미터에 이르는 북방파제를 11년만에 완공한 후, 이어 남방파제 南防波堤 와 중앙의 방파제 島防波堤 를 완공했다. 지금은 모두 '북해도유산' 北海道遺産 으로 지정되어 있다.

혼슈로 북해도산 석탄을 실어 나르던 고가형 부두. 지금은 물속에 잠긴 기둥 몇 조각만 남아있다. 소중한 '오타루표 산업유산' 이다.(자료: 大石 章, 2002)

110년의 역사를 가진 북방파제는 북해도유산으로 지정되어 보호받고 있다.

오타루의 푸른 바다를 바라보며 답답함과 부러움이 모두 섞인 심호흡을 해본다. 우리도 이런 것들을 '유산'이라 여길 수 있는 시간이 빨리 오길 바랄 뿐이다.

역사에 열려있는 항만 3

| 요꼬하마 미나토미라이21 | 간나이지구 |

요코하마

2

열 번째 이 야 기

현재 남아 있는 역사적 유산을 적극적으로 보존하자.
일부는 고치더라도 역사적 유산을 보존하고 활용하자. 역사적 유산을 복원하자.
역사적 유산이 될 만한 것들을 찾아 재창조하자. 역사적 유산을 조사하여, 보존하고 홍보하자.
역사적인 장소는 그 주변부까지 보존하자. 역사를 제공한 도시의 지형을 살리자.

얼핏 보면 비슷비슷한 말들이다. 모두 1859년에 개항한 일본 최고의 개항장 요코하마 橫浜 에 관한 이야기이다. 요코하마에는 '일본 최초'란 수식어가 많이 따라 다닌다. 근대식 부두시설, 방파시설, 도크, 수도, 하수도, 가로등, 공원, 철교, 철도, 전화, 가스등, 근대도로, 경마장, 극장, 아이스크림 등 근대도시의 실험장이었다. 그러나 요코하마는 1960년대까지 100년이 넘도록 도쿄 옆에 붙어있는 위성도시 중공업이 번성했다 의 성격을 벗어나지 못했다.

이후 또 40여 년이 흘렀다. 요코하마는 이제 어엿이 '일본의 제2도시'를 넘보는 국제항만도시가 되어 가고 있다. 인구가 350만이니, 인구로만 보면 오사카에 100만명 이상 앞선다. '개항과 번영 ⋯▶ 관동대지진으로 인한 괴멸 ⋯▶ 전쟁 후유증과 미군 주둔 ⋯▶ 위성도시로의 쇠락 ⋯▶ 국제항만도시'. 도식적이지만, 요코하마가 걸어온 과정이다. 이러다 보니 요코하마는 옛 것과 현대의 것들이 꽤 많이 섞여 있다. 1923년 관동대지진과 전쟁, 그리고 수도 首都 의 변방이라는 이유만으로도 근대기에 조성한 것들이 온전하지 못했을 것 같은데 묘하게 현대적인 것과 잘 결합시켜 놓았다.

1997년 2월의 어느날, 첫 일본 여행의 셋째날 요코하마에 대한 첫 인상은 분명 '미완성'이었다. '21세기의 미래 항구'라는 뜻을 가진 '미나토미라이21' みなとみらい21 의 현장은 군데군데 파헤쳐져 있었고, '붐타운 boom town 처럼 혼란스러워 보였다. 뿐만 아니라 바닷바람이 제법 강했고 비도 부슬부슬 내리던 그리 상쾌하지 않은 날이었다. 거기다 두꺼운 옷과 배낭, 큰 카메라, 그때만해도 슬라이드로 사진을 찍느라, 얼굴만 한 카메라를 들고 다녔다 모두가 힘겨운 '짐'이었다. 이렇게 요코하마와의 인연은 시작되었었다. 요코하마의 첫 방문은 엄청난 고민거리와 실마리를 나에게 안겨주었다. 요코하마의 길, 광장, 공원, 그리고 이와 어우러지는 경관과 활동들이 그렇게 현대적이지도 감각적이지도 않았고, 또 그렇게 화려하지도 않으며 감탄과 탄성을 자아내게 하지도 않았었다. 그러나 꿈틀거리는 '뭔가'가 있는 것 같았

관동대지진이 발생하기 전 번영했던 간나이지구
1997년 2월, 내 눈에 비친 미나토미라이는 분명 미완성이었다.

다. 바로 '근대화유산', '근대역사경관', 그리고 '산업유산'이었다. 이 책에 담긴 열두 가지 이야기의 기본 테마들 그날 요코하마는 나에게 '새로운 뭔가'를 선물해 주었다.

눈 아래에 거대하게 펼쳐져 있던 '제2도크' 船渠第2號ドック 는 나를 놀라게 했고, 밝은 회색빛의 도크 선박을 건조, 수리하기 위해서 조선소, 항만 등에 세워진 시설 틈새로 보이던 식사를 하고 차를 마시는 사람들의 움직임들은 엄청난 '문화적 충격'이었다. "아! 이렇게 할 수도 있구나" 하는…. 하루 종일 요코하마를 걸으면서 보고 느꼈던 그 순간순간들은 내게 '신세계' 新世界 를 열어주었다. 그날 이후 도쿄를 갈 때마다 늘 짬을 내서 들렀다. 동경에서 JR게이오선을 타고 40분이면 요코하마에 갈 수 있다

요코하마의 '역사문화'를 어디까지라고 정의해야 할까? 고민거리다. '녹나무광장'이라 부르는 '쿠스노키광장'은 유명한 '요코하마 도시디자인과'의 태동과 발전을 있게 한 상징적인 프로젝트였지만 역사적으로 유서 깊은 경관이나 유산은 아니다. 그럼에도 요코하마의 새로운 역사를 쓰게 한 출발점이었기에 상징적인 장소로 존재하고 있다. 말이 달릴 정도로 넓었던 '비샤미치' 馬車道 는 일본 최초의 근대도로로 평가받는다.

구도심 간나이지구 關內地區 의 생명줄 같은 역할을 하고 있는 '모토마치몰' 元町通リ 이나 '이세자키몰' 伊勢佐木モール 은 또 무엇인가. 모토마치몰은 일본 최초의 의류전문쇼핑몰이고, 이세자키몰은 일본 최초의 사람만 다니는 보행자전용몰이라 한다. 모두 최초다. '창조적 실험도시 요코하마'라는 애칭이 손색없다.

지금의 요코하마를 탄생하게 한 것은 1950년대 말부터 추진된 '6대 프로젝트' 도심부강화사업, 가나자와해안매립사업, 도후쿠뉴타운건설사업, 고속도로망건설사업, 지하철도건설사업, 베이브릿지건설사업 때문이었다. 그 중에서 첫 번째 프로젝트인 '도심부강화사업'은 전쟁 후유증으로 엉망이 된 구도심을 재생시키려는 노력의 일환

한창 더위가 기승을 부릴때면 제2도크는 즐거운 비어가든으로 탈바꿈한다.

이었고 요코하마가 오늘날의 모습을 갖게 된 중요한 시발점이었다.

원래 요코하마역 1872년 조성 은 간나이지구에 있는 '사쿠라기초역' ちくら木驛 이었다. 그외 이세자키몰, 바샤미치, 중화가, 모토마치몰 등 대부분의 역사적인 곳들도 간나이지구에 있었다. 도심부강화사업은 이런 곳들이 더 이상 방치되는 것을 막기 위한 방책이었고, 도심 재생은 물론 개항기 일본 역사를 되살리려는 또 다른 목적을 가지고 있었다.

'다무라 아키라' 田숲 明/1968년부터 1982년까지 요코하마시의 기획조정실을 담당하였고, 6대프로젝트를 추진했던 실무자 가 1983년에 쓴 〈도시! 요코하마를 만든다〉 都市 をつくる / 1999년에 윤백영에 의해 '교양인을 위한 도시계획이야기' 라는 제목으로 번역되었다 라는 책에 '쐐기'와 '꺾쇠' 개념이 나온다. 요코하마역지구와 간나이지구는 동떨어져 있는 두 개의 쐐기인데, 두 개 쐐기의 아랫부분 요코하마항구 쪽 수변 을 강하게 연결하면 강력한 '꺾쇠'가 된다는 것이다. 결국 '쐐기에서 꺾쇠로'가 요코하마 도심부강화의 테마인 것이다. 그런데 그 쐐기의 아랫부분에는 1891년부터 '미쯔비시 三ㅊ 중공업'이 계속 자리를 잡고 있었다.

6대 프로젝트를 시작한지 꼭 25년 후인 1985년, 미쯔비시 공업의 이전을 완료했다. 요코하마를 처음 방문한 1997년은 항만이 본격적으로 재개발되기 시작한 지 꼭 10년이 지난 시점이었다. 그러니 아직은 미완성일 수밖에 없었던 것이다.

출발, 미나토미라이21

요코하마에 처음 도착한 역이 '사쿠라기쵸역'이었다. 사쿠라기쵸역을 빠져나오면 역광장과 '미나토미라이21' 여기부터 MM21로 표기 의 상징건물인 랜드마크타워를 연결하는 공중보도가 나타난다. 보도에 올라서면 MM21의 전경을 한 눈에 볼 수 있다. 나는 어디든 가면 높은 곳에 올라가는 습관이 있다. 생

이곳 쿠스키노광장(녹나무광장이라고도 부른다)은 요코하마의 도시디자인운동이 시작된 상징적인 곳이다.

따로 떨어져 약해 보이는 「쐐기」모양을 수변을 연결하여 강력한 「꺾쇠」로 만들었다. (자료 : 田숲明, 1983)

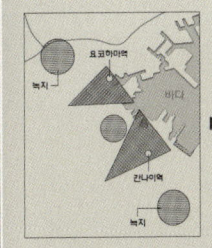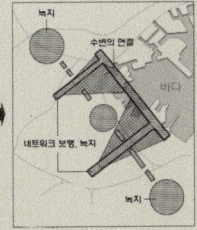

소한 곳을 방문했을 때 전체의 윤곽을 먼저 볼 수 있는 기회를 갖는 일은 내가 어디로 어떻게 움직여야 할지를 미리 알려 준다.

MM21은 요코하마의 도심부강화사업에 의해 미쯔비시중공업의 이전부지 33만 평과 추가 매립부지 23만 평 등 총 56만 평에 조성된 복합단지이다. 크게 '랜드마크타워' ランドマークタワー 가 있는 '중앙지구' 中央地區 와 섬으로 연결된 항만인 '신항지구' 新港地區 로 구분된다.

공중보도를 따라 걷다 보면 물결모양의 지붕선을 가진 업무상업건물인 '퀸즈스퀘어' クイーンズスクエア横浜 의 퀸몰을 지나게 되고, 호텔과 컨벤션이 함께 있는 복합건물인 '패시피코요코하마' パシフィコ横浜 를 만나게 된다. 이곳에서 미술광장과 요요광장을 둘러보다 보면 은회색 톤의 해안 길을 만나게 된다. 이 길이 '임항공원' 으로 가는 길이다.

임항공원에서 도크야드가든으로

임항공원을 돌아 해안 길을 따라 오다 보면 다시 랜드마크타워가 나타나고, 이곳에서 30미터 정도 깊게 움푹 파인 'ㄸ' 자형의 돌덩어리를 만나게 된다. 미쓰비시중공업의 이전과정 중에 발견된 '도크' 다. 1884년에 준공된 이 도크 船渠第2號ドック 는 토목구조물의 문화재 지정이라는 새로운 이슈를 일본에 던졌고, 또 하나의 '일본 최초' 를 요코하마에 선물한다. 도쿄는 랜드마크타워의 지하공간들과 연결되어 '선큰가든' sunkun garden/지면보다 낮추어 다용도의 광장이나 지하의 통로로 사용하는 공간 으로 사용되고 있었다. 그리고 이곳을 계절마다 다른 용도를 가지는 '템포러리 플라자' temporary plaza/시간에 따라 다르게 사용하는 다용도광장 로 활용하고 있는 융통성도 있었다. 그 앞에는 또 하나의 도크가 있다. 이곳은 물이 채워져 있고, 흰 범선 한

바다와 직접 만나는 임항공원에서는 요코하마의 역동성을 느낄 수 있다.

어쩌면 지금 '미나토미라이21' 의 명성은 2개의 '도크 살리기' 에서 출발한 것이었는지도 모른다. 한창 복원공사 중인 풍경이다.
(자료: 橫兵市)

네비어스호텔에서는 미나토미라이21의 황홀한 야경을 감상할 수 있다. 그래서 이 호텔이 인기다.

제2도크는 랜드마크타워와 하나가 되어 있다.

척이 떠 있다. 도크의 공식 이름은 '제1도크' 船渠第1號ドック 이고 '니혼마루 범선공원' 日本丸メモリアルパーク 으로 재활용하고 있다. 배가 없었다면 선박박물관이 어디 있는지 알 수가 없다. 길고 불룩하게 솟아 있는 땅 속에 박물관을 넣어 놓았다.

밤이 되면 이곳의 아름다움은 더욱 깊어진다. 불빛을 머금은 건물들이 비추는 모습은 역사의 흔적은 슬며시 감추고 새로운 곳으로 탈바꿈한다. 단순히 바다를 보고 즐기는 공간이 아니라 삶의 일부가 녹아있는 무한한 가능성을 가진 공간으로 ….

도크야드가든에서 벽돌공원으로

도크야드공원 바로 앞 바다 위로 '기샤미치' 汽車道 라 불리는 폭 약 5~10미터의 가느다란 길 길이 500m 이 나타난다. 항만 수송로였던 옛 철길이다. 남아있는 레일을 따라 조성된 산책로를 지나다 보면 1908년에 만들었다는 2개의 트러스교를 만날 수 있다. 이 낡은 다리를 보다 보면 이곳이 첨단복합단지라는 사실을 잊게 된다. 두 번째 다

요코하마 석조 제2도크 (자료: 橫兵市)
요코하마 석조 제1도크
(자료/伊東孝, 촬영/安川千秋)
제1도크는 범선공원으로 재활용되었다.

리를 지날 즈음이면 멀리 개선문을 닮은 '네비어스호텔' ナビオス横浜 이 나타난다. 그런데 파리의 개선문과 다른 점은 개구부가 약간 왼쪽으로 치우쳐 있고 또 건물 자체도 삐딱하다. 왜 그랬을까?

개구부 사이로 조그맣게 벽돌건물 두 채가 보였다. 1910년경부터 창고로 사용되던 두 채의 벽돌건물을 수리하고 주변에 수변공원과 광장들을 조성한 '적벽돌공원' 赤レンガ倉庫パーク 이다.

철길 산책로 과 벽돌건물 간의 비스타 vista/멀리 있는 목표물을 향해 가운데로 시야가 모이는 것을 말한다 경관을 만들기 위해 건물에 구멍을 뚫은 시도에 고개가 끄덕여 진다. 공원과 산책로를 설계한 조경가의 아이디어일까? 아니면 건축가의 판단일까? 아니면 전체를 총괄한 도시설계가나 시의 공무원일까?

철길, 철교 그리고 랜드마크타워가 하나의 선을 만들고 있다.
올해로 꼭 100년이 된 제2호철교(港2號 橋梁)는 지금 이 순간에도 미나토미라이를 재창조하고 있다.

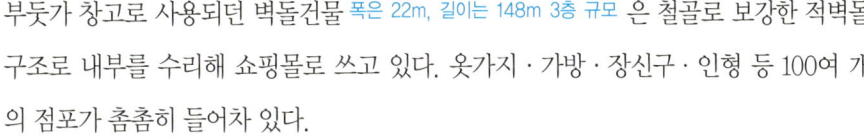

부둣가 창고로 사용되던 벽돌건물 폭은 22m, 길이는 148m 3층 규모 은 철골로 보강한 적벽돌 구조로 내부를 수리해 쇼핑몰로 쓰고 있다. 옷가지·가방·장신구·인형 등 100여 개의 점포가 촘촘히 들어차 있다.

이 창고들의 존재 이유를 알고 싶었다. 일본의 최초 근대식 부두인 '신항부두'는 대형 선박이 직접 접안이 가능하였고 각종 창고, 도로, 철도가 결합된 일본 최초의 근대식 부두였다. 그러나 당시 신항부두 주변에 있던 요코하마의 적벽돌 건축물은 관동대지진 때 모두 소멸되었고, 이 창고만이 간신히 그 명맥을 유지하고 있었다.

1960년대 초반 대규모 컨테이너항구로의 재개발계획이 수립되었을 당시, 60년을 겨우 넘긴 이 창고에는 아무도 관심이 없었다. 하지만 이 위기를 이겨낸다. 무슨 이유였을까? 앞서 이야기한 도심부 강화를 위한 '꺾쇠 개념' 때문이었다. 아키라 국장 〈도시! 요코하마를 만든다〉의 저자 이 눈여겨 본 것은 창고의 위치였다. 공간적 위치가 아니라 '경관적 시각적 위치'. 적벽돌창고의 자리는 내륙의 비샤미치에서 이어지는 '항구로 향하는 축이 만나는 지점'이었다.

기획과장이 새로이 취임할 때마다 아키라 국장은 "이 신항부두의 적벽돌창고가 어찌 되는가는 요코하마의 중심부 개발의 승패가 좌우되는 것이다. 이 외의 일은 아무렇게 되어도 좋다. 이것만은 항만국과 접촉하여 항만국이 이를 망치거나 없애지 않도록 하는 것이 기획과장의 최대 임무다"라고 강조했다. "중심항만이 컨테이너 부두가 되면 요코하마의 도시구조는 파괴되고 만다. 적벽돌창고의 생존은 역사적 유산의 문제를 넘어 도시구조의 문제이다. 전략지점이 파괴되면 전부가 파괴되는 것이다. 어떻게든 지켜야 한다"라고 말한 다무라 아끼라의 독백을 읽으면서 '도시 역사의 재창조'는 '에너지와 땀' 그리고 '무한한 신념'이 없이는 불가능하다는 지혜를 깨닫게 되었다.

네비어스호텔에 비딱하게 구멍을 뚫어 철길과 벽돌창고를 눈으로 연결해 놓았다. 이런 것을 비스타(vista)라 한다.

호텔을 지나자마자 돌아서면, 다시 랜드마크타워가 액자를 보는 것처럼 시야에 들어온다. 철저하게 계산된 경관마케팅이다.

옛날 미츠비시중공업 시절의 신항지구 풍경이다. 힘들게 남긴 덕에 지금은 다양한 즐거움을 시민들에게 제공하고 있다. (자료: 橫兵市)

벽돌창고의 가치를 알아 본 요코하마시의 지혜가 부럽다. 벽돌창고는 여러모로 요긴하게 재활용되고 있다.

벽돌공원에서 바샤미치와 이세자키몰로

길이 남서쪽으로 뻥 뚫려 있다. 옛날 마차들이 달렸다는 비샤미치, 馬車道. 그렇게 아름답다거나 활력을 느낄 수는 없지만, 일본 문명개화의 바탕이 된 길이라는 생각을 가지고 걷다 보면 '馬車道'의 의미를 깨닫게 해주는 마차 모양의 보도블록 패턴과 조형물들을 곳곳에서 만나게 된다. 이 길은 일본 최초의 '근대도로'라는 것 외에 '아이스크림'의 시작과도 연관이 있다. 매년 5월 9일을 '아스크림데이'로 정해 놓고 그 도로의 중간지점에 있는 '록메이칸' 鹿鳴館 앞에서 아이스크림을 나눠주는 이벤트를 한다.

수직으로 뻗어있는 하얀색의 게이트가 보이면 그곳이 이세자키몰이 시작되는 곳이다. 그곳으로 가려면 고속도로 首都高速道路 를 건너야 한다. 그런데 그물이 쳐져 있는 길 아래로 차들이 달리고 있다. 지하에 고속도로가 있는 것이다. 이유는 간단했다. 1869년에 만든 일본 최초의 철교를 살리기 위해서였다. '요시다다리' 吉田橋 는 비샤미치와 이세자키몰을 연결하는 다리다. 그러니까 이곳은 내륙에서 비샤미치를 따라 항구로 가던 주 통로였다. 이세자키몰은 요즘 우리나라 곳곳에서 시도되고 있는 보행몰들과 흡사한 모습이다. 입구를 나타내는 게이트와 정형적이고 화려한 패턴의 바닥포장, 통일성 있는 가로장치물들, 그리고 '벽면선 후퇴' setback/건축선을 일정하게 뒤로 후퇴하여 공공공간을 확보하는 방법 를 통

뜨거운 여름날, 요코하마개항광장에서 우연히 만난 노화가가 멋지다.
비샤미치는 마차가 달릴 정도로 넓게 만든 일본 최초의 근대도로다.

앞 건물은 억지로(?) 남겼다. 어찌 보면 우스꽝스럽지만 우리 실정에는 부러운 일이다. *

요코하마의 중화가는 100여년이 지나도록 요코하마의 '활력 1번지'다. **

이곳에 갈 때면 나는 꼭 이 핸드볼공 만 한 만두를 산다. 속에 고기가 든 것이 제일 좋다. ***

해 균일하게 늘어선 나지막한 점포와 군데군데 서 있는 수목들. 비록 오래되어 낡아 있었지만 보행몰의 기본 원칙을 배울 수 있는 곳이다.

이세자키몰에서 야마시타공원으로

다시 항구가 있는 동쪽으로 걷기 시작했다. 멀리 요코하마스타디움이 보이고 바로 그 앞에 시청이 있다. 그리고 이곳에 쿠스노키광장이 있다. 빈 땅에 조성한 것은 아니고, '도시 기획'을 통해 없었던 곳을 새로이 확보한 것이어서 그런지 이곳 사람들은 매우 의미있는 공간으로 여긴다.

도심 쪽으로 5분 정도 걸으면 디자인 잡지에서 많이 보던 '요코하마 개항광장'을 만날 수 있다. 바닥분수와 넓은 알루미늄 기둥, 그곳에 반사된 자신의 모습을 신기해 하는 꼬마들과 광장에 앉아 주변 경관을 그리고 있는 노화가를 만나면서 도시 광장의 또 다른 역할을 체험하게 되었다. 개항광장 주변의 해안 길들에서는 제법 오래된 건물들이 눈에 띄었다. '니혼다이도리' 日本大通リ 에 들어 선 것이다. 日本大通リ는 요코하마에만 있는 것이 아니지만, 요코하마의 니혼다이도리가 가장 역사성이 깊다.

붉고 강한 톤에 은회색의 띠를 두른 '요코하마 개항기념관' 横濱市開港記念會館 을 만났다. 첨탑이 빼어나다. 금빛이 도는 단아한 모습의 '가나가와현청' 神奈川縣廳 , 그 옆으로 하단부는 옛 모습인데 위는 현대적인 건물인 '일본화재해상 요코하마빌딩'. 이렇게 옛 모습을 남기는 것을 '파사드보존' facade保存 이라고 한다. 궁여지책이다. 더 심한 궁여지책의 현장을 만났다. 원래 있던 건물의 옛 모습을 새로 지은 건물의 벽에 그려 놓았다. 우체국이 있던 자리. 서울 종로에 있었던 화신백화점이 떠올랐다. 저렇게라도 했더라면 하는 아쉬움이 남는다.

간나이지구와 바다를 연결하는 요코하마의 '차이나타운'. 中華街 한 변이 약 500m에 이르며 총 500여 개가 넘는 가게들이 모여 있는 이곳은 세계 최대급의 중화가다. 중화가 특유의 아기자기함, 촌스러운 화려함과 활기참이 1시간 이상을 머뭇거리게 했다. 이세자키몰과는 너무나 대조적이다. 산뜻함 보다는 '복잡함'이, 질서 보다는 '자유'가, 쾌적함 보다는 '정겨움'이 있었다. 요코하마의 발전에는 중국인들이 큰 역할을 했다. 주로 광동성 廣東省 출신이 많았고, 그 때문에 이곳에는 광동식 요리점이 유난히 많다. 핸드볼공 만한(?) 만두를 두 개 샀다. 허기진 배를 채우려고 샀긴 샀는데 서서 먹으려니 카메라며 지도며 모두가 방해꾼이다. 잠시 배고픔을 뒤로 미루기로 했다. 중화가는 문이 10개나 된다. 동서남북으로 각각 4개의 문 동/朝陽門, 서/延平門, 남/朱雀門, 북/玄武門 이 있고 그 사이에 6개의 문 天長門, 地久門, 西陽門, 善隣門, 市場通リ門(2개) 이 있다. 동서남북에 있는 문의 문주에는 방위를 상징하는 색과 동물들이 문양되어 있다. 東靑龍(靑色), 西白虎(白色), 南朱雀(赤色), 北玄武(黑色) 가장 많이 다니는 길은 '현무문'에서 '조양문'까지 이어지는 길 中華街大通リ 이며 야마시타공원으로 가는 주통로이다.

그 길을 따라 가다 보니 짙푸른 은행나무 가로수들이 줄 서 있고, 그 너머로 바다가 조금씩 보이기 시작했다. '야마시타공원' 山下公園 에 다 왔다. 공원에 들어가려면 네 개의 대형빌딩 앞의 공개공지 보행자를 위해 공공목적으로 내놓은 대지 를 연결하여 만든 '페어광장'을 지나야 한다. 페어광장 주변의 은행나무 숲을 지나 공원에 도착했다. 너무나 평범한 화단과 분수, 조형물들, 그리고 명성에 비해 너무 낡아 초라해 보이는 광장 등은 다소 실망스러웠다. 하지만 관동대지진의 잔재를 모아서 매립하여 만든 공원이라는 역사성, 공원 곳곳에서 볼 수 있는 바다와 MM21의 경관은 어느 정도 위안거리였다. 위안거리가 또 하나 있다. 큰 선박 한 대가 언제나 똑 같은 위치에 정박해 있다. '히가와마루' 永川丸 라는 이름의 선박으로 원래 화물여객선이었으며 전쟁 중에는 병원선으로 사용되었었는데, 1960년부터 이곳에 갖다 놓고 여러 용도로 사용하고 있다. 선박레스토랑도 좋았지만 배경으로 근사한 사진을 찍을 수 있다는 것이 더 맘에 들었다. 특이한 것은 시에서 만든 도면에 히가와마루가 공원같이 초록색으로 칠해져 있다. 배도 공원시설로 포함시킨 것이다

야마시타공원에 정박 중인 히가와마루는 사진 찍기와 그림그리기의 단골 모델이다.

히가시마루는 배인데 분명히 초록색이다. 야마시타공원 내 '공원시설' 임에 틀림없다.

관동대지진 잔해를 매립해서 만든 야마시타공원. 그래서 그런지 일본인들은 이 공원을 매우 소중히 생각한다.

바다에 면한 벤치에 자리를 잡았다. 그리고 중화가에서 산 적당히 식은 만두를 먹었다. MM21 쪽으로 고개를 돌리면 바다를 바라 보고 왼편 바다 쪽으로 길게 돌출된 납작한 건물이 보이고 그 너머로 웅장한 랜드마크타워와 퀸즈스퀘어가 실루엣처럼 보인다. 랜드마크타워는 개항광장에서도 비슷한 느낌으로 볼 수가 있다. 나름의 깊은(?) 의도가 담긴 듯하다.

해안 앞쪽에 납작한 모습을 한 '오산바시국제터미널' 大さん橋國際客船ターミナル/ 2002년에 완공된 페리터미널 은 선창 같기도 하고 거대한 배를 닮기도 했다. 비스듬한 바닥 전체가 잔디와 마루다. 걷기도 편하고 마치 배의 갑판 위를 걷는 것 같아 기분이 상쾌해진다. 잔디와 유선형의 마루로 된 옥상에 올라서니 바람이 시원하게 달려들었다. 물론 겨울에는 각오를 해야 한다. 그곳에서 바라 본 베이브릿지의 근사한 풍경은 힘들게 찾아 온 사람들만이 받을 수 있는 작은 선물이다.

야마시타공원에서 이시가와쵸역으로

야마시타공원에서 5분 정도 걸으면 만나게 되는 '모토마치몰' 元町通り 은 1950년대부터 있던 상점가이다. 바샤미치처럼 계획적으로 벽면을 뒤로 밀어 만든 예쁘장한 '일본 최초의 S자형 보차공존도로' 가 있다. 입구에 아담한 게이트를 보고 반가운 마음에 달려가보면, 기대를 저버리지 않는 오밀조밀한 정경들이 눈에 들어온다. 교과서에도 나오는 S자형 도로, 아케이드, 디자인된 가로장치물들과 사인들, 그 모든 것들이 정겨워 보였다.

옛 것과 새 것이 뒤엉킨 요코하마. '혼란' 이나 '복잡함' 보다는 '조화' 와 '공존' 이라는 단어를 먼저 떠오르게 했다. 섣부른 판단과 당장의 이익 때문에 제 모습을 잃어가고 있는 우리 항만들의 모습이 함께 떠올랐다.

오산바시국제페리터미널은 패턴, 그리고 색깔까지 바다와 잘 어울린다.

엄격한 규제와 절제를 통해 만들어진 모토마치몰은 일본 최초의 의류전문 쇼핑몰이다. (자료: 橫兵市)

지나 온 길을 모두 모아 보았다. 아침부터 저녁까지 즐겁게 또 힘들게 걸어 다닐 수 있는 코스다.

걷다 지쳐 중화가에서 산 만두로 허기를 달래는 저녁 무렵, 야마시타공원에서 바라보는 실루엣이 아름답다.

지혜로 바다를 안는다 3
| 모지항 |

열한 번째 이야기

2003년에 두 번 연이어 '모지항' 門司港 을 찾았다. 한 번은 봄기운이 한창이던 4월에 혼자 갔었고 또 한 번은 가을에 졸업여행을 핑계 삼아 20여 명의 제자들과 함께 갔었다. 모지항은 큐슈 끝자락에 있는 키타큐슈, 北九州 거기에서도 제일 끝자락에 붙어 있는 작은 항구다. 지도상으로는 혼슈와 큐슈를 가르는 '간몬해협' 關門海峽 을 사이에 두고 '시모노세키' 下關 와 마주보고 있다.

후쿠오카를 통해 가는 방법도 있었지만 시모노세키를 통해 가기로 했다. 저녁 8시. 부관페리를 타고 부산을 출발했다. '무박 3일'의 여행이 시작되었다. 사실 배 안에서 맘껏 잤지만 부산과 시모노세키를 잇는 부관페리의 운항로는 1905년부터 광복되기 전까지 '부관연락선' 釜關連絡船 의 항로였다. 자다 자다 지쳐서, 동이 튼 밖으로 나갔다. 육지의 짙은 초록색들이 눈에 들어오기 시작했다. 거의 다 온 것 같았다. 진행하는 배의 왼쪽이 시모노세키다. '간몬교' 關門橋/일본 교량건설의 선구적 역할을 한 다리(1973년). 길이가 1,068m이고 혼슈와 규슈를 잇는 고속도로를 연결한다. 높이가 60m가 넘어 대형 선박의 통과가 가능하다 를 찍기 위해 카메라 들고 갑판으로 나왔지만 이미 지나쳐 버렸다. 꼭대기가 둥그스름한 '유메타워' ゆめタワ/'꿈의 타워'라는 뜻 가 짙은 운무 속에서 모습을 드러내기 시작했다. 밤새 현해탄을 건너 12시간 만에 시모노세키에 도착한 것이다. 잠만 잤으니 하루를 번 느낌이었다. 보행교를 따라 페리터미널을 나섰다. 파란색 기둥이 연결된, 짐을 끌고 오르락내리락 하지 않고 쉽게 갈 수 있게 만들어 놓은 보행교가 어디론가 길게 뻗어 있었다. 걸어서 500미터쯤 가다 보니 좌측 멀리에 시모노세키역이 보았다.

모지코로 가려면 시모노세키역과 반대 방향인 '가라토' 唐戶 항으로 가서 간몬연락선 關門連絡船 을 타야 했다. 아침 6시부터 밤 9시 30분까지 운항을 한다 오로지 모지항에 대한 궁금증만이 머리에 가득 차있었기에 멋진 유메타워도, 매력적으로 보이는 수족관도 그냥 지나쳤다. 지나친 덕에 가을에 제자들과 수족관에서 즐겁게 시간을 보낼 수 있었다. 진입부의 스텝정원이 창조적이다

짙푸른 초록이 보이기 시작한다. 키타큐슈!

운무 속으로 보이는 유메타워의 당당한 모습이 간몬해협의 상징임을 알려준다.

거의 뛰다시피 했는데도 30분이나 지나버렸다. 270엔을 내고 표를 샀다. 정말 작은 유람선으로 별도 좌석도 없었다. 20분마다 출발하는 사실을 알고는 쫓기던 숨을 돌렸다. 선창 바로 옆에 '가라토수산시장' 唐戸水産市場 이 보였다. 사진찍기 좋은 높은 곳을 찾으려고 루프로 된 계단을 따라 올라가니 시장 내부가 훤히 내려다 보였다. 부산의 자갈치시장보다는 훨씬 작아 보였지만 잘 짜인 시스템이 느껴졌다. 경사길을 따라 끝까지 올라가니, 초록색 잔디가 깔린 '옥상정원' 이 있었다. 하얀색의 현수구조물과 초록색 잔디가 제법 어울린다. 가라토시장은 에너지 절약을 목적으로 하는 생태적인 건물이다

바다 건너 모지항이 길게 누워있다. 뾰족하게 올라간 건물이 '레트로전망대'. 모지항을 볼 수 있는 이곳은 '옥상정원' 이라기보다 오히려 '바다풍경정원' 에 가까웠다. 내려다 보니 바다의 포장재질이 달라 보인다. 바다 쪽 부분이 짙은 나무색을 띠고 있었다. 짙은 고동색 '목재 데크' 를 내어 붙였다. 쉬운 말로 '잔교식'. 매립이 아닌 방법을 사용해 좁은 해안 부지를 확장한 것이다.

배를 탔다. 점점 확실한 모습을 드러내는 모지항을 보니 가슴이 두근거렸다. 드디어 모지항. 마치 유럽의 항구도시에 온 기분이었다. 파스텔톤의 '주홍색' 과 '고동색' 이 매력적으로 다가왔다.

모지항은 1889년 특별수출항으로 지정되어 20세기 중반까지 큐슈지방의 중계무역항으로 활성화되었던 항구다. 중계무역을 통해 대륙으로의 전진기지 역할을 수행하며 무역항으로 부흥하게 되었고, 특히 1914년에 큐슈의 최북단역인 '모지항역' 門司港驛 이 조성되면서 경제적 번성은 더욱 확장되었다. 그러나 키타큐슈와 시모노세키를 직접 연결하는 간몬교가 개통하자, 수출항의 기능이 약화되었고 결국 두 지역을 연계하던 연락선도 중단되게 된다. 이후 지역경제는 점차 퇴락하기 시작했다. 일본의 여느 항구들과 마찬가지로 1970년대 초반 모지항도 '개발' 을 모토로 한 정비사업을 시작했다. 이로

고래를 닮은 시모노세키수족관과 재미난 스텝정원

가라토시장은 자갈치시장 같은 수산물전문 시장이다.

가라토시장의 옥상에 오르면 간몬대교와 바다를 바라볼 수 있다.

가라토시장 옥상에서 바라본 모지항 풍경

모지항은 유럽의 작은 항구를 닮았다.

인해 화려했던 근대기의 역사를 대변하던 건축물들이 해체될 위기를 맞게 된다. 하지만 다행히도 지역 언론에서 이러한 개발계획을 비판하며 보존운동을 본격화했다. 결국 항만 매립은 중지되었고, 도로계획도 변경되면서 모지항은 '역사와 자연'을 키워드로 하는 재생작업을 시작할 수 있게 되었다.

1983년 르네상스식 목조 木造 구조인 '모지항역'을 보존하기로 결정했고 이에 주민들은 '모지항보존회' 門司港保存會 를 결성하여 보존기금을 모금하기 시작했다. 국가에서도 이러한 노력을 인정하여, 모지항역은 일본 최초로 국가중요문화재로 지정된 목조 역이 되었다. 1988년의 일이다

본격적인 항구재생작업은 1988년부터 곳곳에 산재하여 있던 10여 동의 근대건축물들에 대한 이전과 복원이 계기가 되었다. 특히 아인슈타인 부부가 묶었다는 국가중요문화재인 '옛미쓰이구락부' 旧三井俱樂部 를 항구 쪽으로 이전·복원하는 사업이 모지항의 모습을 탈바꿈하는 결정적인 계기를 제공하였다. 1996년에 1차 정비사업이 완공되었는데, 정비 개념은 모지항의 역사를 테마로 하는 '레트로' レトロ/Retro 였다. 수변가로와 광장, 역사적 건축물 등이 모여 만들어 내는 역사적인 분위기를 모지항이 지향해야 하는 이미지로 삼았던 것이다.

'레트로'를 확인하고 싶었다. 그런데 돌아갈 시간부터 걱정이었다. 늦어도 오후 5시 전에는 시모노세키의 페리터미널로 돌아가야 했다. 배 운행 시간과 내려서 걷는 시간을 합치면 모지항에 머무를 수 있는 시간은 4시간 남짓했다. 부족한 시간 덕에 눈에 보이는 대로 사진을 찍었다.

곳곳에서 신선한 아이디어들을 만날 수 있었다. 창고건물의 벽을 살린 공용주차장, 하루에 4번씩 들어 올리는 일본 최고의 보행전용 가동교 블루윙모지, Blue Wing Moji / 1988년 완공 마치 유럽의 오래된 호텔 분위기를 갖춘 모지호텔, 1998년 완공 모지와 시모노세키를 조망할 수 있는 레트로타워, 높이 137m 창고를 고쳐 만든 미술관, 바닷가 창고를 닮은 쇼핑센터 등. 분명 최근에 조성되고 고쳐진 것들인데도 100여 년이 지난 듯했다. 모지항이 가지고 있었던 본래의 경관 특성들을 고스란히 남겨 항구의 흔적들과 잘 섞어 놓았기 때문이다. 보존된 것, 이전한 것, 정비한 것, 새로 만든 것들이 경쟁을 하지 않고 모두 조화롭게 공존하고 있었다.

태양의 방향을 보니, 오후가 될수록 역광으로 인해 항구를 제대로 관찰하기 어려울 것 같아 급하게 '레트로 전망대'에 올라갔다. 배에서 내릴 때 만큼이나 가슴이 뛰었다. 내려다 보니 창고를 리모델링한 미술관의 지붕에 미술관 이름 '出光'을 크게 써 놓았다. 그걸 보고 오라는 얘기인가. 해안 곳곳에 낡은 창고들이 있었다. 지금은 사용 중이었지만 10년 정도 후에는 또 어떻게 바뀔지….

규슈지역 철도의 종점인 모지항역. 최초의 국가문화재로 지정된 목조 역이다.

4개의 복원한 건축물들이 모지항 재생에 결정적인 역할을 한다.
옛 미쯔이구락부
옛 모지항세관
옛 오사카상선빌딩
국제우호도서관

03 지혜로 바다를 안는다 | 147

블루윙다리는 하루에 여섯 번씩 들었다 놓았다를 반복한다. 들고 있는 블루윙다리와 리트로전망대가 묘한 조화를 이룬다.

전망대 로비에 붙어 있는 모지항의 겨울밤을 찍은 포스터가 너무 멋졌다. 벽에 붙어 있는 것 한 장이 전부란다. 욕심이 끝이 없다.
항구를 따라 걸었다. '블루윙모지'가 위로 올라갔다. 복어처럼 생긴 크루즈가 들어왔다. 현명하게도 50분 정도 항해를 마친 크루즈가 돌아오는 시간과 다리를 들어올리는 시간을 맞춘 것이었다.
가라토에서 본 잔교식 데크들이 이곳에도 해안을 따라 조성되어 있었다. 짙은 고동색의 목재데크가 이렇게 바다와 잘 어울릴 줄이야. 아무 것도 없고 정말 단순해 보이는 수변광장이 멋져 보였다. 벤치도 그냥 바닥과 같은 얇은 목재를 붙인 사각형 덩어리였다.
해안가에 우뚝 서 있는 창고 같이 생긴 '가이쿄플라자' 海峽プラザ 에는 사람들이 넘쳐났다. 모지항에서만 살 수 있는 먹거리들로 가득

벽돌창고의 외벽을 재활용한 지혜로운 주차장
불루윙모지의 석양은 정말 매혹적이다.

했다. 왠지 뭔가 사야한다는 의무감에 고민 고민을 하다 병에 든 우니 성게알 를 샀다.

가이쿄플라자를 돌아 나오니, 1917년에 만들었다는 '옛 오사카상선빌딩' 舊大阪商船 이 나타났다. 요코하마의 개항기념관을 닮았다. 꼭대기 옥탑은 등대처럼 사용했다 한다. 바로 앞에는 옛 오사카상선빌딩과 색깔이 똑 같은 '모지코호텔' 이 서 있다. 자료를 통해 이 호텔을 알고 있었지만, 직접 보니 설계자의 고민한 흔적이 역력했다.

'도시설계' 를 배우던 대학원 시절 동경했던 세계적인 전문가인 '알도 로시' Aldo Rossi 가 일본 건축가들과 함께 설계를 했다고 한다. 이것도 '역시' 다. 왜 유럽풍인지, 왜 호텔에 항구의 경관과 모습이 담겨 있는지 이유를 알 것 같았다. 내 눈에는 돛을 단 요트쯤 될 것 같

허름한 이 창고들도 언젠가는 재활용되겠지
레트로전망대에서 바라 본 모지항

아 보였는데 호텔은 바다에 떠 있는 '배'를 모티브로 했다 한다. 이 호텔에서 제일 맘에 드는 부분은 유선형 본채 아래로 뚫려 있는 '필로티'였다. 장방형의 구멍을 통해 멀리 시모노세키가 보였다. 프라하나 파리의 골목길을 돌아다니다 확 뚫린 광장을 갑자기 만난 기분이었다.

항구가 보이는 커피숍에 앉았다. 5월의 햇살과 함께 마신 커피 이름은 기억하진 못하지만 그때 그 커피 맛은 평생 잊을 수 없다. 커피 향을 타고 머릿 속을 따뜻하게 데우는, 모지항에 담긴 그들의 삶의 지혜가 놀랍게 여겨졌기 때문이리라. 또 바다를 사이에 둔 두 도시가 함께 살아남기 위한 노력이 가상했다. 간문교 아래 바다 밑으로 780미터의 보행해저터널 2003년 10월에 제자들과 왔을 때 터널을 걸어 보았다

행복했던 2003년 10월 28일의 졸업여행! 이제 보니 숫자가 모자란다. 돌아다니며 사진 찍느라 미처 모이지 못한 아이들이 있는 것 같다.

을 연결하고, 배로 연결하고, 그것도 모자라 양쪽에 타워를 세워 경관까지 연결했다. 제대로 된 '장소마케팅' place marketing 이고 '문화관광' cultural tourism 이다. 제자들에게 이들의 지혜를 보여주고 싶다는 생각이 간절했었다, 무조건.

모지항의 수변광장은 나무 한그루 없지만 모두 목재로 만들어 졌다. ■
창고를 닮은 가이쿄플라자는 모지항의 흥을 돋우는 핵심시설이다. ■■
모지코호텔에 낸 구멍(필로티)은 바다와 도시를 연결하는 심오한 뜻이 숨어있다. ■■■

포구는 언제나 정겹다 3

| 시모다 | 오노미찌 |

모지항은 오랫동안 겪어 온 자신들의 화려한 역사를 재활용하여 새롭게 변신하려고 무던히도 노력을 하고 있었다. 그래서 그런지 모지항의 예스러움은 '모던'하고 '창의적'이었다. 일본에는 모지항과 전혀 다른 스타일을 가진 예스런 항구들이 여럿 있다. 크고 작은 아이디어들을 연구하고 적용해서 변신을 시도하는 모지항과는 전혀 다르다. 이 항구들은 거의 바꾸지 않아 화려하거나 멋지지는 않다. 대신 편안하고 정겹다.

'시모다'(下田)와 '오노미찌'(尾道).
두 항구 모두 옛 모습 그대로를 잘 간직하고 있는 일본의 소중한 항구들이다. 잘 간직하고 있기 보다는 잘 지키고 있다는 것이 더 적절한 표현일 것 같다. 시모다는 시즈오까현 靜岡縣 이즈반도 伊豆半島 동쪽 연안에 있는 작은 항구이고, 오노미찌는 히로시마현 廣島縣 의 남쪽 세토 瀨戶/우리의 다도해처럼 일본에서 섬들이 가장 많이 모여 있는 아름다운 곳이다 지역의 중앙부에 위치하고 있다.
비교적 알려져 있는 오노미찌에 비해 시모다는 감춰진 곳이었다. 우연히 알게 된 그들의 '제빙공장 지키기 운동' 때문에 시모다를 찾게 되었고, 또 '하나부사 미도리' 英 みどり 국장을 만나게 되었다.

시모다(下田)의 제빙공장 지키기

시모다를 찾아 가는 목적은 딱 하나. '난즈세이효' 南豆製氷 를 보기 위함이었다. 좀 더 자세히 얘길 하면 '난즈세이효'라는 제빙공장 製氷工場 을 지키기 위해 뛰어 다니고 있는 시민들을 만나고 싶어서였다. 난즈세이효는 1923년 大正12년 3월에 시모다항 서쪽 한 곁에 자리를 잡는다. 문을 닫은 시점이 2004년 2월이니 난즈세이효는 80년 동안 시모다항을 드나드는 어선들과 어시장의 필수품이었던 얼음을 공급해 온 것이다.
'80년'. 그리 긴 시간은 아니지만, 급변했던 근현대기 속에서의 80년은 결코 짧은 시간이 아니었다. 난즈세이효는 일본 항구의 제빙시설들 중 가장 완벽한 상태로 남아있는 제빙공장 중의 하나이고, 이즈반도의 전통석으로 알려져 있는 '이즈이시' 伊豆石/에도시대부터 도쿄 등 주변지역의 건축 및 토목재료로 사용되어 온 대리석 계통의 석재이며, 연회색과 담녹색을 띠는 두 가지 종류가 있다 로 지어 건축사 측면에서 큰 의미를 가진다고 한다. 또 '항구의 시작점' 내륙에서 항으로 흘러들어 오는 강과 항구가 만나는 지점 이자 '도심의 시작점' 이즈큐시모타역(伊豆急下田驛)과 항구가 만나는 지점 에 위치한 이유로 시모다항의 경관에 지대한 영향을 미쳐 왔다. 이런 상황이다 보니 난즈세이효는 일본의 어업유통역사와 시모다항의 변천사에 중요한 자료로 여길 수밖에 없는 것이다.

이처럼 의미 있는 제빙공장이었음에도 마지막 운명은 무척이나 고달팠다. 폐업과 동시에 '시모다상업협동조합'이 대출을 통해 난즈세이효를 매입한 후 상업시설 재활용의 가능성을 '시모다TMO' 下田TMO(株)/중심시가지의 활성화를 목표로 설립한 민간조직 에게 의뢰했다. 그러나 2005년 6월, 시모다TMO가 자금난으로 인해 운영을 포기함에 따라 자동적으로 난즈세이효의 해체가 결정된다. 절대 절명의 순간이었다. 다행히도 난즈세이효를 지키기 위해 두 달 전 2005년 4월 도쿄의 시민단체(NPO地域再創生プログラム)가 심포지움(第2回下田再創生塾)을 난즈세이효에서 개최하면서 결성을 합의하였다 에 결성된 '난즈세이효지원단' 南豆製氷應援團 의 탄원과 시장 市長 의 의지로 조합은 그해 12월 까지 해체를 연기한다.

이후 지원단과 도쿄의 시민단체, 그리고 시모다시가 힘을 합쳐 난즈세이효의 매입과 보수, 그리고 운영 등에 대한 토론회와 심포지엄 등을 연속으로 개최하면서 난즈세이효의 어려움이 일본 전역에 알려지게 된다. 이 공동모임은 2005년 11월 27일 첫 회의를 가진 후 2007년 3월말 현재 총18회의 모임을 가졌다고 한다. 거의 매달 만난 셈이다. 이런 정성때문인지 시모다를 제2의 고향이라고 천명하며 매입 후 시에 무상양도 하겠다는 한 독지가 '田中俊昭' 라는 나가사키 사람이다 가 나타났다. 2006년 4월의 일이다 좋은 일이 연이어 생겼다. 이름을 바꾼 공동모임 下田まち遺産連携會議 로 변경했다 이 국가에서 시행하고 있는 '도시재생모델사업' 全國都市再生モデル事業 공모에 시모다 도심의 건축물과 기반시설 곳곳에 남아있는 '이즈이시' 伊豆石 와 '나마코가베' ナマコ壁/기왓장을 사선으로 연결하여 붙인 후, 기왓장을 잇는 부분에 회반죽을 칠한 벽체다 를 테마로 한 '도시재생 기획안'을 제출하여 채택된다. 2006년에는 총 541건 중 159건이 채택되었다고 한다

재밌는 것은 그 기획안의 테마가 'まち遺産' 마찌유산 이었다는 것이다. 우리말로 번역하기가 쉽지 않다. 마찌를 '동네'라 하기에는 범위가 작고, '길' 나 '도시'라 하기에는 막연하다.

난즈세이효(南豆製氷)의 전경

난즈세이효의 밤: 불빛에 비친 담녹색의 건물이 운치가 있다. *

시모다의 한적한 밤거리 **

발길이 뜸한 시모다의 이른 아침 ***

나마코가베(ナマコ壁) 여관 (宋本旅館) ****

'타운'이 가장 적합하기는 하나 좀 어색하다. 그냥 '마찌'라 부르는 것이 적당할 것 같다. 여러 자료를 찾아보니 '수 백 년 동안 누적되어 온 작은 구도심의 경관과 자연환경과 어우러진 도시자산 都市資産 들, 그리고 이를 만들고 지켜낸 기술과 전통들을 통칭'해서 '마찌유산'이라 부르고 있었다. 올바른 길을 가고 있다는 생각이 들었다. 우리 주변에도 '마찌유산'이라 부를 수 있는 것들이 얼마나 많은가? 또 개발에 밀려 저항 한 번 못하고 사라지고 있는 것들이 얼마나 많은가? 이들이 제안했던 '시모다의 마찌유산들'을 하나하나 보고 싶었다.

'난즈세이효지원단' 南豆製氷應援團 의 하나부사 英 みどり 국장을 만나기 위해 도쿄에서 신간센을 탔다. 아타미 熱海 까지 가서 JR이토선 JR伊東線 으로 갈아타야 했다. 시모다까지는 역이 20개, 1시간 30분 정도 걸린다. 5번째 역인 이토역에서 시모다역까지는 사철 私鐵 인 시즈큐선 伊豆急線 이었다. 갈아타라는 얘기가 없는 걸 보니 기차의 이름만 바뀌나 보다. 갑자기 걱정이 생겼다. 가지고 있는 JR패스는 분명히 JR선만 타게 되어 있는데. 아니나 다를까 당당하게 JR패스를 보여주고 나가는 나에게 1,570엔을 내란다. 대중교통비가 비싼 일본에서는 큰돈이 아니겠지만 매일 공짜로 기차를 탔던 나에게는 큰돈이었다. 시골 구석구석까지 뻗어 있는 JR선이 시모다에는 왜 없을까? 의문이었다.

4월 밤의 바닷바람에서 제법 냉기가 느껴졌다. 비릿한 바다내음이 마음을 설레게 했다. 짐 가방을 끌고 숙소로 향하는데 희뿌연 불빛 사이로 '난즈세이효'가 멀리 보였다. 역에서 불과 2~3분 거리. 바로 앞은 항으로 흘러 들어가는 강가. '난즈세이효'를 처음 지을 때 여러 조건이 고려된 것 같았다. 열심히 밤 사진을 찍었다. 숙소로 가는 상가길의 가로등은 화려하고 멋진데 지나는 손님이 하나도 없고 가게들도 거의 문을 닫았다. 쓸쓸하다 못해 무섭다는 생각이 들었다. 그래도 난즈세이효의 밤 사진을 맘 놓고 찍은 터라 발걸음은 가벼웠다.

하나부사 국장과는 10시에 만나기로 했는데, 일찍부터 눈이 말똥해 졌다. 시모다의 아침이 너무 궁금했다. 6시 30분인데 해가 중천에 떴다. 태평양 쪽이다 보니 우리보다 아침이 제법 빠르다. 길은 환해 졌는데 지나는 사람은 어제 밤처럼 여전히 없었다. 뜨거운 캔커피를 뽑아 들고 이리 저리 다니며 시모다의 이른 아침을 만끽했다.

흰 벽을 가진 집들이 군데군데 보였다. 이 집들의 벽체가 바로 '나마코가베'다. 볼록한 기와장 때문에 전체적으로 볼륨감이 있어 보였다. 이 벽체는 에도시대에 형성된 항구도시들에서 주로 볼 수 있다고 한다. 불에 구운 기와여서 내화성 耐火性 이 좋고 내습성 耐濕性 또한 강해서 항구의 목조주택에는 최적의 재료라 한다. 나마코가베가 제법 근사해 보이는 여관 宋本旅館 을 만났다. 이런 곳을 미리 알았더라면 하는 아쉬움을 뒤로 하고 길 사이로 보이는 바다 쪽으로 발길을 돌렸다.

항구와 집들이 가깝게 붙어있는 모습이 골목길 벽면에 붙어있던 시모다의 옛 전경과 거의 똑같았다. 백여 년 전 사진 속에 담긴 시모다의 영화로움이 그대로 나에게 전해져 왔다.

근대기에 형성된 도시라 가로망이 격자형이었다. 규모가 작아 두 시간 정도 다니다 보니 대강 감이 잡혔다. 나마코가베 집들이 제법 보였다. 주택도 있고 음식점도 있고 심지어 목욕탕 나중에 알고 보니 시모다에서 유일한 목욕탕(昭和湯)이었다 도 있었다.

어제 걸어온 상가길로 접어들었다. 멋졌던 가로등의 실체가 드러났다. 하늘이 온통 전깃줄이다. 가로등 아래에 가짜 벚꽃을 꽂아 두었다. 촌스러워 보이고 복잡함을 더하지만 봄을 알리고 손님들을 끌려는 이들의 노력과 정성은 갸륵하게 느껴졌다.

걷다 보니 나도 모르게 '난즈세이효' 에 까지 와버렸다. 밤에 본 기억 보다 훨씬 웅장했다. 담녹색의 이즈이시로 지은 장방형의 본채 옆에 나무합판으로 된 기와집이 붙어 있었다. 아침 햇살에 반사되는 담녹색의 벽체들이 묘한 색을 냈다. 국장과의 만남이 시시해 질까봐 자세히 보는 것을 자제하고 대강 둘러보고 말았다. 두 시간을 걷다 보니 배가 고팠다. 숙소 우라가 라는 비지니스호텔이다 에서 받은 아침상에 생선 한 마리가 누워있었다. 역시 바닷가였다. 고등어도 꽁치도 아닌데. 이름 모를 생선 덕에 공기를 비웠다.

1916년의 시모다와 항구 (1916년에 林良平氏라는 사람이 찍은 사진이다)

나마코가베 집들이 곳곳에서 보였다.

벚꽃 가로등 : 복잡했지만 정겨운 풍경이었다.

시모다에서의 아침상

바다와 집들이 붙어있다.

기다리던 10시! 하나부사 국장과 로비에서 만나기로 한 시각이었다. 조바심에 호텔 앞에서 기다리고 있자니 저쪽 모서리에서 큰 가방을 앞에 실은 자전거 한대가 돌아 나왔다. 편지와 이메일을 주고받으며 여자라는 것은 이미 알고 있었지만 생각했던 것 보다 젊은 아가씨였다. 시모다의 재미난 자전거탐방이 시작됐다.

자전거를 끌고 가며 '난즈세이효지원단' 南豆製氷應援團 과 '공동모임' 下田まち遺産連携會議 에 대해 궁금했던 것을 먼저 물었다. 나는 그동안 이들의 활동을 보고 지원단의 규모가 꽤 되리라 생각하고 있었다. 그런데 달랑 혼자란다. 그것도 자기 집이 본부란다. 원래는 도쿄에 사는데 시모다가 좋아서 이 일에 참여하고 있다고 한다. 전공은 과학인데 전혀 딴 길로 와버렸다 그런데 하나부사 국장의 영어가 정말 유창했다. "아니 일본인이 이런 발음을......" 알고 보니 영국에서 고등학교를 나왔고, 외교관이셨던 아버지 덕택에 자신은 '럭키' lucky 한 일본인이라고 소개를 한다.

난즈세이효를 보기 전에 국장은 '페리로드' ペリーロード 로 데려갔다. 아침 산책 때 빠뜨린 방향이었다. 길 이름이 영어였다. 짐작이 맞았다. 시모다항은 1854년에 미국 배가 처음 닿은 곳이었는데, 그때 페리 ペリー 제독이 흑선 黒船 을 타고 왔고, 2년 뒤에는 초대 총영사인 해리스 ハリス 가 부임하는 등 시모다는 일본개국과 관련된 역사적인 항구였다. 그때 상황을 기념하기 위해 언제부터인가 '쿠로부네축제' 黒船祭 가 시작되었고 올해가 벌써 68회째라 한다. 2007년에는 5월 18~20일에 개최되었다 축제기간 중에는 미해군 군악대가 퍼레이드도 하고 '쿠로부네덴샤' 黒船電車 라는 특급열차 도쿄와 시모다를 직접 연결한다도 등장하는 등 재미난 일이 많이 벌어진다고 한다.

2007년 쿠로부네축제(黒船祭) 포스터

페리로드는 바다와 접한 시모다공원에서 개국박물관까지 약 700 미터 정도 되는 좁은 개울 平滑川 길이다. 미리 본 시모다와는 달리 고풍스런 느낌이었다. 유난히 연한 그린색의 집들이 많이 보였다. 난즈세이효와 같은 재료라는 것을 금방 알아차렸다. 이즈이시 벽체의 무늬가 묘하고 아름다웠다. 국장이 지진 얘길 꺼냈다. 1854년 11월에 발생한 지진 安政東海地震 때 일부 가옥을 제외하고는 대부분 파괴되었다고, 그 일로 인해 현존하는 이즈이시와 타마코가베로 된 집들은 지진 이후에 지은 것이라는 얘기였다. 나중에 자료를 찾아보니 아침에 본 여관(宋本旅館)은 지진을 이겨낸 집으로 나와 있었다. 보통 여관이 아니었다

그날 우리를 따라 다녔던 자전거 (뒤에 난즈세이효가 있다) ■■

또 다른 자전거. 작은 시모다에는 자전거가 알맞았다. ■■■

이즈이시로 지은 페리로드의 집들 ■■■

이즈이시의 무늬가 화려하고 아름답다. ■■■■

아침에 간 골목길로 안내를 했다. 1916년에 찍었다는 시모다 사진이 붙어있던 골목길이었다. 사진 바로 옆에 '시찌도우' 라는 이름을 가진 오래된 가게 土藤商店 가 있었다. 1885년 明治20년 에 창업해서 4대째 내려오는 전통술을 파는 역사적인 가게였다. 옛날 술 저장고 酒藏 를 간이박물관처럼 사용하고 있었다. 주인 부부가 난즈세이효지원단을 돕는 알짜배기 후원자란다.

골목길을 떠나면서 벽에 붙어 있는 시모다 사진을 다시 보았다. 그러니까 이 가게에서 붙여 놓았고 또 관리하는 것이었다. 하나부사 국장이 가리키는 부분을 보니 타마코가베들이 눈에 확연히 들어왔다. 1916년에 찍은 사진이니 타마코가베가 오래 전부터 시모다의 건축양식이었음을 증명하는 정말 중요한 사진인 셈이다.

다시 자전거와 길을 걸었다. 국장은 모르는 사람이 없었다. 마침 문을 열기 시작한 가게 사람들과 밝게 인사를 계속했다. 재밌는 가게를 만났다. 생선들을 말려 파는 가게였다. 절여 말린 생선을 '히모노' 干物 라고 하는데, '天日干しの干物 라는 말을 사용하는 것을 보니 '천일염' 天日鹽 같은 자연산 소금으로 절여 자연광에 말린 생선을 뜻하나 보다. 이곳은 일조량이 많고 바람이 잘 통해 생선 말리기에 최적지라 한다. 기울어진 나무발 위에 누워있는 생선이름들을 물어 봤다. 아지, あじ 산마, さんま 사바, さば 킨메다이, 金目鯛 그리고 오징어도 있었다. 특산품 중의 특산품이라 하는 붉은 '킨메다이' 는 도미를 닮았는데 몸통은 더 작고 눈은 컸다. 아침에 먹었던 생선은 '아지' 였다.

드디어 난즈세이효의 문이 열렸다. 첫발을 디딘 곳은 '기계실' 이었다. 장방형으로 길쭉하게 생겼고 암모니아를 이용하여 바닷물을 냉각시키던 거대한 컴프레서 compressure 가 남아있었다. 원래 컴프레서가 놓여있던 직사각형의 기단 약 50cm 쯤 위로 솟아있는 콘크리트였다 은 관람석으로 변해있었다.

오랫동안 비워 둔 곳인데도 오랜 세월을 견뎌 온 '이즈이시' 로 쌓은 내벽 때문인지 분위기가 온화했다. 입구 우측에 2층으로 올라가는 계단이 있었다. 2층으로 올라가다 중간 참이 옆방으로 연결되어 있었다. 궁금해서 문을 열어보자니 국장이 기대하고 조금 기다리란다. 뭔가 대단한 게 있나보다. 2층은 사방이 모두 비늘창이었다. 더위가 기승을 부릴 때에도 사방에서 불러 들어오는 바닷바람 때문에 늘 냉장고 같은 곳이라고 한다. 아마 이곳을 통해 들어오는 시원한 바람이 제빙공장 전체를 환기시키며 온도 조절

시찌도우 가게(土藤商店)의 역사적 증표들

사진 속에 타마코가베들이 곳곳에 보였다.

시모다에서는 길을 걷다가도 생선을 말리는 정경을 볼 수 있다.

배를 깔고 누운 강아지가 생선을 지키나 보다.

특산품인 킨메다이

을 했던 것 같았다. 궁금한 1.5층의 옆방으로 내려갔다. 옆방은 왜 바닥에서 0.5층 정도 솟아 있을까? 해답이 금방 풀렸다.

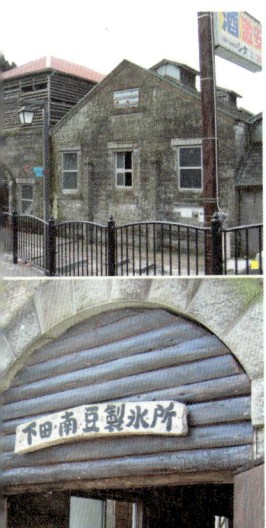

옆방은 '제빙실'이었다. 기계실에서 불어 넣는 냉기를 이용해서 얼음을 만드는 곳이다. 격자형 나무구조로 된 제빙틀이 바닥에 가득 차 있다. 이 제빙틀 때문에 제빙실이 지상으로 0.5층 올라와 있었던 것이다. 얼음을 얼리는 구멍이 200여개는 되는 듯하다. 위에서 관찰할 수 있도록 간이데크를 설치해 놓았다. 위에서 아래로 내려다보니 얼음구멍 속으로 빠져들어 가는 것 같아 시원함 보다는 등골이 먼저 오싹했다. 하나부사 국장이 "1개에 100kg가 넘는 얼음을 어떻게 이동했을까요?"하고 물었다. 바닷가에서 자란지라 어릴 때 기억을 더듬어 큰 얼음을 옮길 때 사용했던 'J'자 모양의 갈고리를 떠 올렸다. 당연히 아니었다. 국장이 천정에 달린 주홍색의 이동용 크레인을 가리켰다. 양쪽 벽에 고정한 지지대를 따라 크레인이 이동하며 얼음을 저장고로 이동했다고 한다. '바닷물 얼음!' 뭔가 머리 속을 빤짝거리며 지나갔다. 잘만하면 뭐가 될 듯하다.

또 다른 옆방 한창때 얼음이 부족했던지 제빙실을 증축했다. 그런데 외벽이 이즈이시를 사용하지 않아 난즈세이효를 소개하는 각종 자료에는 빠져있다 에도 제빙틀이 있었다. 그런데 위를 나무널판으로 덮어놓았다. 한쪽에 가져다 놓은 동그란 나무의자들을 보니 이곳은 세미나도 하고 회의도 하는 다용도실쯤으로 사용하나 보다.

이게 전부인 것 같아 열심히 사진을 찍고 있으려니, 국장이 어디선가에서 안전모 2개를 가져왔다. 놀랄 준비를 하라고 한다. "또 있구나, 저장고를 확인 못했구나". 잔뜩 기대를 했다. 기계실 뒤쪽으로 가니 쪽문이 나왔다. 불을 켜니 마치 감옥의 복도와 같은 으스스한 통로가 나타났다. 크고 작은 저장고가 6개이고 양쪽으로 3개씩 배치되어 있었다. 끝 부분에 있는 반대 편 철문 틈으로 불빛이 새어 들어왔다. 국장이 문을 여니 밝은 햇살

난즈세이효의 전면부 ■
난즈세이효의 문이 열렸다. ■■
기계실의 주인공인 컴프레셔와 관람석으로 변한 기단 ■■■
기계실 상부인 2층은 유일하게 목조구조다. ■■■■
제빙실에 얼음을 만들던 나무로 된 제빙틀이 가득하다. ■■■■■
크레인이 움직이며 얼음을 나르던 장면을 보는 듯하다. ■■■■■■
증축한 제빙실은 다용도실로 사용하고 있었다. ■■■■■■■

난즈세이효의 공간 구성

이 눈이 부셨다. 난즈세이효의 뒷문인 셈이다. 낡아 부스러지고 색이 바란 철문이 난즈세이효가 보내온 세월의 무게를 느끼게 했다.

저장고를 한 곳 한 곳 들어가 보았다. 방마다 크기가 달랐다. 통로를 중심으로 마주보는 방의 크기는 같다. 냉기를 잃지 않으려 벽체를 꽤나 두껍게 만들었다. 방 한곳에는 폐업 후부터 난즈세이효의 각종 부산물들을 종류별로 모아놓았다. 돌, 흙, 쇠, 나무, 기타 등으로 구분을 했다. 복원공사를 할 때 사용할 모양이다. 지혜롭고 철저하다. 중요치 않다고 몇 번이나 버리고도 남았을 부산물이다. 한쪽 구석에 길쭉한 직육각형의 녹슨 철판으로 된 박스들이 모여 있었다. 이게 뭘까? 얼음박스였다. 제빙틀 전체에 바닷물을 끌어 들인 후, 제빙틀의 작은 격자 속에 이 얼음박스들을 끼워 얼렸던 것이다.

다른 방 한 곳은 천정과 내벽이 부분적으로 무너져있어 들어갈 수가 없었다. 매우 위험한 상태였다. 2007년 1월에 붕괴되었다고 한다 또 어떤 방에는 지지대를 설치해 놓았다. 기계실과 저장고의 천정 붕괴를 예비하기 위해 올해 2월에 설치한 것이라 한다. 지금은 위험한 상태이지만 장차 6개의 방들을 복원하여 특색있는 전시장들로 사용할 거라며 하나부사 국장은 시민들의 꿈을 대변한다. '얼음 전시장!' 이것도 뭔가 될 것 같은 기분이 들었다.

 난즈세이효를 빠져 나오려다 재밌는 것을 발견했다. '南豆製氷' 이라고 적힌 녹슬고 부식된 철판을 구석에서 몇 개 발견했다. 난즈세이효의 진짜배기 현판이었다. 끄집어내어 세워놓고 사진을 찍고 있자니 하나부사 국장이 싱긋이 웃었다. 건물 바깥에 난즈세이효를 지키기 위해 시민들이 그동안 했던 일들을 스크랩한 패널이 붙어 있었다. 얼마 전 2007년 3월 16일 에 발표된 난즈세이효를 등록문화재를 지정한다는 기사도 재빠르게 붙어있었다. 부실한 패널이었지만 이들의 염원과 사랑이 담겨있는 듯했다. 땅 크기는 279평이고 연면적은 225평에 불과한 이 얼음공장을 이들은 왜 이리도 열심히 지키려 하는지 그 이유를 이제는 어렴풋이 알 것 같았다.

갑자기 넓고 크게 느껴보고 싶었다. 난즈세이효가 잘 보이는 강 稲生澤川/바다와 맞닿아 있고 강 쪽의 폭은 약 5m 정도에 불과하다 건너편 다리 '人魚橋'라 부른다 로 갔다. 난즈세이효는 바다와 강, 그리고 도시가 만나는 접점에 자리를 잡고 있었다. 제빙공장 자리로는 '명당' 이었다. 80여 년 전에는 '항구 활동' 에 꼭 필요했던 '얼음' 을 만들던 이곳이 이제는 '도시 활동' 에 반드시 필요한 '역사' 를 만드는 곳으로 발전해 가고 있었다.

뒷문 틈으로 들어오는 햇살이 세월의 무게를 느끼게 한다.
뒷문도 열렸다. 두툼한 문이 얼음을 지킬 자격이 있어 보인다.
저장고 한쪽에 모여 있던 얼음박스
복원공사에 사용할 재료들을 가지런히 모아 두었다.
2007년 1월에 붕괴된 저장고
내벽이 휘어 무너지기 직전이다.
난즈세이효를 알리던 녹 슬은 현판
난즈세이효의 주름살
시민활동을 알리는 패널(난즈세이효 바로 앞에 서 있다)
안전모를 쓴 하나부사 국장이 난즈세이효와 함께 했다.
바다, 강, 그리고 도시가 만나는 접점에 자리를 잡았다.

골목길이 아름다운 고향 같은 항구, 오노미찌(尾道)

1999년 2월. 오카야마 岡山 를 거쳐 쿠라시키 倉敷 의 미관지구 美觀地區 를 찾아갈 때 '산요우혼센' 山陽本線/고베역(神戶驛)에서 세토연안지역을 따라 키타큐슈의 모지항역(門司港驛)까지 연결하는 기찻길이다 을 탔었다. 오카야마까지 최신형 신칸센을 타고 왔었기에 마치 시골기차 같았던 산요우혼센은 아직까지 내 기억 속에 생생하다.

그 기차를 10여년 만에 다시 탔다. 오늘은 '오노미찌' 尾道 를 찾아 가는 길이다. 감회가 새로웠다. 매번 새로운 곳을 찾아가지만, 이처럼 전에 왔던 체험을 다시 할 정도가 된 걸보니 나의 일본여행도 제법 시간이 흘렀나 보다.

'오노미찌' 가 시 市 로 지정된 것이 1898년 明治31年 의 일이니 일본에서도 꽤나 유서 깊은 항구도시다. 신칸센의 기착지인 후쿠시마 福山 에서 오노미찌 까지는 불과 세 정거장. 1999년에 혼슈와 시코쿠를 연결하는 시마나미 しまなみ 라는 바닷길 6개의 섬을 7개의 다리로 연결했다. 약 60km 떨어진 혼슈의 오노미찌(尾道)와 시코쿠의 이마바리(今治)를 연결했다 이 열리면서 오노미찌로 오는 방법이 다양해 졌지만, 오노미찌역 尾道驛 은 여전히 붐볐다. 오노미찌는 섬이 많아 아름답기로 유명한 세토 瀨戶/우리나라의 다도해 같은 곳이다 의 안쪽 중앙에 위치하고 있다. 오노미찌역은 다시 그 중심에 있고 바다와 바로 접해있다. 불과 30~40m 정도 떨어져 있다

기차가 오노미찌에 들어 온지 한참이 지났다. 도시가 제법 크게 느껴졌다. 어둠이 내린 오노미찌역에는 봄비가 내리고 있었다. 바다를 직접 볼 수 있다는 광고문구 때문에 혹해서 예약해 둔 호텔 Green Hill Hotel 이 역과 오버브릿지 over bridge 로 연결되어 있다. 비오는 날 여행객에겐 금상첨화다.

오노미찌(尾道)는 시마나미(しまなみ) 바닷길의 시작점이다.
한밤중에도 페리는 움직인다(驛前渡船)

깜깜한 바다 너머에 환하게 불 밝힌 조선소들이 보였다. 멀리 오노미찌대교 尾道大橋 근처에 큼지막하게 'HITACHI ZOSEN' 日立造船 이라고 써 놓았다. 조선소들이 있는 맞은편 섬 向島/무카이시마 이 무척 가깝게 느껴졌다. 내 눈앞에 가로 방향으로 펼쳐져 있는 이 바다가 '오노미찌스이도우' 尾道水道 다. 육지와 섬 사이에 껴 있어서 그런지 바다의 밤풍경이 호수같이 조용했다. 호수 같은 수면 위를 크고 작은 배들이 물 흐르는 듯 달린다. 그런데 대부분의 배들이 바다를 가로방향으로 지나가는 것이 아니라 세로방향 육지와 섬 사이 으로 반복해서 움직였다. 새벽부터 밤중까지 사람들을 실어 나르는 '페리' 驛前渡船, 福本渡船, 尾道渡船, しまなみフェリー 등 4가지 종류의 페리들이 다닌다 들이었다.

자동차들이 주로 다니는 오노미찌대교를 제외하고는 육지와 섬 사이에 다리가 없었다. 지나는 큰 배들 때문에 낮은 보행 다리를 설치하지 못한 것 같았다. 자연조건 수면과 육지의 높이 차이가 너무 낮다 때문에 어쩔 수 없는 일이라지만 운 좋게도 '오노미찌다움'을 느낄 수 있는 가장 중요한 이유가 되어 버렸다.

허기진 배를 채우기 위해 역 앞으로 나갔다. 8시가 조금 지났는데도 술집 몇 곳을 제외하고는 모두 파장 분위기였다. 오노미찌만의 저녁을 먹고 싶어 이러 저리 둘러 다녔다. 눈에 들어오는 건 라면집들뿐. 모두 다 빨간색 천에 하얀색 글씨로 적은 '尾道ラーメン' 오노미찌라멘 이었다. 역에서 제일 가까운 집으로 들어갔다. 순간 실수했다는 생각을 했다. 라면만 파는 것이 아니라 각종 음식을 파는 허름한 종합식당이었다. 아줌마와 눈이 마주친 순간 모든 걸 포기하고 앉아 버렸다. '500엔' 짜리 '보통 오노미찌라면'을 시켰다. 카운터 쪽에 할아버지 한분이 나처럼 라면과 작은 병술을 마시고 있었다. 퇴근하며 들러 요기를 하나보다. 하루의 피곤을 풀고 있는 지친 할아버지의 뒷모습이 왠지 처량해 보였다.

드디어 라면이 나왔다. 널찍하고 얇게 썬 돼지고기 한 점, 파, 죽순. 일본 라면 치고는 심플했다. 가격이 500엔이니 그렇겠지 하고 먹기 시작했다. 그런데 보통 일본라면과 맛과 달리 느끼하지 않고, 오히려 우리 라면 맛에 가까웠다. '깔끔'. 내가 아는 일본음식 목록에 오늘 만난 오노미찌라면을 새로이 입력시켰다.

라면으로 요기를 하는 할아버지의 뒷모습이 내 마음을 무겁게 했다.

깔끔하고 단순한 오노미찌라면 (500엔이다)

알고 보니 오노미찌라면이 지역의 특산품이었다.

옅은 구름 덕분에 새벽 바닷길이 황금색으로 빛났다.

다음날, 해뜨기 전에 길을 나섰다. 최근 행정구역을 통합한 세 섬 무카이시마(向島), 인노시마(因島), 세토다(瀨戶田)을 포함하면 284.85km²나 되는 큰 도시지만, 오직 내 관심은 바다를 끼고 있는 길쭉한 시가지뿐이다. '바닷길', '시내 골목길', '경사길' 등 세 군데로 나누어 보기로 했다.

먼저 '바닷길'. 예부터 오노미찌는 쌀과 은의 집산지였다. 에도시대에는 '키타마에부네' 北前船/에도시대 중기부터 메이지시대 까지 오사카(大坂)를 기점으로 홋카이도의 에조찌(蝦夷地)까지 다니던 무역선이다. 북쪽의 목재와 어업물과 남쪽의 소금, 철, 면, 설탕 등 상업적 교류를 돕던 배다 와 명나라를 오가던 무역선들이 기항하던 거점 무역항이었다. 그러다 보니 배가 닿던 흔적들이 곳곳에 남아있고, 그 자리가 대부분 지금도 사용 중인 도선장 자리다.

호텔 바로 앞에 있는 도선장 驛前渡船 의 페리가 제일 작고 날렵했다. 차는 실지 못하지만 속도는 제일 빨랐다. 뭐가 그리 급한지 사진을 찍을 수 없을 정도로 왔다 갔다 했다. 도선장 바로 앞에 정차해 있는 수 백 대의 자전거들이 페리의 필요성을 설명하고 있었다. 섬지역에 사는 학생들의 자전거인 듯했다

자갈치시장과 영도를 오가는 페리
(영도도선장)

부산의 남항에도 비슷한 페리가 다닌다. 자갈치시장과 영도를 오가는 사람만 탈 수 있는 페리다. 진짜 페리는 아니지만, 운 좋은 날이면 자갈치시장을 오가는 어선들과 영도대교를 아름답게 볼 수도 있고 신선한 바닷내음을 맡을 수 있기에 카메라를 들고 광복동에 가는 날이면 가끔씩 페리를 찾는다. 내가 늘 생각하는 '부산표 관광상품 1호' 다.

10분쯤 바닷길을 걷자니 멀리 '후쿠모토도선장' 福本渡船 이 보였다. 입을 벌린 큰 복어처럼 생긴 페리가 들어오고 있었다. 급한 마음에 뛰었다. 아직 이른 시간이라 자동차 한 대와 자전거를 탄 여자 한사람이 승객의 전부였다. 얼떨결에 나도 배에 올라탔다. 돈을 받는 사람이 없었다. 공짜인가? 아닐 텐데.

이른 아침의 바닷바람이 상쾌했다. 운행거리가 대강 150m 정도. 5분쯤 지나니 내리라 한다. 어떻게 해야 하나. 앞서 내리는 차와 자전거의 눈치를 살폈다. 완장을 찬 아저씨가 돈을 받고 있었다. 나는 100엔이었다. 반대편 섬에 내린 것이다. 갑자기 "여기서 내가 뭘 하지?" 하는 생각이 떠오르자마자 백 미터 달리기를 하듯 출발하는 배에 급히 다시 탔다. 난리가 났다. 돈 받는 아저씨가 소리를 지르며 뛰어 왔다. 아저씨가 100엔을 더 내란다. "아~ 돈 받는 곳이 한 곳뿐이구나". 스미마셍!

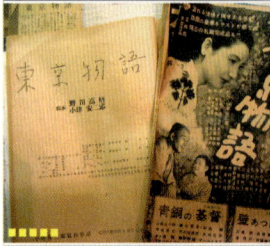

오노미찌역과 무카이시마를 오가는 페리(驛前渡船)

자동차 한 대와 자전거탄 여자 한사람, 그리고 나. 달랑 세 사람이 손님의 전부였다.

푸른 오노미찌의 바닷길이 시원하고 아름다웠다.

페리에서 바라본 센코지야마(天光寺山)와 바닷길

영화자료관에 소장되어 있는 영화 '東京物語' 의 각본

바닷길 너머 산록에 펼쳐져 있는 오노미찌가 제대로 보였다. 눈앞에 '센코지야마' 天光寺山 가 서있고, '사이코쿠지야마' 西國寺山 와 '죠도지야마' 淨土寺山 는 오른쪽으로 한참 쳐져 있어 카메라에 잘 잡히지 않는다. 센코지야마의 자락에 여러 종류의 건물들이 초록빛 속에 펼쳐져 있고, 그 아래 바닷길에는 제법 높은 건물들이 줄지어 서있다. 이들도 어쩔 수 없었나보다. 어정쩡해 보이는 박스형 건물들이 눈에 거슬렸다. 그나마 산중턱에 높은 아파트들이 보이질 않아 위로를 받는다.

이번에도 제일 뒤에 내렸다. 텅 빈 페리를 찍고 싶었다. 햇빛이 역광으로 비치지만 순간이 아까워 그냥 셔터를 눌렀다. 내리고 보니 반대편 도선장 주변에 영화로케지가 있다는 표지판이 눈에 들어왔다. 미리 알아 둔 자료에 의하면 오노미찌는 1950년대부터 항구도시를 배경으로 하는 영화로케지로 유명하다. 이 유명세의 시작은 1953년에 발표된 '오즈 야스로' 小津安二郎 감독의 '東京物語' 라는 영화였다. 오노미찌에 사는 노부부의 도쿄방문기다 내가 서있는 후쿠모토도선장의 바로 옆에 있는 '쥬오산바시' 中央楼橋/항구에서 가장 큰 여객부두이다 는 그때 영화의 배경이 되면서 유명세를 탔다고 한다.

이후 1980년대에 오노미찌를 배경으로 한 세 편의 영화 轉校生(1982), 時をかけゐ少女(1983), さびしんぼう(1985) 와 1990년대에 영화 세 편 ふたり(1991), あした(1995), あの.夏の日(1999) 이 연이어 발표되면서 오노미찌는 영화로케지로 유명세를 타게 되었다. 1980년대의 작품들은 '尾道三部作' 오노미찌 삼부작 이라고 하고 1990년대의 것은 '新·尾道三部作' 신·오노미찌 삼부작 이라고 한다. 재밌는 것은 6편 영화 모두 '오바야시 노부히코' 大林宣彦 라는 감독 작품이라는 것이다. 이런 이유들 때문에 바닷길에 만들어 놓은 '영화자료관' おのみち映畵資料館/메이지시대에 건립된 창고를 리모델링하였다 이 제법 근사하고 알찼다.

재밌는 장소를 한 곳 발견했다. 후쿠모토도선장 근처, 배 닿는 제방 위에 공원에 있을 법한 나무 의자 두 개가 있었다. 의자에 적힌 내용을 보니 영화 あの.夏の日 를 찍었던 자리다. 어떤 아이스크림 가게에서 의자 두 개를 내어 놓고 훌륭한 마케팅을 했다. 그리고 보니 우리 항구와 다른 점들이 있었다. 주

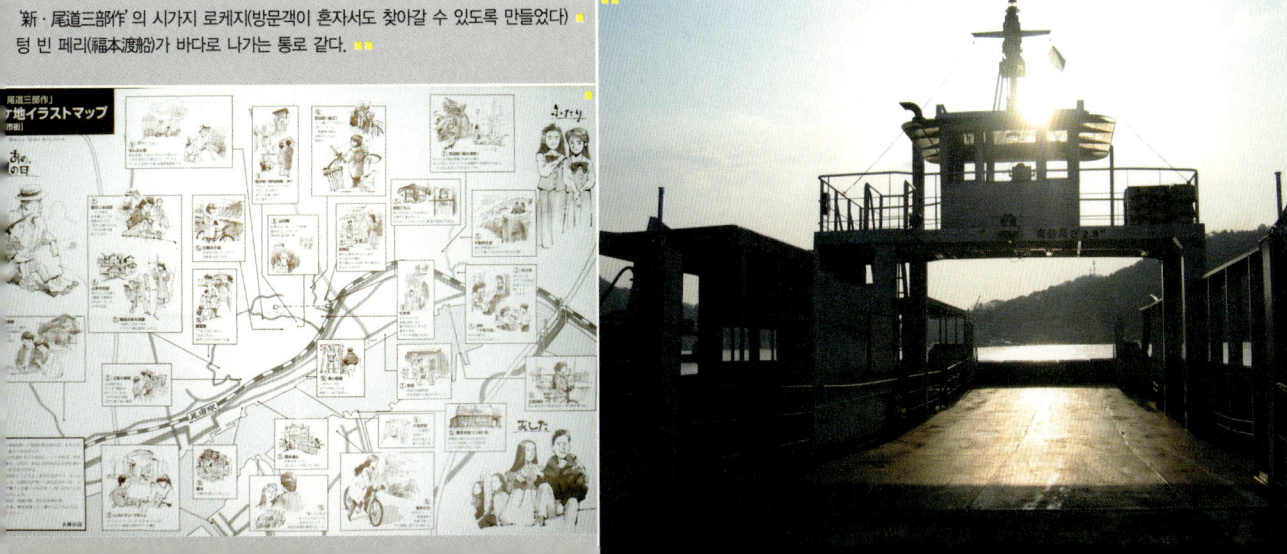

'新·尾道三部作' 의 시가지 로케지(방문객이 혼자서도 찾아갈 수 있도록 만들었다)
텅 빈 페리(福本渡船)가 바다로 나가는 통로 같다.

변 해안 쪽 제방이 특이했다. 바다에서 1m 정도 이격한 후 위로 1m 정도 솟아있었다. 분명 안전을 위한 것인데. 해안 분위기를 삭막하게 만드는 이걸 왜 만들었을까? 한참을 고민하다 겨우 답을 찾았다. 정답은 '해일'이었다. 태풍이나 지진 시에 넘칠 파도를 막기 위한 고육지책이었다. 하나를 해결하니 또 하나가 금방 눈에 들어왔다. 배를 정박시켜 놓는 시스템이 우리와 달랐다. 제방에서 꽤 떨어진 지점에 배를 정박시키고 있었다. 어구 漁具 를 정리하거나 어업행위와 관련된 것 같은데 이건 아무리 궁리를 해도 모르겠다. 숙제로 남겼다.

다음은 '시내 골목길'. 어제 밤에 구한 지도를 보니 전철을 따라 휘어 있는 중심도로와 바닷길 사이에 30개의 골목길이 표시되어 있었다. 골목길마다 번호가 매겨져 있다 이시타다미쇼지, 石畳小路 사이쿄죠쇼지, 西京町小路 유쿠시도쇼지, 藥師堂通リ 단카쇼지, 丹化小路 오가와쇼지 小川小路 등등. 길의 구조가 재미났다. 바다를 따라 가로 동서방향 로 뻗은 세 갈래의 큰길 사이 가운데 중앙상점가는 지붕을 덮었다 를 골목길들이 빈틈없이 세로 남북방향 로 연결시키고 있었다. 지도에서는 16개 골목길에서 직접 바다를 볼 수 있을 것 같았다. 좁은 골목길 사이로 툭 터져 있을 바다를 상상만 해도 기분이 좋아졌다.

중앙상점가에서 바다 쪽을 바라보며 골목길을 하나하나 확인했다. 그런데 보일 줄 알았던 바다가 하나도 보이질 않았다. 바닷길에 한 켜의 건물들이 가로막고 있는 것을 계산에서 뺐기 때문이었다. 딱 한곳! '이시타다미쇼지' 石畳小路 에서만 바다가 보였다. 아쉽지만 어쩌랴. 건물들이 가로 막고 있는 것을. 나는 부산의 광남로 해운대로 가는 수영로 뒷길이다 를 지날

- 영화(あの.夏の日) 로케 장소의 지혜로운 마케팅 ■
- 해일을 막기 위한 제방 : 제방이 장소마케팅을 했다. ■■■
- 멀찍이 떨어져 정박해 있는 모습이 특이하다. ■■■
- '오노미찌도선장' (尾道渡船)에서 또 다른 페리가 손님을 맞고 있다. ■■■■
- 바다가 보이는 이시타다미쇼지(石畳小路) ■■
- 재밌는 오노미찌의 시가지도(설명문을 지우고 다시 만들었다) ■■■■■
- 좁고 좁은 골목길 풍경 ■■■■

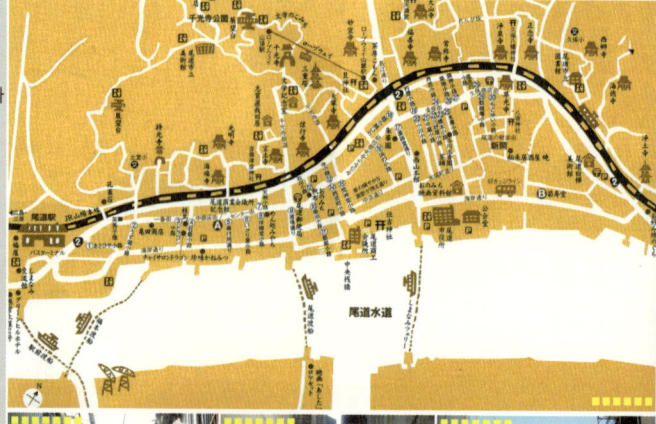

보기에도 즐거운 오노미찌의 포스터들

때 면 꼭 바다를 확인하는 습관이 있다. 광남로에서 바다 쪽으로 고개를 돌리면 광안리 앞바다와 광안대교가 보이는 짧은 골목길들 때문이다. 사실 나는 이 때문에 엄청난 기대를 했었다. 두 도시의 스케일 尺度 과 길의 구조가 다르다는 것을 착각한 내 실수였다. 일본의 여느 도시들처럼 오노미찌도 4월 말에 큰 축제가 있나보다. 골목길 곳곳에 만화로 그린 재미난 포스터가 붙어 있었다. 이상무화백의 만화 주인공들과 조금 닮아 보여 무척 친근해 보였다 근사한 포스터 한 장을 자판기 옆에서 발견했다. 'I Love おのみち'. 제대로 만든 포스터 한 장이 지나는 사람의 마음을 이렇게 풍요롭게 할 줄이야. 정보 전달은 기본이고 도시관리의 철학까지 담겨있는 듯했다. 이 정도의 포스터는 어디에 붙어 있어도 용서할 수 있을 것 같았다.

마지막 코스는 '경사길' 이다. 경사길은 여러 갈래로 넓게 퍼져 있어 막막했다. 어디를 어떻게 보아야 하나. 케이블카를 타고 '센코지전망대' 天光寺展望臺 까지 올라가서 내려다볼까? 다행스럽게도 관광지도에 재밌는 길이 세 개가 있었다. 아마 나 같이 고민하는 사람들을 위해 정해놓은 것 같았다. 첫째는 지코지 特光寺 에서 조도지 淨土寺 사이의 25개 사찰을 연결하는 '역사적사찰산책길', 古寺めぐりコース/Historic Temple Walk 두 번째는 '오노미찌문학관산책길' おのみち文學のめぐりコース/Onomichi Museum of Literature Walk 이고 세 번째는 '문학의길' 文學のこみち/Path of Literature 이다. 둘째 길과 셋째 길은 테마가 비슷하고 부분적으로 중첩되고 연결되어 있었다. 일단 동서방향으로 길게 가로지르고 있는 역사사찰산책길 총 길이가 3.5km정도다 을 따라 가기로 했다.

산책길로 올라가려면 철길을 건너야 했다. 철길 너머로 펼쳐진 경사지주택들과 자연이 어우러진 원경이 특이했다. 한 채 한 채는 별 가치가 없어 보이지만 모여있는 모습이 또 다른 매력을 풍겼다. 이 지역의 경치는 예로부터 이름이 높은데, 2007년 '고도보존법 古都保存法 40주년 기념사업' 으로 시행한

오노미찌 시가지도(빨간색 선이 역사사찰산책길이다)
철길, 건널목, 자전거, 자연 등 시간이 마치 정지되어 있는 것 같았다.

'일본의 아름다운 역사적 풍토 100선' 美しい日本の歴史的風土100選 에 선정되었다고 한다. '역사적 풍토' 라 함은 문화적 자산이 자연환경과 일체를 이루고 있는 지역을 의미한다 철길 건널목에 섰다. 지금 이 순간 내 앞에 있는 철길, 건널목, 자전거 탄 사람들 등 이 모든 것들이 수 십 년 전부터 이어져 온 그 모습 그대로 일 것이다. 배경으로 펼쳐져 있는 경사지의 집들과 자연 또한 변함없는 모습일 것이다.

'역사적사찰산책길' 의 바닥은 납작한 돌포장길 石量/정확치는 않지만 사고석 포장쯤 될 것 같다 이다. 이 길은 관광목적으로 특별히 조성한 길이 아니라 바다 尾道水道 가 잘 보이는 원래 있던 길을 연결해 놓은 길이다. 첫 고비는 가파른 학교 土堂小學校 담을 따라 지코지 特光寺 에 이르는 계단길 이었다. 지코지를 지나 코묘지 光明寺 로 가는 길은 직선으로 뻗어 있는 좁은 골목길이었다. 코묘지에서는 바다가 시원스레 내려다보였다. 떨어지고 있는 벚꽃잎들이 운치를 더했다.

돌포장길을 따라 한참을 가니 센코지 千光寺 주변의 길들이 나타났다. '센코지신자카' 千光寺新道 와 '센코지자카' 千光寺道 가 수직으로 가파르게 뻗어 있었다. 센코지신자카의 중간쯤에 일본 근대문학사에 큰 족적을 남긴 '시가 나오야' 志賀直哉 가 살던 집이 있다. 그의 출세작인 대하소설 '안야코우로' 暗夜行路 에서 센코지에서 바라 본 오노미찌의 바다 尾道水道 를 묘사하면서 시가 나오야는 오노미찌와 뗄 수 없는 관계를 맺게 된다. 또 일본의 현대시인 중 일인자로 손꼽히는 '나까무라 켄키찌' 中村憲吉 가 살던 집도 위쪽 경사지에 있다. 병으로 사망하기 1년 전에 오노미찌에 이주(1932년)하여 마지막 생을 보냈다 오노미찌의 문인얘길 하면 빠지지 않는 한사람이 또 있다. '하야시 후미코'. 林芙美子 1930년에 발표한 소설 '호로우키' 放浪記 를 통해 일본 근대문학사를 풍미했던 여류소설가이다.

오노미찌를 소개하는 여러 자료들을 보면 이들의 이름이 항상 등장한다. 왜일까? 이들의 공통점은 무엇일까? 유명한 문인이라는 점도 있지만, 그들 모두 오노미찌의 앞바다를 내려다보면서 상상력과 예술적 감각을 다듬고 키웠다는 공통점을 가진다. 내가 살았던 고향 '통영' 그 당시는 이름이 충무였다 은 유치환, 유치진, 박경리, 김상옥, 윤이상, 전혁림 등 수많은 예술가들을 배출한 도시다. 통영의 자연과 생활환경이 오노미찌와 상당히 닮았다. 분명 항구도시는 예술가로서의 감성을 키워나갈 수 있는 '뭔가' 가 있나보다.

센코지신자카를 지나 센코지자카 千光寺道 로 나왔다. 이 길에서는 꼭 만나고 싶은 '것' 이 있어 마음이 설레었다. 그것은 바로 '도빙' ドビン 이라는 일본의 토종견. 내가 도빙에

계단길의 벚꽃잎들이 줄을 맞추어 흩어져 있다.

센코지신자카(千光寺新道)에서 바라본 바다

비온 다음날 센코지신자카(千光寺新道)의 풍경

'시가 나오야'(志賀直哉)의 집으로 가는 길에서 만난 골목길 풍경

길에 붙어 있는 '도빙' 의 사진 (블로그 안내문이다)

내 발에 얼굴을 비비며 한참을 놀았던 고양이

관심을 가지게 된 것은 오노미찌에 대해 공부(?)를 하던 중 우연히 도빙이 오노미찌의 안내견이라는 기록을 보면서였다. 어떤 자료에는 표지에도 등장을 했다. 과연 도빙이라는 개가 있을까? 계단길을 오르락내리락하며 찾았다. '없었다'. 벽 곳곳에 도빙의 사진은 붙어 있는데 도빙은 보이질 않았다. 딴 곳으로 옮겼나?, 아니면 하늘나라로 갔나? 별의별 생각이 다 들었다.

오노미찌에 대한 자료들을 보면 도빙 말고도 고양이들이 단체로 등장을 한다. 오늘 나도 길을 걸으면서 여러 마리의 고양이들을 만났다. 전부 순둥이들이었다. 오라고 하면 오고, 어떤 놈은 처음 만난 내 앞에서 강아지처럼 배를 뒤집고 누워 얼굴을 내 발에 비비기도 했다. 앙칼진 고양이의 모습은 온데간데 없었다.

센코지전망대(天光寺展望臺)에서 바라 본 바다

비슷한 길이 계속 나오니 조금 지겨워졌다. 끝에 있는 사이고지 西鄕寺 가 시야에 들어올 때쯤 지쳐 결국 오던 길을 다시 되돌아가기로 했다. 돌아오는 길에 만난 '오노미찌 교회'. 일본에서 흔치 않은 교회가 사찰이 25개나 연결되어 있는 이 길에 함께 있다니. 종교에 자유가 있다는 얘기가 여기서도 통하고 있었다. 감사했다.

편도 280엔 왕복은 440엔이다 을 주고 봄나들이를 온 사람들과 함께 센코지전망대 天光寺展望臺 를 향해 올라갔다. 태풍이나 강한 바닷바람이 자주 찾아 올 것 같은데 70년 동안이나 용케도 아무 사고 없이 잘 버텨왔다. 역시 훌륭한 선택이었다. 오노미찌의 앞바다가 시원스레 내려다보였다. 바로 앞을 막고 있는 섬 때문에 앞바다가 마치 큰 강의 하류 같았다. 섬들이 이중 삼중으로 파도를 막고 있는 오노미찌는 어업과 무역업, 그리고 조선업이 발달할 수 있는 천혜의 조건을 가지고 있었다.

내려갈 때는 걷기로 했다. 덕택에 센코지 千光寺 를 제대로 보았다. 25개나 되는 절 중에서 센코지를 최고로 치는 이유를 발견했다. 경치가 실로 대단했다. 경사지를 따라 모여 있는 지붕들이 바다처럼 펼쳐져 있었다. 일본인들의 종교에는 관심이 없으니 앞에 펼쳐진 풍경들은 모두 내 것이었다.

이리 저리 기웃거리며 내려오다 보니 다시 센코지자카 千光寺道 가 나타났다. 멋진 바다 경치도 이젠 지겹고, 다리도 무겁고 해서 터벅터벅 계단길을 내려오다 숨이 '턱' 하고 막히는 광경을 만났다. '도빙' 이 나타났다. 집 앞에서 배를 깔고 졸고 있었다. 깨서 짖지 않을까 하는 조바심에 조심스럽게 카메라를 당겼다. 더 이상 당길 수가 없어 용기를 내어 다가갔다. 아무런 기척이 없었다.

인기척을 느꼈는지 갑자기 고개를 들었다가 이내 나에게 통 관심이 없는 표정을 지으며 다시 졸기 시작. 마침 도빙의 집 대문 건너에 작은 의자가 있었다. '도빙을 찍으라고 둔 의자인가?' 10장쯤 찍었는데도 포즈를 바꿔주지 않는다. 기다리다 내가 먼저 지쳐 버렸다.

도빙의 집 바로 옆에 있는 찹쌀떡집 昇福亭/와라비(わらび)라는 특이한 찹쌀떡을 파는 집이다 에 요기도 할 겸 들어갔다. 방송에 출연한 사진까지 붙여 놓은 걸 보니 예사집이 아닌 것 같았다. 메뉴판에서 제일 앞에 있는 것 떡 두 개와 오차를 시켰다. 잘 모를 때는 '기본' 을 시키는 것이 현명한 방법이다 반가운 책자를 발견했다. 내가 도빙을 처음 보았던 그 책자였다. 더 재밌는 것은 표지에 있는 도빙을 빨간색으로 동그라미를 그려놓았다. 옆에 '도빙' 이라고 적어 놓기도 했다. "얘가 도빙이 맞긴 맞구나". 몇 달 동안 그리워(?) 했던 도빙을 만난 것 이상으로 즐거웠다.

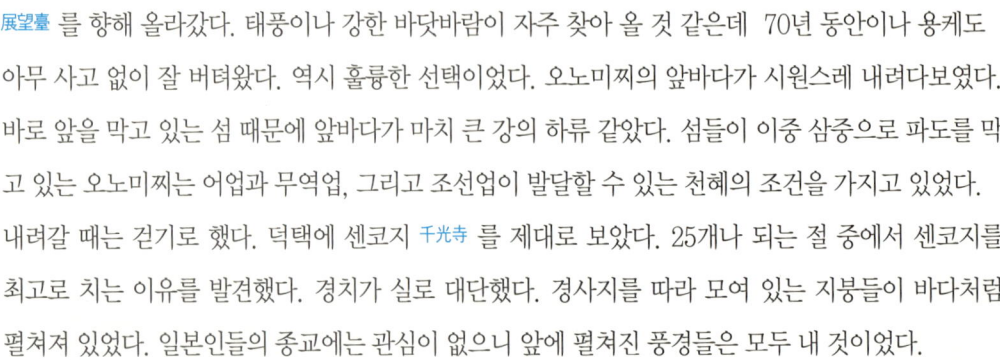

찻집에서 우연히 발견한 도빙
(빨간 동그라미 속이 도빙이다)

'역사적사찰산책길' 에서 만난 오노미 교회

센코지(天光寺)에서 바라 본 오노미찌와 바다 **

배를 깔고 졸고 있던 '도빙'. 고개든 습이 우리 진돗개를 닮았다. ***

하얀 두 개의 찹쌀떡 한 개에 140엔이다 에 생화로 장식까지 했다. 한입 깨무는 순간 시큼한 맛이 전해왔다. 상했나? 오렌지를 닮은 과일이 속에 들어 있었다. 당연히 팥고물이 있으리라 생각했던 나로서는 깜짝 놀랄 만도 했다. '시큼'이 '상큼'으로 변했다. 이렇게 맛있는 찹쌀떡은 처음이었다. 방송에도 나올만한 찹쌀떡이었다. 그냥 떠나기가 아쉽기도 하고 집 생각도 나서 4개를 주문했다. 돌아가려면 며칠 남았지만 돌아갈 날 까지 버텨주기를 기도하며 샀다. 방부제를 사용하지 않아 유통기한이 다음날까지였다

문을 나서며 도빙을 다시 찾았다. 또 보이질 않는다. 어딜 갔나? 열린 대문 안을 기웃거리니 도빙이 현관복도에 엎드리고 있었다. 도빙의 집은 오노미찌에서 찍은 사진을 전시하고 파는 집이었다. 좀 더 같이 있고 싶어 입장료 100엔을 투자하기로 했다. 들어오길 잘했다. 전문작가들이 찍은 오노미찌의 작은 풍경들이 전시되어 있었다. 고양이 사진도 있고 젊은(?) 도빙 사진도 있었다. 2층에서 바다를 볼 수 있다며 주인이 안내를 했다. 지대가 낮아 풍광이 화려하지는 않았지만, 집안에서 바다를 볼 수 있다는 것만으로도 입장료의 몇 곱절은 되돌려 받은 셈이다. 주인으로부터 중요한(?) 정보를 얻었다. 도빙이 자그마치 14살이나 먹은 여견 女犬 이라는 사실.

오노미찌는 옛 모습 그대로를 지키고 조금씩 가꾸어 가는 것이 도시관리의 목표인 듯했다. 찾는 사람들도 그래 보인다. 큰 기대를 가진 사람들 보다는 옛날의 오노미찌를 느끼고 되새기고 싶은 사람들이 대부분 이었다. 모두가 가족이나 연인들이었고 잔잔한 행복이 묻어나는 모습들이었다.

이름 모를 꽃 한 송이가 찹쌀떡의 맛을 더했다.

잊지 못할 맛을 전해준 찹쌀떡집 (집 앞에 놓인 과일의 속이 떡에 들어 있었던 것 같다)

젊은 시절의 귀여운 도빙 (도빙의 집에서 산 사진이다)

오노미찌 경사길의 고양이들 (도빙의 집에서 산 사진이다)

오노미찌의 사람들
- 해일방재용 콘크리트 벽이 놀이터로 변했다.
- 이른 아침, 페리에서 내리는 사람들
- 차를 마시는 연인이 아름답다.
- 열심히 경사길을 뛰어다니던 젊은 우체부아저씨
- 햇살막이용 우산을 쓴 도시락 먹는 모자(母子)

04 街路

길의 종류는 얼마나 될까? 맘만 먹으면 수 십 가지로 구분할 수 있다. 이 책에서 나오는 역사길, 언덕길, 전차길, 공장길은 길 얘기의 아주 작은 부분에 불과하다. 이곳 저곳을 다니면서 우연히 발견한 공통점에 따라 모아 놓은 얘기다.

여행을 본격적으로 시작하면서 걷는 즐거움을 알게 되었다. 걸으면서 그 도시의, 그 동네의 애잔하고 진한 멋스러움을 느낄 수 있었고, 그래서 숨어 있는 속내를 하나씩 찾아내고 발견할 수 있었다. 걸었기 때문에 얻게 된 행운들이다. 이처럼 길은 우리의 모든 것을 대변하는 도시의 공간이자 장소다. 길은 우리 삶 속에 녹아있는 생활의 지혜와 의미 그리고 문화적 향취를 전해주는 가장 좋은 증표인 셈이다.

역사를 만나러 길을 걷는다 4

| 가나자와의 히가시차야가이·가쯔에마찌·부케야시키 | 나가하마의 쿠로카베지구 |

열세 번째 이야기

일본에서의 '역사길'은 중요전통적건조물군보존지구로 지정되어 있는 길로 생각하는 것이 가장 무난한 듯하다. 보존지구는 2005년 까지 67개였는데, 2006년 들어 9개를 추가하여 76개가 되었다. 모두 여덟 가지로 구분하고, 이 중 다섯 가지 宿場の町並, 商家の町並, 茶屋の町並, 社寺を中心とした町並, 武家を中心とした町並 가 역사길과 관련된다. 해마다 그 숫자를 늘려가고 있으니, 언젠가는 100개를 넘어 설 추세이다. 20년이 지나도록 여섯 개 그대로인 우리 전통마을들의 사정을 생각해 보면 안타깝고 부러울 뿐이다.

역사길을 100% 산업유산이라고는 할 수는 없다. 게다가 수 십 개가 넘는 역사길들을 모두 얘기하기도 어렵다. 그래서 근대기의 생활산업 금융업, 요식업, 근린상업 등을 말한다 에 얽힌 두 개의 길에 대한 체험만을 정리하였다.

가나자와의 역사길 창조

방적공장 이야기를 할 때 나왔던 가나자와 얘길 다시 꺼내야 할 것 같다. 가나자와에는 1800년대부터 요식업소들이 길가에 모여 있던 '챠야가이' 茶屋街 세 곳과 무사가옥들이 모여 있는 '부케야시키' 武家屋敷 라는 길이 있는데 특이하게도 모두 물길 주변에 있다.

가나자와에는 도시 곳곳에 물이 흐른다. 비교적 큰 하천인 아사노가와 淺野川 와 사이가와 犀川 가 남북으로 흐르고 그 사이사이마다 작은 물길들이 흐른다. 도시에 습기를 공급하고 방화수로 사용하기 위한 물길들의 존재 이유는 미리 알고 있었지만, 왜 관광거리가 되었는 지는 정말 궁금한 일이었다. 가나자와에는 이런 물길이 55개소나 있다. 역앞에서 지도를 보니 운 좋게도 찾아가려는 '부케야시키'가 역에서 무척 가까워 걷기로 했다. 부케야시키는 가나자와에서 가장 긴 역사를 가진 물길 大野庄用水 /10.2km에 이르며 1592년에 조성되었다 옆에 있다. 우선 무조건 물길을 따라 가보기로 했다. 물길은 '나가마치' 長町 라는 무사들이 살았던 동네를 관통했고, 목표 지점인 부케야시키는 나가마치의 중심부에 있었다. 지도를 들고 있었지만 물길이 꾸불꾸불하고 가끔씩 사라지거나 골목길과 연결되지 않는 곳들

가나자와에는 동네길을 따라 흐르는 이런 물길이 55개나 있다.

이 있어 자칫 길을 잃기가 쉬웠다. 30분이면 해결될 줄 알았는데, 1시간이 훌쩍 지나 버렸다. 물길 옆에서 펼쳐지는 일상적인 아침 정경들을 쫓아 여기저기를 기웃거리다 보니 물길을 자꾸 놓쳤다. 더군다나 보고 있는 지도가 간략해서 사라졌다가 다시 나타나는 꾸불꾸불한 물길을 그대로 따라가는 일이 만만치만은 않았다. 또 30분이 지났을까. 등교하는 어린이들이 보이는 걸 보니 다 온 듯했다. 부케야시키 근처에 초등학교(中央小學校)가 있다

물길을 따라 형성되어 있는 무사집들이 꽤나 일본다웠다. 크게 휘어져 있는 지붕선, 돌과 상록수로 꾸며진 작은 정원들. 특이하게도 이곳의 담들은 모두 '진노란색'이었다. 정갈하게 높이를 맞춘 진노란색 담들이 골목길의 깊은 정취를 더해주었다. 그 담을 따라 물이 흐르기도 하고 사람이 다니기도 했다.

바닥에 지름이 5cm 정도 되어 보이는 동그란 쇠붙이들이 박혀 있다. 눈을 녹이는 뜨거운 물이 나오는 구멍이라 한다. 그리고 보니 바닥에 온통 쇠붙이들이 줄을 서있다. 물길, 노란색담, 연이어져 있는 지붕선, 줄서 있는 쇠붙이까지 모두가 하나로 뭉쳐 있다. 무사들이 살았던 주택가의 골목길이 이제는 가나자와의 '명물 역사길'로 변해 버렸다. 그런데 정말로 날 놀라게 한 것은 이곳이 국가에서 관리하는 보존지구가 아니고 가나자와에서 자체적으로 지키고 보호하는 곳이라는 사실이다. 국가에서 지원하는 진짜 보존

나가마치의 진노란색 골목길들은 모두 관광 상품이 되었다.

노란색 담이 집으로 들어가는 작은 다리들과 또 물길과 잘 어울린다.

뜨거운 물이 나오는 줄 선 쇠구멍들은 눈이 많은 가나자와에서는 필수품이다.

가나자와의 보존지구들

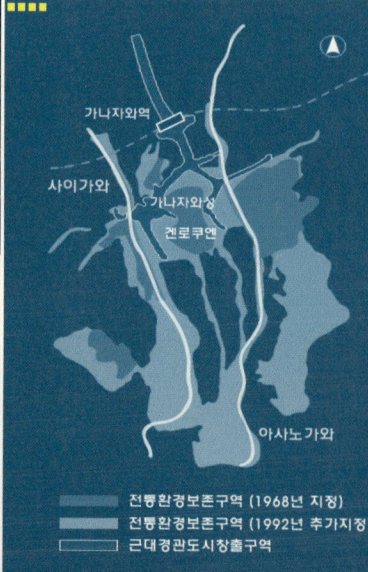

지구는 과연 어떨까? 궁금증을 넘어 조바심이 되어 버린다.

그래서 '진짜' 보존지구인 히가시차야가이를 찾아 갔다. 아사노가와 옆에 붙어 있는 '히가시차야이' 東茶屋町 는 1820년경에 조성된 동네. 기대한 것 이상이었다. 쭉 뻗은 길을 따라있는 정형화된 2층 건물과 격자구조의 집들이다. 마치 교토의 '기온' 祇園 에 온 것 같았다. 입구 쪽에는 물 오른 버드나무를 배경으로 한 집 한 채가 특이했는데, 다른 집들은 전부 짙은 고동색인데 반해 혼자만 붉은 색이었다. 180여 년 전 에도시대의 주택으로 복원한 것이라 한다. 하지만 내 눈에는 비싸게 보이는 이런 집들보다는 그 사이사이에 나 있는 작은 골목길들이 더 흥미롭고 재미있었다.

가나자와의 특산품인 금박 金箔 제품점도 있고, 족히 30년은 넘었을 것 같은 구멍가게도 있고, 옛날 쌀집도 그대로였다. 골목길들은 히가시차야가이보다는 관리 상태가 안 좋았지만 옛 모습을 잘 보존하고 있었다. 분명 무슨 특별한 조치를 취한 것 같은 생각이 들어 알아보니 '코마치나미' こまちなみ 라는 조례를 통해 관리하고 있다고 했다. 일종의 역사적인 생활가로의 정비사업이었다. 정비된 이 골목길들은 히가시차야가이를 싸서 보호하는 '막' 같은 기능을 한다.

히가시차야가이의 고혹적인 가을 풍경

을 비가 내렸다. 아직 봄은 멀었는데 눈꽃및 우산이 비 내리는 이 길을 더욱 좁게 만들어 내고 있었다. 두번째 보존지구인 아사노강 건너에 있는 '카즈에마찌' 主計町 를 찾아 나섰다. 5분정도 거리. 에서 바라다보니 강에 바짝 붙어 모여 있는 집들이 꽤나 매력적으로 다가 왔다. 강을 따라 줄서 있 는 벚나무들이 가득 피어나면 장관일 듯싶었다.

런 저런 생각을 하다 보니 어느새 안쪽 골목길로 접어들었다. 겨우 두 사람이 지나갈 정도였고 너 짧고 좁아서 그런지 히가시차야가이 보다는 매력이 덜한 것 같았다. 가운데 쯤에서 편해 보이는 담한 작은 계단길을 발견한 것에 그나마 위안을 삼았다.

사노강의 강변에는 짧고 좁은 게 또 하나 더 있었다. 그것은 강변을 따라 다니고 있는 '후라츠버스' ふらつ(flat)バス 라 불려지는 작은 버스다. 과연 어떻게 생겼는 지, 책에 적혀 있는 것처럼 노인들만 타 궁금한 게 많았다. 버스가 오기를 한참을 기다려서야 만날 수 있었다. 100엔을 내고 버스에 올랐 내친 김에 노선 전체를 다 돌기로 마음 먹 다. 45분 동안 24개나 되는 정류장을 지났 . 본전을 몇 배나 뽑은 셈이다.

전사도 나이가 꽤나 지긋히 들어 보였고, 객들도 전부 할아버지와 할머니들뿐이었 . 맨 뒷자리에 쪼그리고 앉아 카메라셔터 이래저래 눌러댔다. 모두들 한번쯤 힐끗 돌아볼 만도 한데 그냥 아무런 관심도 보이 않는다. 운전사 아저씨의 정거장 안내 멘 만 반복될 뿐 너무 조용해서 적막하기까지 다. 골목길을 따라 다니며 이동이 불편한 람들을 도심으로 실어 나르는 이롭고도 따 한 버스다.

보라색, 초록색, 분홍색으로 구분된 세 개 선이 있다. 아사노강을 따라서는 초록색 스가 다닌다. 세 개의 노선이 교차를 하기 하고 도심에 있는 각종 편의시설과 관광 설을 연결하기도 한다. 원래 목적은 도심

에서 노약자들의 이동을 돕는 것이었는데, 점점 나 같은 사람들이 찾아들었기 때문에 이제는 가나자와의 또 다른 명물이 되어버렸다. 가나자와는 '사람 냄새가 물신 풍기는 창조도시' 임에 틀림이 없다.

화제를 바꿔보자. 후라츠버스처럼 일본에서 따뜻한 사람 냄새가 나는 것을 꼽으라고 하면 주저 없이 '목욕탕' 을 선택할 것이다. 일본에서의 목욕은 우리나라에서와는 사뭇 다른 느낌을 준다. 특히 가나자와 같은 전통성이 농후한 도시에서의 온천욕은 제법 운치가 있다. 홋카이도의 노보리베츠나 큐슈의 벳부같이 전문적인 온천지대는 아니지만, 가나자와에도 두 군데의 온천지대가 있다. 유가타를 입고 맘 놓고 자유롭게 활보할 수 있는 곳이기에 일본문화의 또 다른 면을 느껴 볼 수가 있다.

미리 예약해 놓은 민박집 民宿 으로 갔다. 우리처럼 대형사우나시설이나 유명한 온천도 많지만, 나는 동네에서, 민박집에서 하는 목욕을 좋아한다. 혼자 여행을 하며 가끔씩 민박집 목욕탕이 맘에 안 들 때면 일본 어디에서든 볼 수 있는 동네 목욕탕엘 간다. 어릴 적 우리 기억 속에 남아 있는 목욕탕과 거의 똑같다. 이곳에서 어쩌다 한번씩은 어쩔 수없이 당황스런 일을 만나기도 하고, 때론 옛 정취가 떠올라 나른한 미소를 짓게 하기도 한다. 남탕과 여탕을 동시에 관장하는 아주머니, 또 발가벗은 남자들 사이에서 버젓이 청소하는 아주머니들 아마 할머니라고 보는 것이 더 맞을 것이다 때문에 처음엔 무척이나 당황스러웠다. 물이 빠져 변색된 플라스틱 통에 옷을 담고, 작고 긴 하얀 수건을 받는다. 욕탕은 수정같이 투명하거나 진흙물 같은 탕 온천물일 경우가 많다 이 대부분이다. 일본인들은 받은 수건을 분신처럼 가지고 다닌다. 수건을 바닥에 놓는 일이 거의 없고 심지어 탕

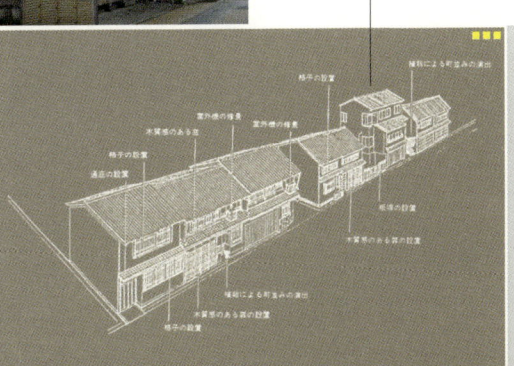

히가시챠야가이의 입구에 서있는 물오른 버드나무

히가시챠야가이의 뒷골목은 지금도 옛 삶이 그대로 스며들어 움직이고 있다.

'코마치나미' 제도를 통해 깔끔하게 정비한 히가시챠야가이의 뒷골목

속에서도 가지고 있으려니 머리에 올리는 방법밖에 없다. 그래서 모두들 수건을 접거나 동그랗게 감아 머리에 이고 있다. 옛날 우리의 동네아저씨들같이 뜬금없이 흥얼거리지는 않는다.

지방도시에서 제법 오래된 민박집들은 욕탕이 하나인 경우가 많다. 역시나 내가 묵은 민박집에도 탕이 하나뿐이었다. 그래서 남녀의 이용시간이 서로 다르다. 열심히 시간을 맞추어 목욕탕에 들어가면 꼭 만나게 되는 심심한 풍경들... 빛바랜 플라스틱 의자, 물이 식을 것을 염려해서 덮어 놓은 나무 덮개, 구석진 곳 탕 속이든 바깥이든 마찬가지다 에서 목욕하는 일에만 열중하고 있는 조용한 일본사람.

나가하마의 빛나는 선택

가나자와에서 마이바라 米原 쪽으로 1시간 30분쯤 가면 일본의 호수 중에서 제일 크다는 비와 びわ 호수를 끼고 있는 나가하마 長浜 라는 도시가 나온다. 정확히 얘기하면 토요토미 히데요시 豊臣秀吉 가 만들었다는 나가하마성 아래에 형성된 동네다. 일본인들은 이런 동네를 '城下町' 이라 부른다

이런 연유로 이곳은 400년 전부터 무역업 특히 비단거래가 많았다고 한다 이 성행하였고 이러한 도시의 힘이 메이지시대까지 계속되었다. 일본에서 3번째로

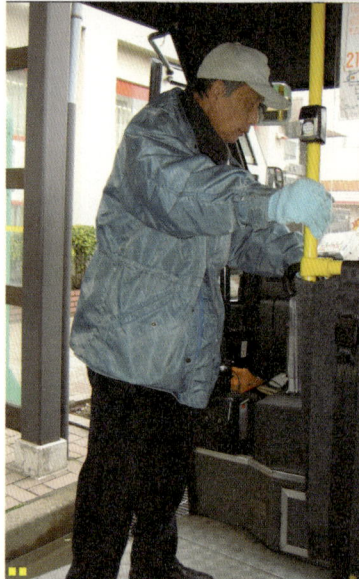

강가의 벚나무는 가쯔에마치를 더욱 예스럽게 한다.

후라츠버스는 바닥면과 도로가 거의 붙어 있다. 노약자들이 이용하기에 알맞다.

골목골목을 누비면서 사람들과 도심을 이어 주는 후라츠버스

후라츠버스의 노선도

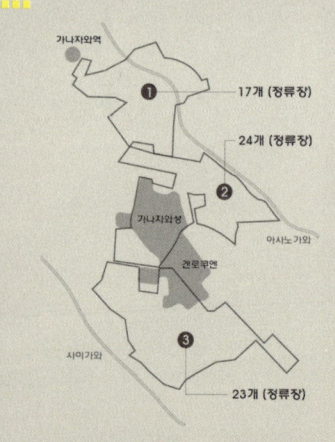

철도가 개설되었고 연이어 은행, 소학교 등이 건설되었다. 이 가운데 1900년에 건설되었던 은행 第百三十銀行長浜支店 이 지금 얘기하려는 나가하마 역사길의 주인공이다. 그 당시 이 은행은 특이하게 벽체가 검었기 때문에 사람들은 '흑벽은행' 이라 불렀다 한다.

나가하마는 400년이 넘는 역사와 한때는 6만 정도의 인구를 가졌던 도시였지만, 70년대 들어 일본의 다른 지방도시들과 마찬가지로 도심인구가 줄어드는 공동화현상이 심각하게 나타났다. 이를 타개하기 위해 나가하마는 기존 자원들의 가치를 재활용하는 리모델링방식을 채택했다. 이 한 번의 현명한 선택이 지금의 나가하마를 만든 것이다.

1984년에 '박물관도시구상' 이라는 목표를 세운 후, 대형 상업시설이 들어갈 수 있었던 도심의 빈 땅에 '히키야마박물관' 曳山博物館 을 건설했다. 이 박물관이 바로 나가하마 역사길인 '흑벽지구' 의 씨앗이 되었다. 이 박물관은 '히키야마마쯔리' 長浜曳山祭/중요민속문화재로 지정되어 있고, 일본의 3대 山車祭에 속한다 를 지키는 것을 주목적으로 하는데, 일본에서는 '지역밀착형 박물관' 의 모델이 될 정도로 명성을 얻고 있다. 대형 유통센터들로 인한 지역상권의 해체 문제로 골머리를 썩이고 있는 우리 실정을 생각해 보면 정말 올바른 선택이었다.

연이어 8개의 지역기업과 나가하마시가 공동으로 '쿠라카베주식회사' (株)黑壁 라는 제3 섹터를 설립하고 본격적으로 흑벽지구를 재생시키기 시작했다. 1988년의 일이었다. 이들은 가장 먼저 흑벽은행을 '쿠라가베글라스관' 黑壁ブラス館으로 탈바꿈시켰고, 또 다른 흑벽건물들을 계속 찾아내어 지역재생사업에 참여할 수 있는 지역민의 숫자를 늘리는 일에 주력하였다. 10년이 흐른 뒤 쿠라카베주식회사는 또 다른 주식회사 (株)新長浜計劃 를 추가로 설립하였고 이를 통해 지역 재생에 더욱 박차를 가하고 있다.

아사노 강변에 자리잡은 아름다운 가쯔에마치

전철을 내릴려면 한참이나 남았는데 벌써 긴장이 된다. 나가하마는 가나자와에서 오사카로 가는 중에 들리기로 했었기에 3시간 정도의 여유밖에 없었다. 나만 혼자서 우왕좌왕 야단법석이다. 배낭을 메고 옷매무새를 여미고, 신발 끈까지 확인을 한다. 내리면 달려야 한다. 다행히도 역에서 5분이 채 안 되는 곳에 흑벽건물들이 모여 있었다. 10헥타르쯤 되는 정방형의 6개 블록에 모여 있어서 한꺼번에 살펴보기에는 안성맞춤이었.

20여 채의 흑벽건물이 모여 있는 길 北國街道 에 들어섰다. 사람들의 움직임은 활발한 데도 길의 색깔이 검다 보니 전반적으로 무척 차분한 느낌이었다.

흰 벽들로 채워져 있던 쿠라시키의 미관지구가 떠올랐다. 쿠라시키에 대한 얘기는 두 번째인 방적공장이야기에 나온다 완전히 상반된 느낌이었다. 쿠라시키에서는 길이 밝고 경쾌해서 계속 길에서 머물고 싶었었는데, 이곳의 흑벽들은 신비감과 호기심을 불러 일으켜 안에 무엇이 있는지 또 무슨 일이 일어나고 있는지 궁금하게 만들었다. 그래서 자꾸 안으로 들어가고 싶어지게 했다.

일단, 주인공인 쿠라가베글라스관부터 찾았다. 생각했던 것 보다 완전히 까맣지는 않았다. 진회색빛. 주변의 길가 집들도 검은 분위기를 담은 치장들을 해서 그런지 재미와 음침함이 엉켜 마치 중국 번화

쿠로가베스퀘어의 얼굴마담인 쿠로가베글라스관
4월이 되면 '히키야마마쯔리' 때문에 나가하마는 축제의 도시가 된다.
벽이 검어 그런지 바닥이 검은 우리 인사동길과 분위기가 사뭇 비슷하다.

가의 뒷골목같은 느낌을 준다.

이곳에는 총 30개의 흑벽건물이 있다. 그 쓰임새로 보면 공방이 4개, 유리제품과 토산품을 파는 가게가 15개, 찻집과 음식점이 11개, 그리고 전시관이 1개가 있다. 흑벽11호관은 공방과 유리제품전시장 겸용이다 외관상으로 보니 완전히 흑벽만은 아니었다. 일부만 흑벽인 것이 대부분이다. 사람을 끌어 들이기 위해 억지로 숫자를 늘리고 늘린 것 같았다. 그러다 보니 흑색이 거의 없는 것도 있었다. 하지만 옛 영화를 되찾고 도심을 재생하고자 한 그들의 노력들이 가슴에 와 닿아서 인지 그렇게 속았다는 느낌은 들지 않았다.

몇 바퀴 돌아 다니다보니, 마음에 드는 건물이 생겼다. 흑벽 5호관과 16호관이다. 하나는 잡다한 토산품을 파는 가게 札辻の本舗 고 또 하나는 메이지시대부터 전해 내려왔다는 동그랗고 작은 찹쌀도너츠와 차를 함께 파는 가게 分福茶屋 이다.

열심히 뛰어 다닌 덕분이랄까. 계산해 두었던 시간에서 30분 정도의 여유가 생겼다. 16호관으로 들어가 보니 바깥 분위기만큼이나 일본답다. 부담스러울 정도로 친절한 점원의 모습도 그렇지만 짙은 고동색의 나무 테이블과 다다미가 깔린 방, 그리고 한 입에 두 알을 넣을 정도로 작은 도너츠도 한 몫을 한다. 작은 것과 세밀한 것에 대한 거부감 보다는 힘들게 지켜가고 있는 이들의 의지가 본받고 칭찬할 만하다는 생각이 먼저 들었다. 순간순간은 못마땅하고 오래 보다 보면 질려버릴 것 같은 것이 일본의 느낌이지만, 한걸음만 더 내딛어보면 그 분위기에 다시 젖고 싶다는 생각을 들게 하는 이유가 여기에 있는 것 같다.

나가하마의 흑벽 건물 vs. 쿠라시키의 흰벽 건물

흑벽16호관은 分福茶屋이라 불리는 전통 도넛집이다.

이 정도면 이곳에서 제일 까만 건물에 속한다(흑벽5호관)

여러 자료를 통해 나가하마의 흑벽길은 '주민참여'의 대표적인 사례로 소개된다. 흑벽길을 명소로 만들기 위해 개인의 뒷마당을 내 놓기도 하고, 개인 토지 내에 방문객 통로나 휴식공간을 제공하는 등의 개인으로서는 하기 힘든 노력을 기울였다고 한다.

손에 든 도면을 따라 가보았는데 거의 비슷했다. 집들 사이의 빈 공간도 회색빛 시멘트주차장도. 그런데 방문객에게 감동을 주기에는 역부족이었다. 전문적으로 공부를 했다는 사람도 이런데 일반 관광객들은 이들의 노력의 많은 부분을 놓칠 것이 분명해 보였다. 공간만 내 놓고 아직은 제대로 된 투자가 부족해 보였다. 휴식터 한 곁에 앉아서 '누가 지나가나' '뭐가 보이나' 하고 지켜보았다. 10분을 기다려도 정말 개미 한 마리도 보이지 않을 정도로 조용했다.

혹시나 해서 도면을 따라 'SUCCESS 横町'이라 적힌 5층짜리 콘크리트 건물로 들어가 보았다. 쇼핑몰 같이 제법 북적거렸고 도면하고도 닮아 보였다. 그런데 뭔가 모르게 어슬퍼 보였다. 아마도 도면처럼 만드는 과정이 아직 진행 중인 것 같았다. 급하게 한꺼번에 만들고 또 그것을 기대하는 성미 급한 한국인의 한 사람으로서 어쩔 수 없나 보다.

다시 쿠라가베글라스관으로 갔다. 2층으로 된 실내 전체를 유리공예품 전시장으로 꾸며놓았다. 'Tax Free'라 적힌 걸 보니 길가의 잡화점들과는 분명 달랐다. 모퉁이에는 젊은 연인이 쪼그리고 앉아 뭘 고르고 있었다. 들었다 놓았다를 쉴 새 없이 반복했다. 나도 멀찍이서 이들의 모습을 한참이나 바라다 보았다. 그리고 몰래 사진도 찍었다. 서로에게 줄 유리반지를 고르는 지, 부모님께 선물할 유리잔을 고르는 지 진지한 모습이 참 예뻐 보였다.

나가하마의 흑벽건물들

토지공여를 통한 활성화 사례. 가운데 교차로에 쿠라카베글라스관이 있다.

토지를 활용하는 것이 더 적극적이다. 건물까지 공여를 했다.

쿠라카베글라스관의 실내 풍경

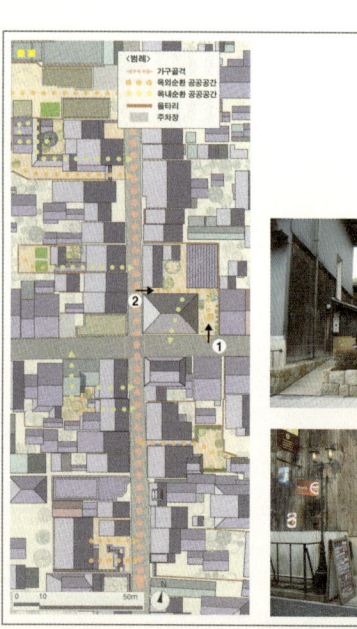

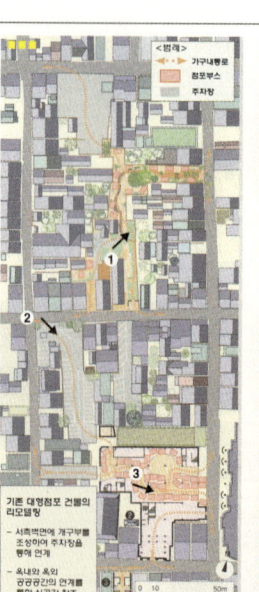

유리공예품을 고르는 젊은 커플의 모습이 진지하다.

키류우에서 만난 실크로드 4
| 아시카가 | 키류우 |

열네 번째 이야기

2007년 4월. 약 1년 만에 일본을 다시 찾았다. 꽃피는 봄에 일본을 찾은 것은 더 더욱 오랜만이었다. 만개한 벚꽃을 볼 수 있으리라는 기대감에 흥이 겨웠다. 나리타공항에서 '아시카가' 足利 로 가는 길에 어둠이 내리기 시작했다. 어둑한 전철 창문 밖으로 비쳐지는 산록의 모습이 옅은 초록색이었다.

내가 아시카가를 1차 목적지로 삼은 이유는 간단했다. 메이지시대에 직물(비단)산업을 발전시키기 위해 6개 도시 교토(京都), 후쿠이(福井), 토야마(富山), 미와자와(米澤), 키류우(桐生), 아시카가(足利) 에 국가시범공장을 설립했는데, 모두 없어지고 아시카가의 공장만이 유일하게 남아있다는 얘길 들었기 때문이었다.

'국책모범연계합자공장'. 國策模範撚系合資工場 복잡한 공장이름이지만, 당시 국가에서 설립한 비단생산용 직물공장인 것은 틀림없다. 듣기로는 마지막 남은 이 공장이 '스포츠시설'로 재활용되고 있다 한다. 궁금할 수밖에 없었다. 중요한 근대화유산으로 인정받아 1999년에 '등록유형문화재'로 지정된 염연한 문화재인데 스포츠시설이라니....

'아시카가' 足利 와 '키류우' 桐生 의 직물공장 얘기를 시작하려면 두 가지 사실에 대한 이해가 우선 필요하다. 하나는 '왜 이곳이 직물산업의 본거지가 되었는가?' 라는 것이고 또 다른 하나는 '공장들이 왜 모두 톱날모양의 지붕을 가졌는가' 하는 것이다.

일본 혼슈의 동북부지역에 속하는 군마현 群馬縣 과 사이타마현 埼玉縣 일대에는 질 좋은 뽕나무 서식지가 풍부하여 양잠업에 적합하였고 따라서 생계 生系 를 사용한 직물 생산에 매우 양호한 여건을 가지고 있었다. 근대기에 들면서 이 지역을 관통하던 JR료모선 JR兩毛線 의 역들이 생산된 직물의 수송기지 역할을 하였고, 자연스럽게 가내수공업에서 탈피하여 대규모 공장지대로 발전할 수 있었던 것이다.

그런데 공장의 지붕모양은 왜 톱날형 이었을까? 자료를 뒤져보니 '톱날형지붕 을 가진 직물공장' 鋸屋根の織物工場 은 산업혁명기에 영국에서 공장제 기계생산이 본격화됨에 따라 개발되었고, 북쪽 채광을 목적으로 한 트러스구조(목조)로 된 지붕이 특징인 공장이다.

아시카가의 국가시범공장(國策模範撚系合資工場) (玉川寬治·前田淸志, 2000:부록)
톱날형지붕공장(鋸屋根工場)의 개념 (ファッションタウン桐生推進協議会·桐生商工會議所, 2003:4)

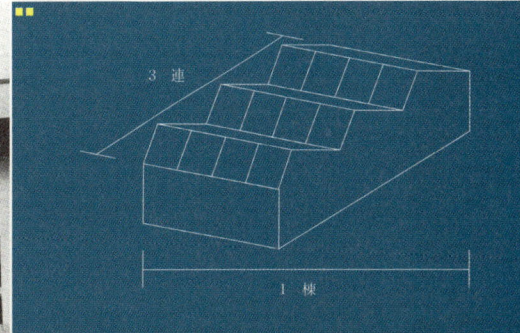

아시카가에는 없다.

아시카가역 도착한 시간이 5시쯤. 어둠이 내리기 시작하니 마음이 급해졌다. 물어물어 스포츠시설로 재활용 중인 공장부터 찾아 나섰다. 가는 길 중간 중간에 '아시카가=역사도시' 라는 문구가 눈에 띄었다. 자세히 보니 직물산업 얘기가 아니라 일본에서 가장 오래되었다는 학교 足利學校 와 사찰들 얘기였다. 고개를 갸웃거릴 수밖에 없었다. 직물, 톱날형지붕공장, 직물산업 여기는 어디서도 찾아 볼 수가 없었다.

도심을 가로 지르는 제법 큰 강 波良瀬川 을 지나 나지막한 산 아래에서 공장 アンタレススポーツクラブ/앙타레스 스포츠그룹 을 발견했다. 저녁에도 운동하는 사람들로 붐빌 것이라는 내 예측은 완전히 빗나갔다. 가는 날이 장날이라고 노는 날이었다. 머리가 띵했다. 미국에서 11시간을 날아와 4시간 동안 기차를 타고 찾아 왔는데 논다고 한다. 오레곤대학교에서 연구년을 보낼 때 샌프란시스코에서 도쿄로 왔다 내일 아침에 키류우로 떠나야 하는데.... 안타까움을 뒤로 하고 몇 장의 사진만 남겼다.

다시 새벽에 길을 나섰다. 새벽운동을 하는 사람들을 만날 수 있으리라. 또 위로 솟아 있는 나무로 된 톱날형 지붕의 내부구조를 볼 수 있으리라는 확신 속에서. 그런데 또 '텅~' 비었다. 지금이 7시인데 '왜 일까?' 의문이 아닐 수 없었다. 일단 마음을 비우고 건물 주변을 둘러보았다. 톱날형지붕의 공장 본채에 돔 구조의 건물을 이어 붙였다. 수영장인 듯했다. 수영장을 빼고는 전체 벽이 연한 그린이었다. 창문을 들여다 보다 갑자

앙타레스의 밤과 낮

리모델링은 했지만 그냥 그대로인 앙타레스

톱날형지붕공장을 재활용한 스포츠 센터의 실내

창에 비친 톱날지붕의 천창

텅빈 주차장과 앙타레스

기 눈이 동그래졌다. 보고 싶었던 것들을 발견한 것이다. 눈을 바짝 창문에 대고 보니 러닝머신들이 줄을 서있었다. 또 천정의 채광창도 보였다. "이게 웬 떡이야". 천정이 높고 위에서 빛이 들어오니 운동할 때의 답답함이 덜 할 것 같았다. 창문을 따라 건물을 한 바퀴 돌다보니 로비에 리모델링을 잘했다고 받은 '상장' 과 '등록유형문화재' 라는 현판을 자랑스레 붙여 놓았다. 1985년에 시(市)에서 도로부지에 포함된 공장부지를 매입한 후 공사비 전액을 지원하여 리모델링하였다

드디어 알았다. 텅 비어 있는 이유를. 10시부터 밤 10시 까지 운영한단다. 우리보다 덜 바쁘고, 시골이어서 그런가 보다. 새벽부터 뛰고 바쁘게 움직여야 겨우 지탱해 나갈 수 있는 우리 처지와 사뭇 달랐다. 비어있는 주차면수를 세어 보니 200대가 넘었다. 분명 꽉 찰 텐데. 이용자가 상당했다. 문을 여는 10시는 키류우로 출발해야 하는 시간이었다. 얘기도 들어보고, 운동하는 사람들도 만나야 하는데. 사람들을 만나는 것 대신에 할 수 있는 일을 발견했다. 뒷산에 올라가 앙타레스의 전경을 찍는 일이었다. 어린 나뭇잎들 사이로 공장이 겨우 보였다. 좀 더 늦은 계절이었으면 큰일 날 뻔했다.

아시카가에서 들러야 하는 또 한곳을 찾아 나섰다. '아시카가직물기념관' 織物記念館 이다. 옛 공장 木村輸出織物工場 의 사무동 1911년에 지은 것이다 을 직물기념관으로 사용하고 있다고 한다. 그런데 모든 지도에 직물기념관이 보이질 않고 아시카가역에서 동쪽으로 20분쯤 가면 있다는 정보가 전부였다. 무조건 걷기로 했다.

한참을 지났는데도 아무런 표시가 없다. 지나는 아주머니를 붙잡고 실랑이를 했다. 모른단다. 30분은 지난 것 같다. 필지와 지번이 표시된 벽에 붙은 지도 속에서 '직물기념관' 을 다행히 발견했다.

이렇게 반가울 수가. 골목길을 따라 5분쯤 가다 보니 직물기념관 공장동 1동과 서양풍의 사무동 1동을 직물기념관으로 사용한다 이 있었다. 9시가 지났는데도 문이 닫혀있었다. 설명판을 읽어 보니 옆에 있는 공민관 사무실에 문을 열어달라고 신청을 해야 열어 준단다. 왜일까? 아시카가의 직물은 미국 시카고박람회 1893년 개최 에 출품되어 첫 수출의 계기를 제공했다고

뒷산 나뭇가지 사이로 보이는 앙타레스

일본에서 만 볼 수 있는 특이한 지번도 (직물기념관이 보인다)

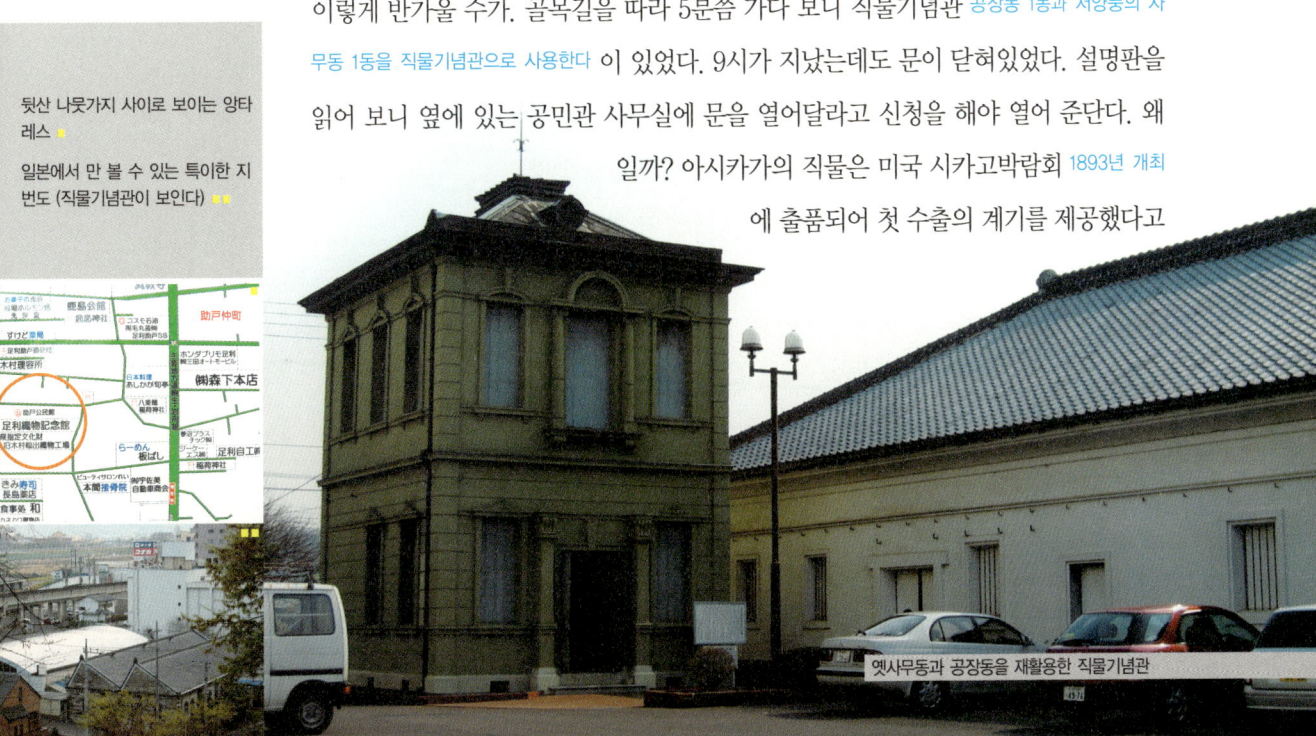

옛사무동과 공장동을 재활용한 직물기념관

하는데 이렇게 홀대를 할까? 너무 귀중해서 문을 잠가놓고 보호를 하는 것 같지는 않았다 사무동 안에는 당시 박람회에서 전시한 직물견본과 수출용 직물관련 자료들이 전시되어 있고, 비어있는 공장동은 이벤트공간으로 대여만 한다고 한다.

아시카가역으로 가는 발걸음이 무거웠다. 그렇게 기대하고 온 아시카가인데 직물산업의 '직' 자도 제대로 볼 수가 없었다. 아예 이에 대한 생각을 접은 것 같았다. 왜 일까? 일본의 직물산업의 거점도시였는데……

키류우에서 만난 두 사람

'키류우' 桐生 는 아시카가에서 기차로 정확히 16분 거리다. 아시카가역에서 다카사키 高岐 방향으로 가면 금방이다. 기차가 키류우역에 다가설 때부터 톱날모양의 모자를 쓴 공장들이 사이사이로 보이기 시작했다. 키류우는 '톱날형지붕공장' 鋸屋根工場 이 가장 많이 남아있는 일본의 대표도시다.

'서쪽은 니시진 교토지방에 있다 동쪽은 키류우' 西の西陣, 東の桐生 라는 말처럼 번성했던 키류우의 직물산업 역사를 완전히 이해하려면 1,300여 년 전으로 거슬러 올라가야 한다. 하지만 내 관심사인 톱날형지붕공장의 역사는 1920년대에서 30년대, 그리고 전후 1940년대 말과 50년대에 집중되어 있어 파악이 비교적 간단하다. 지속적으로 건설되어 온 톱날형지붕공장들로 인해 키류우는 1950년대까지 일본 직물(비단) 수출의 큰 몫을 차지한다. 그러나 60년대 들어 수출과 국내소비시장의 변화에 따라 생산규모가 축소되면서 공장들도 덩달아 해체되거나 그 기능을 잃기 시작한다.

그래도 아직 261개나 되는 공장들이 키류우에 남아있다고 한다. 1988년에 358채 이었으나 2002년에는 261채로 줄었다(자료: 野口三郎) 의문들이 꼬리에 꼬리를 물었다. 왜 키류우에 톱날형지붕공장들이 많을까? 왜 아직 남아있을까? 왜 키류우는 직물산업이 천년이 넘도록 번성했을까? 잠시 역사책을 들춰본다. 키류우가 속해있는 '군마현' 群馬縣 은 '명주' 絹 를 세금으로 낼 정도로 헤이안시대(平安時代)의 일이다 양잠업이 번성했고, 18세기 중반에는 대량생산이 가능한 수차 八丁撚糸機 를 개발했던 곳이다. 1879년 明治12년 에는 '하부타에' 羽二重 라는 잘 좋은 명주(비단)를 키류우에서 생산하여 최초로 1881년 미국에 수출하는 등 키류우는 '명주' 와 관련된

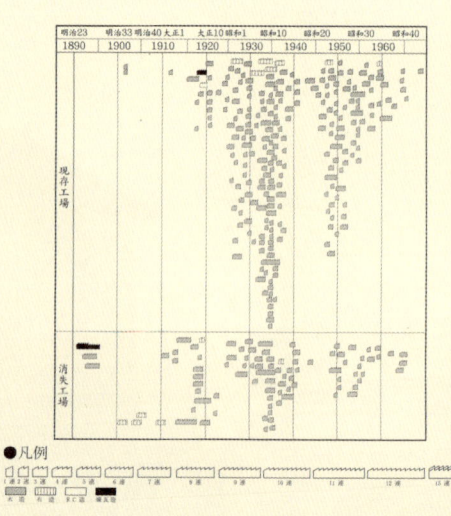

키류우 톱날형지붕공장의 건축년대. 1930년대와 50년대에 몰려있다.
(ファッションタウン桐生推進協議會・桐生商工會議所, 2003:18)

042 키류우에서 만난 실크로드 | 191

톱날형지붕공장들

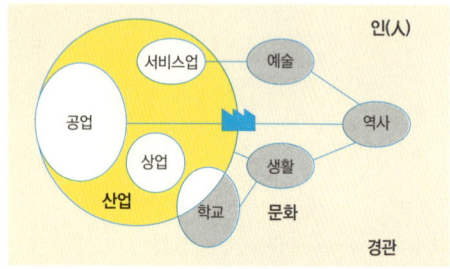

톱날형지붕공장의 존재 이유 (經濟産業省關東經濟産業局, 2005:42)

일본직물산업의 기반을 다진 도시였다.

이후 번영과 쇠퇴를 거듭하다 키류우의 직물 桐生織 이 일본의 전통공예품으로 공식 지정 1977년 되면서 직물 전승의 계기가 만들어 진다. 이후 옷감 자체에 대한 관심에서 벗어나 제작공정을 보고 체험하는 프로그램들이 개발되면서 직물을 생산하던 '톱날형지붕공장' 의 가치도 덩달아 올라가게 된 것이다.

이러한 과정 속에서 주민의 삶과 함께 자연스레 형성되어 온 톱날형지붕공장은 키류우 만의 독특한 익숙함과 고유함을 제공하는 새로운 문화 매개체로 자리매김했고, 언젠가부터 키류우가 내세우는 첫 번째의 도시자산 都市資産 이 되어버렸다.

지금 내 손에는 봄 여행객을 위한 '료모선 역들로부터의 산책' 驛から さんぽ 兩毛線 이라는 2007년에 발행된 팸플릿과 지도가 들려있다. 똑 같이 따라가 보기로 했다. 키류우의 도심부에 남아있는 톱날형지붕공장들을 한 바퀴 돌려면 총 3km에 2시간 55분이 필요하다고 적혀있다. 머무는 시간까지 포함한 수치다.

키류우역 桐生驛 ⋯→ 직물기념관 桐生織物記念館 ⋯→ 무린칸 無鄰館 ⋯→ 가나야레스공장 金谷レース工業株式會社 鋸屋根工場 ⋯→ 유린칸 有鄰館 ⋯→ 유가리 織物參考館 "紫" ⋯→ 실크기념관 桐生絹然記念館 을 거쳐 다시 키류우역 桐生驛 으로 돌아오는 코스다. 좀 무미건조하고 심심해 보였다. 내가 알고 있던 공장들과 중요 지점들이 몇 개 빠졌다. 코스 내에 있는 것이라 30분 정도만 추가하면 충분할 듯싶다. 짧은 '3시간 30분 걷기여행' 을 시작했다.

팸플릿에 담긴 재밌는 키류우의 보행지도

첫 번째 방문지인 '직물기념관' 옛 이름은 桐生織物會館旧館이다 에 도착했다. 단순한 전시장만 있는 것이 아니라 직물관련회사들과 1878년에 결성된 조합 桐生織物協同組合 도 함께 있었다. 그래서 그런지 기념관이라기보다는 직물종합관이라 부르는 것이 더 나을 것 같았다. 전시장이 織匠の間 이라는 멋진 이름을 가졌다. 그런데 방문객을 반겨주는 것은 고사하고 눈길 한 번 주는 사람도 없었다. 안내실도 전시장 제일 안쪽이다 이런 상황이다 보니 전시방향도 특별한 조명장치도 있을 이유가 없었다. 오히려 간섭을

안 받아 편하다는 생각이 들었다. 이러 저리 둘러보다 보니 파는 소품들이 재미났다. 직접 제작한 실크로 된 넥타이와 각종 수직포와 명주실 등은 물론이고, 직물제조공정에서 필요한 각종 부속품들. 억지로 축소하여 만든 기념품이 아니라 직물산업의 냄새가 진하게 풍기는 진짜 기념품들이었다.

직물기념관을 뒤로 하니 곧 중심가 혼초거리/本町通リ 가 나타났다. 흔히 얘기하는 '본정통'이다. 북동쪽으로 곧게 뻗어 있었다. 오늘 볼 공장들이 이 길에 대부분 달려있다. 옛 모습들이 군데군데 남아있고 큰 변화는 없어 보였다. 백년이 넘는 역사를 가진 상가들이 제법 남아있었다. 건너편에 키류우에서 가장 유명한 '유린칸' 有鄰館 이 나타났다. 꾹 참고 지나친다. 팸플릿의 지도를 따라 가다 보니 별일이 다 생겨 버렸다.

'무린칸' 無鄰館/旧北川織物工場 을 찾아가기 위해 꺾어 든 골목길에서 제대로 된 5연짜리 톱날형지붕공장 이 공장의 이름은 '旧曾我織物工場'이다 을 만났다. 제대로 된 톱날형지붕공장을 처음 보는 순간이었다. 아시카가의 앙타레스처럼 벽체가 연한 그린이었다. 뒤쪽 공터를 주차장 Soga Alley Parking 으로 사용하고 있었다. 아마 공장이 움직일 때에는 오고가는 직물을 부리는 작업장이었겠지. 힘차게 돌아가는 모습은 보지 못했지만 내가 처음 만난 공장이어서 그런지 그 자리를 지키고 있는 모습만으로도 대견스레 느껴졌.

아쉬운 첫 만남을 뒤로 하고 오른쪽으로 담을 끼고 도니 무린칸의 뒷담이 나타났다. 바깥쪽 벽돌담에 지지대 buttress 를 대었다. 지지대가 알록달록하다. 누군가가 열심히 칠을 한 것 같았다. 또 한 번 오른쪽으로 꺾으니 드디어 무린칸 입구가 나타났다. 무린칸

직물기에서 나온 진짜 기념품들
혼초거리의 한 장면이 키류우가 근대역사도시임을 알려주었다.
무린칸 뒷담의 알록달록한 지지대
무린칸의 배치가 공장이라고는 전혀 상상할 수가 없다.
무린칸의 입구의 현판

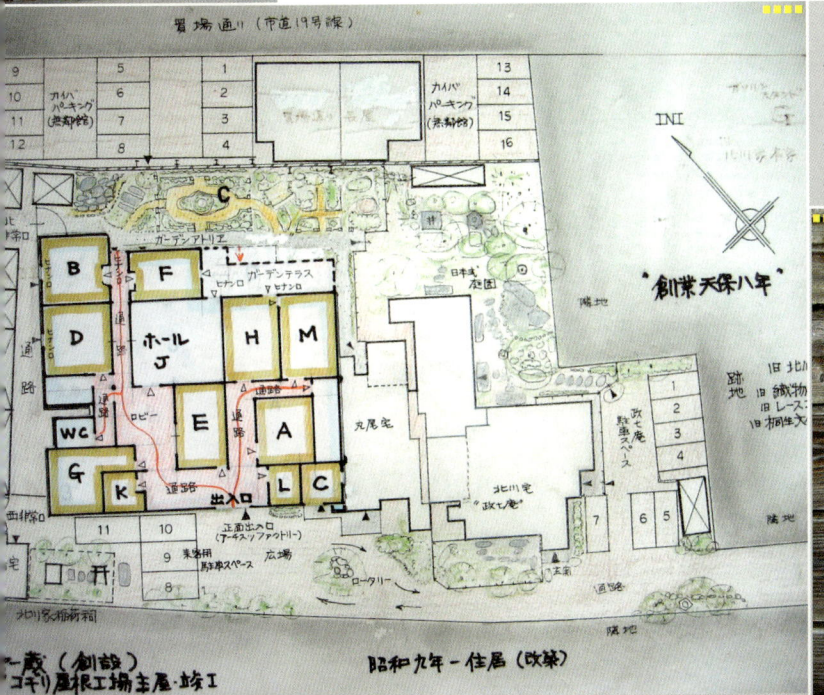

키타가와선생이 설명하며 적은 메모들

을 알리는 현판 옆에 작은 이름들이 줄지어 내려서있었다. 회사가 여러 개 있나보다. 무린칸은 총 5동의 건물과 벽체 등으로 구성되어 있었다. 旧北川織物工場, 工場事務所, 工場藏, 女工宿舍煉瓦造外壁, 工煉瓦塀 무섭게 짖는 두 마리의 개를 뒤로 하고 옛사무소건물을 지나 30미터 쯤 걸어들어 가니 진짜 입구가 나타났다. 안내판에 무린칸과 키류우의 톱날형지붕에 관련된 각종 정보들이 붙어 있었다. 도면, 신문기사, 팸플릿, 옛사진 등. 귀한 자료들이 한꺼번에 모여 있다. 신이 나서 이리 저리 찍고 또 읽었다. 30분이 지났을까? 누군가가 들어왔다. 예순 쯤 되어 보이는 잘생긴 무린칸의 주인이었다. '키타가와 코이치로' 北川紘一郎 건네 받은 명함에 '都市風景硏究所/一級建築士事務所 北川設計'라고 소속이 적혀있다. 건축가이자 텍스타일디자이너다 '도시풍경' 이라는 단어가 눈에 확 들어왔다.

이것저것 얘기를 나누며 서로 맘을 터놓기 시작했다. 9명의 예술가들이 모여 살고 바이올린제작자, 조각가, 화가, 허브전문가, 건축가(본인) 등 9명의 예술가들이 모여 무린칸을 지키고 있다고 한다. 한참을 얘기하다 보니 또 한사람이 들어왔다. 이름 앞의 두 글자가 '北川'. 부부였다. 허브전문가인 부인은 영어를 곧 잘했다. 60년대에 미국에 2년 정도 유학을 갔었고, 그때 허브를 알게 되었다고 한다. 방문 목적과 내 관심사를 얘기하니 너무 반기며 톱날형지붕공장에 대한 자료들을 아낌없이 나누어준다. 보고서 2권, 신문기사자료 3건, 각종 복사물 등. 목적과 관계없는 허브관련 책 키타가와부인이 지은 '四季のハーブガーデン' 이라는 책이다 도 나누어 주었다. 같은 생각을 가진 타국 사람이 이곳까지 찾아왔다는 신기함 때문인 듯했다. 중간 중간 물었다. '무린칸을 어떻게 알게 되었냐?' '조사대상에 왜 무린칸을 포함시켰냐?' '키류우는 어떻게 아느냐?' 등등.

키타가와선생이 키류우와 직물산업에 대해 설명을 시작했다. 세 사람이 머리를 맞대고 진지하게 토론을 했다. 톱날형지붕의 공식 영문명도 자료를 뒤져 찾아준다. 'Sawtooth Roof'. 재밌는 이름이다. 궁금했던 것 중의 하나였기에 알고 나니 속이 후련해진다. 키류우에서 번성했던 실크 絹/명주,비단 산업은 일본 근대화시대의 기간산업 중 하나였고, 이 지역에서 생산된 직물들을 JR료모선 両毛線 을 통해 실어 날랐고, 또 요코하마가 이의 수출항이었다는 얘기. 하루에 2,400장의 비단 군기 軍旗 를 만든 키류우의 장인들이 '도쿠가와 이에야스' 德川家康 의 전승에 기여했다는 얘기. 직물산업이 토요타그룹의 자동차산업과 직접적인 관계가 있었다는 얘기 이 얘기는 '건물' 편 '네 번째' 얘기에 실었다 등.

하늘에서 본 무린칸(무린칸 입구에서 우연히 발견한 사진이다) *

목조로 된 무린칸의 천정 **

무린칸 한쪽에 자리 잡은 바이올린 제작실 ***

허브원 때문에 공장 냄새를 전혀 느낄 수 없다. ****

궁금하던 차에 잘되었다 싶어 "왜 1,300여 년 전부터 키류우가 직물산업도시로 번성할 수 있었냐?"
는 질문을 던졌다. 키타가와부인이 뽕나무 얘길 먼저 꺼냈다. 키류우지역이 뽕나무가 자라는 최적의
생육환경을 가지고 있어 재료공급이 원활했기 때문이란다. 이번에는 키타가와선생이 뜬금없이 전설
얘기를 시작했다. 분명 한건 남녀 간의 사랑과 관련된 얘기였다. 내용 파악이 어려워 멀뚱멀뚱 해지
는 내 표정을 보더니 얘기를 접는다. 돌아와서 자료를 찾아보니 키류우 직물역사의 계기를 제공한 '白瀧姫伝記'라는 전설이
었다 이런 저런 얘기들과 함께 왜 무린칸을 지키고 살며, 또 자신의 미래 비전까지 들려주었다. 재미난
것은 키류우에 예술인을 1,150명을 모으는 것이 최대의 꿈이란다.
당연히 왜 1,150명인지 궁금했다. 설명은 이랬다. 현재 남아있는 톱날형지붕공장이 약 230개이니
2002년에 261채로 조사되었으나, 5년이 지난 지금은 230여개 정도라고 한다 각 공장에서 공방을 꾸밀 예술가 5명씩
을 곱한 숫자였다. 어찌 보면 단순해 보이지만 줄어드는 공장을 지킬 수 있는 심오하고도 야무진 꿈
이 담긴 얘기였다. 듣고 보니 조금씩 사라져 가는 톱날형지붕공장들을 지키기 위한 두 사람만의 아픔
이 담긴 사연이었다.
리모델링 중인 무린칸의 구석구석을 안내해 주었다. 1920년에 지은 진짜배기 톱날형지붕을 가까이
서 만났다. 9명의 예술가들의 공방이 기둥 사이사이에 끼어들어 있어 공장이 아니라 여러 개의 방을
가진 큰 주택 같았다.
부인이 무린칸의 허브원으로 안내했다. 허브를 직접 재배하고 또 교육현장으로 사용하고 있는 곳이
었다. 겨울을 지난 지 오래지 않아 그런지 황량했지만 곳곳에 허브의 잔재들이 남아 은은한 향기가
가득했다. 허브를 사랑하는 사람들이 모여 허브를 키우고 관련 지식을 배우기 위해 북적거릴 무린칸
을 상상해 본다. 허브를 사랑하다 보면 무린칸도 자연스레 사랑하게 되지 않을까? 무린칸을 사랑하는
이들만의 방법이었다.

헤어질 시간. 사진을 찍기로 했다. 키타가와선생 부부와 바이올린제작가도 함께 했다. 입구에

사진찍기 준비하는 키타가와선생 부부
'기무치~'를 과감히 외쳤다.

'無·鄰·館'이라 적힌 세 쪽의 하얀 천을 내렸다. 사진찍기를 바삐 준비하는 부부의 모습이 어찌 그리 아름다웠던지. 제대로 된 무린칸 사진을 함께 찍었다. 헤어지면서 가을에 다시 방문할 것을 약속했다. 이들이 가꾸어 갈 무린칸의 미래를 지켜보고 싶다는 마음이 간절했다.

다시 지도를 들고 길을 나섰다. 다음 목표는 무린칸 건너편 골목에 모여 있는 3개의 공장을 확인 하는 일이었다. 혼초거리 本町通リ 를 따라 3분 정도 걸은 후 신사 天満宮 에 못 미쳐 오른쪽으로 돌아가니 하얀색 벽을 가진 '가나야레스공장' 金谷レース工業株式會社 鋸屋根工場 이 나타났다. 이 공장은 키류우에서 유일한 벽돌조이고, 무린칸 보다 2년 앞서 지었다. 공장의 붉은 벽체가 하얀 담과 꽤 잘 어울렸다. 1931년에 지었다는 사무동은 서양식 2층 목조 건물인데 쇼와시대 초기의 건축양식을 잘 보여주는 사례여서 이곳 사람들이 금이야 옥이야 하는 소중한 건물이다. 창문을 통해 들여다보니 살고 있는 사람의 흔적이 느껴졌다. 문패에 '金谷善介' 라 적혀있다. 공장 주인이 대대로 살고 있나 보다 무린칸이나 이 공장은 복 받은 공장이라는 생각이 갑자기 들었다. 공장에 불과한데도 100년 가까이 주인의 보살핌을 받고 있으니.

골목길 끝에 또 다른 두 공장이 대각선 방향으로 마주보고 달려있었다. 하나는 '旧齋憲テキスタイル工場' 이고 또 하나는 '旧住善織物工場' 이다. 앞의 것은 1927년에 만들었고 원래는 3연이었는데 증축을 하여 5연이 되었다고 한다. 뒤의 것은 1922년에 조성된 키류우에서 유일한 철근콘크리트조 공장이라고 한다. 이 공장은 운 좋게도 공방 桐生市工房推進協議會에 의해 사용되었다 으로 사용되다 지금은 '오리진 스투디오' オリヅンスタヅオ 라는 사이버관련 공방으로 사용 중이다.

이번 차례는 아까 지나친 '유린칸' 有鄰館 이라는 상가군. 가는 길목에 온통 까만색인 재밌는 목욕탕 一の湯 을 만났다. 양쪽으로 정확히 남탕과 여탕으로 구분되어 있는 모습이 정겹다. 우리의 목욕탕들은 대형건물 속으로 들어가거나 지하로 들어 가 버린 지 오래이고, 이름도 'OO탕' 이라고 하면 촌스럽다고 여긴다. 갑자기 어릴 적 빨대를 꽂은 야쿠르트를 공짜로 받아먹는 재미에 아버지를 따라 열심히(?) 다니던 동네 목욕탕 생각이 절로 났다.

유린칸은 약 250년 전인 1749년부터 이 자리에서 술과 간장을 저장하고 팔던 복합상가였다. 지금이야 흔한 경우지만 250년 전에 이런 복합상가가 있었다니. 분명 선진형 사례였다. 사실 키류우에서는 톱날형지붕공장들 보다 유린칸이 더 유명한데, 비슷한 이름 때문에 사람들이 혼동하는 경우가 많다고 한다. 나도 키류우를 처음 알게 되었을 때 '무린칸' 과 '유린칸' 이 같은 공장일 것으로 생각했었다. 그런데 단지 이름만 비슷할 뿐이었다.

하얀담과 잘 어울리는 가나야레스공장(金谷レース工業株式會社 鋸屋根工場)

국가지정문화재인 공장 사무동

오른쪽 3연은 진짜이고, 나머지 2연은 증축한 것이다(旧齋憲テキスタイル工場)

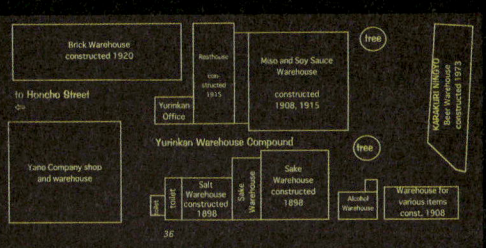

제법 크고 길쭉한 마당 을 사이에 두고 빨간 벽돌로 지은 창고와 거무튀튀한 상가가 마주보고 있었다. 이 상가는 유린칸에 저장하고 있는 술, 된장, 간장 그리고 차와 미곡류 등을 파는 건물로 유린칸에서는 가장 바쁘게 움직이는 건물이었고, 11동 바닥면적을 전부 합치면 3765.30㎡에 이른다) 의 건물 중에서 가장 오래된 역사 1843년/天保14年 를 가진 건물이었다. 상가와 창고 뒤에는 지붕으로 덮은 길쭉한 중정을 끼고 사무동, 된장과 간장 보관용 창고, 술창고, 소금창고들이 양쪽으로 줄지어 서있었다. 대부분 1898년에서 1915년대에 지은 창고들이었다. 중정 너머로 근사한 느티나무로 보이는 두 그루의 나무와 주차장, 그리고 역사가 35년이나 되었지만 여기서는 명함도 못 내미는 맥주 창고도 있었다.

길쭉한 마당들이 연결되어 작은 동네를 이루고 있다 (자료: 有鄰館)

유린칸은 원래 이름이 '야노창고군' 矢野藏群 이었다고 한다. 1717년에 '야노 히세몬' 矢野久左衛門 이라는 사람이 키류우에 이주한 후 그의 아들이 현재 이 자리에 가게를 열면서 시작되었다 한다. 그때가 1749년이었다. '유(有)린(鄰)관(館)'이라는 이름이 '친구' 라는 뜻을 가지고 있는 것도 수백 년 동안 키류우의 사랑받는 가게로 지켜 온 것도 모두 이들 부자의 지혜였다.

Origin.net 이라는 사이버관련 공방으로 사용 중이다(住善織物工場)

목욕탕에 느껴지는 분위기가 왠지 엄숙하다. ▪▪▪

남탕(검정색)과 여탕(빨강색)을 확실히 적어 놓았다. ▪▪▪

유린칸(有鄰館)의 전경 ▪▪▪▪▪

유린칸의 원래 모습(1890년에 제작된 동판화) (자료: 有鄰館) ▪▪▪▪▪▪

창고들이 만들어 낸 여백들 ▪▪▪▪▪▪▪

긴 시간동안 유린칸을 지키기에 지쳤던지 1990년에 별도로 '유린칸운영위원회'有鄰館運營委員會 가 만들어졌고, 국토청의 지원을 받아 1993년부터 4년 동안 '지역개성형성사업'地域個性形成事業 의 일환으로 리모델링 최대한 원형을 고려했다고 한다 을 했다. 결국 1994년에 생명력을 연장한다는 이유로 유린칸은 키류우시에 기증되었고, 같은 해 가을에 키류우의 중요문화재 市指定重要文化財 로 지정을 받는다.

소금창고 鹽藏 로 사용하던 창고 1898년에 지었다 에서 무슨 일이 있나보다. 창고 앞에 포스터가 붙어 있고 사람들이 들락거렸다. 도자기전시회가 열리고 있었다. 높은 천정과 낮게 깔려 있는 도자기들이 묘한 조화를 이루고 있었다. "참~ 잘 어울린다"라는 작은 탄식이 절로 나왔다.

소금창고 속에 전시된 도자기들

도자기전시회가 열리고 있는 창고 (鹽藏)

유린칸이 만들어 낸 작은 골목길

비 내리는 유린칸의 상가

키류우의 공장들은 생활 속에 깊이 들어와 있다(유가리 옆의 골목길)

6연으로 늘어서 있는 톱날형지붕공장이 매력적이다.

비가 내리기 시작했다. 처마가 한번 걸러 떨어뜨리는 빗방울들이 "투둑 투둑"하는 소리와 함께 운치를 더한다. 처마 밑 작은 평상에 잠시 앉았다. 내가 들고 있는 똑 같은 팸플릿을 든 중년의 부부 두 쌍이 비를 피해 뛰어 들어왔다. 일행은 아니었다. 오늘이 수요일인데. 이들은 누굴까? 노는 날도 아닌데 부부가 함께 그리 유명하지도 않은 이곳의 공장들과 상가들을 왜 보러 다닐까? 그들의 속내를 정확히 알지 못하기에 그냥 부러움을 보탠 추측만 했다.

길을 다시 나서다 보니 유린칸 바로 옆으로 작은 골목길이 있었다. 창고들의 옆벽이 쭉 이어져 있는 운치있는 좁은 골목길이었다. 창고가 한 채였거나 떨어져 있었다면 이런 보는 즐거움이 없었을 터인데. 까만색 나무벽들과 하얀 회벽들이 엮어 내는 아름다움이 지나던 할머니의 우산과 잘 어울렸다. 일본에 올 때면 "참~ 잘 어울린다"라는 말을 혼자 자주 하게 된다. 특별하게 꾸거나 과장되게 가꾼 곳이 아니라 생활 속에서 스며든 작은 아름다움들이 조화롭게 보일 때마다 쓰는 말이다. 그럴 때 마다 너무 빠르게 사라져 가는 우리 도시들의 옛 모습을 붙잡고 싶은 생각이 간절해진다.

비 내리는 유린칸을 뒤로 하고 길을 재촉했다. 떠나면서 되돌아보니 마침 자전거 한 대가 다가온다. 비 오는 것도 잠시 잊고 습관적으로 카메라를 눌렀다. 찍고 보니 상가 간판에 '기린맥주' キリンビール 라고 적혀 있었다. 어색하고 맘에 안 들지만 지나던 객의 처지니 가서 따질 수가 없다.

소중한 카메라는 가슴에 깊이 묻고 모자 달린 방수잠바와 배낭을 핑계로 비를 맞으며 걸었다. 빠른 걸음으로 15분 쯤 걸었나 보다. 골목길 사이로 넓은 주차장이 보이고 그 너머로 또 다른 공장이 보였다. 지금은 직물체험관으로 사용하는 '유가리' 織物参考館/紫 라 불리는 공장이었다. 안내소가 입장권만 판매하는 것이 아니라 무척 바쁘게 움직인다. 안내는 물론이고 기념품도 팔고 또 '키류우물산진흥협회' 桐生市物産振興協會 의 사무실로도 쓰고 있다.

대문 안으로 들어서니 톱날지붕이 6연이나 이어진 크림색 공장이 나타났다. 1928년에 지은 공장을 그대로 두었다 입장료가 아깝다는 생각이 갑자기 사라졌다. 700엔이었다 비스듬한 각도에서 바라보는 톱날형지붕공장의 옆모습이 힘이 있고 매력적이다. 문을 열고 들어서니 직물과 염색관련 기계들과 소품들이 줄 지어 전시되어 있었다. 전시된 기계와 소품들이 1,200점이나 된다 한다. 1,300년의 키류우 직물역사를 볼 수 있는 박물관인 셈이다. 다른 방으로 들어가니 두 사람이 뭔가를 열심히 얘기를 하고 있다. 눈치를 보니 한사람은 나 같은 방문객이고 한사람은 이곳의 해설가였다. 방문객 손에 내가 들고 있는 똑 같은 팸플릿이 있었다. 이 중년부인은 혼자서 키류우의 봄을 즐기고 있었다. 함께 다음 방인 염색전시실이자 실습실로 갔다. 땅에 묻어 놓은 6개의 독들이 흥미로웠다. 실습생들이 제조한 염료를 풀어 천에 물들이는 염색용 독이다. 비오는 평일이니 실습생이 있을 리 없고, 바삐 지나는 사람이니 직접 해볼 수도 없다. 아쉬움을 뒤로 하고 다음 방으로 갔다. 이상하게 규칙적으로 반복되는 기계음이 들렸다. 방문객을 위해 단순히 보여주는 것이 아니라 세 사람이 실제로 직물을 짜고 있었다. 진짜 직물공장이었다. 입구에서 보았던 '키류우물산진흥협회' 라는 현판이 그제야 수긍이 갔다.

시간이 제법 흘렀는데도 아직 비가 내리고 있었다. 봄비여서 그런지 제법 끈질기다. 쿠와노키광장 くわのき廣場 이라 적힌 마당에서 봄비를 즐기다 보니 처마 밑에 이상한 누런 종이더미를 발견했다. 기념으로 가져가라고 적혀있었다. 이게 뭘까? 어렴풋한 기억에 오래 전 대학시절에 포트란과 베이직을 배울 때 사용했던 컴퓨터 천공카드를 닮았다. 가져가도 된다는 걸 보니 어디선가 계속 나오는 모양이다. "아~ 그렇구나" 의문이 꼬리를 물고 풀렸다. 무린칸에서 키타가와선생이 얘기했던 직물기계와 컴퓨터와의 관계, 그리고 계속 돌아가고 있는 직물공장. "직물공장에서 부산물로 나오는 것인가 보다". 일단 혼자 스스로 답을 정했다.

직물과 천공카드

1725년에 구멍 뚫린 종이로 직조기를 조종하는 방법이 보촌 Basile Bouchon 에 의해 발명되었다. 직물의 패턴에 따라 종이에 구멍을 뚫어 놓고, 종이가 바늘들에 의해 눌리면 구멍이 뚫리지 않은 것들이 앞으로 움직이며 직물을 짰다. 보촌의 직조기는 다른 직조기들에 비해 일련의 바늘만을 사용한 점에서 단순한 것이었다. 이후 등장한 직조기들은 감긴 종이 대신 아주 작은 구멍이 뚫린 천공카드를 긴 벨트에 연결해서 작동시켰다. 1801년에 잭쿼드 Joseph Marie Jacquard, 1752-1834 는 바늘들이 끊임없이 회전하는 카드들의 체인에 따라 동작하는 자동직물직조기를 발명하여 직물산업에 혁명을 불러왔다. (자료: naver.com/seobyong)

키류우에 톱날형공장이 마지막으로 건설된 것은 1969년이다. 이후 23년이 지난 1992년 3월에 키류우시는 일본에서 가장 먼저 직물산업에 근거한 '근대화유산 거점도시' 라는 슬로건을 발표하였다. 近代化遺産據点都市宣言に關する決議案 이때 시민 의 약 60%가 '역사적 건축물을 활용한 도시정비' 에 찬성을 했

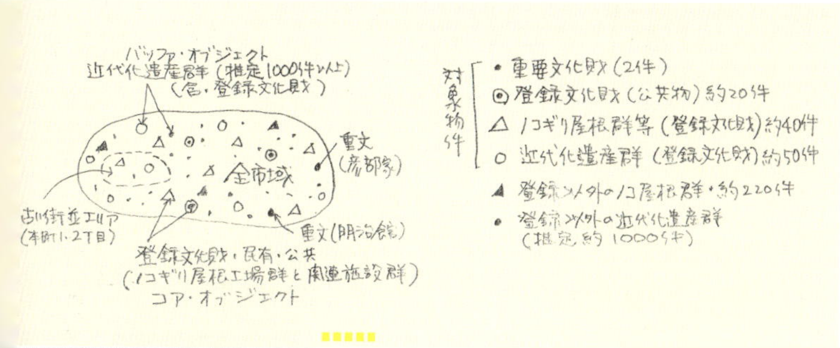

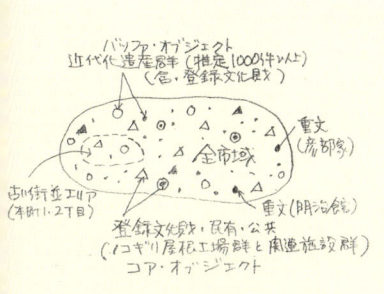

톱날형지붕공장을 개조해서 만든 전시장 *
염색실습실에서 염색과정을 설명하고 있다. **
지금도 돌아가고 있는 직물공장 ***
유가리의 공짜 기념품 ****
키류우의 근대화유산 분포 개념 (키타가와선생이 그린 그림이다) *****

다고 한다. 이로부터 15년이 다시 지났다. 국가시범공장이 있었던 다른 도시들은 모두 잊어버린 직물산업을 키류우는 아직도 고집스레 지키고 있다. 이제 키류우는 일본인 모두가 인정하는 '직물도시'가 되었다. '모두들 키류우를 織の都라 부른다' 그래서 이들은 엄청난 용기를 내고 있다. 일본은 17개 지역의 비단 絹 관련 산업의 역사를 묶어 '세계문화유산'으로 지정받으려 하고 있는데, 집단으로 남아있는 톱날형지붕공장들 덕택에 키류우가 이 일에 큰 몫을 차지하고 있다. 사실 나는 키류우에 오기 전에는 "별걸 다 억지로 세계문화유산으로 지정받으려 하네" 하고 코웃음을 쳤었다. 웅장하거나 멋지지는 않지만 키류우에 스며있는 직물산업의 진정성 眞正性을 체험하고 나니 코웃음 치던 나의 속내가 꽤나 누그러졌다.

봄비를 근사하게 즐겼던 유가리의 쿠와노키광장

언덕길에 남겨진 역사의 여백 4

| 나가사키 미나미야마테・히가시야마테 | 고베 이진칸 | 하코다테 모토마치 |

열다섯번째 이야기

일본의 개항도시로는 요코하마, 고베, 나가사키, 하코다테를 꼽는다. 개항시기와 과정은 모두 다르지만, 이들 도시 모두가 서양인들이 살았던 '양관거류지'를 가지고 있다. 그런데 거류지들이 한결같이 경사진 언덕 위에 자리 잡고 있다. 자신들이 항상 드나들던 바다를 훤히 내려다 볼 수 있는 높은 언덕에 그들은 집들을 지었다. 멀리 타향으로 온 지라 뭔가 불안하고 고향이 그리웠던가 보다. 선교를 목적으로 한 학교와 교회를 지었다. 상황과 조건은 다소 차이가 있지만 우리의 인천과 부산도 이와 비슷했다. 아쉽게도 우리는 제대로 남아있는 게 없지만... 개항도시는 아니지만 비슷한 거주지를 지녔던 도시가 또 하나있다. '대구'다. 대구는 언덕에 자리 잡았던 일본의 양관거류지들과 닮은 모습을 많이 가지고 있다. 비록 바다는 아니지만, 대구를 찾았던 선교사들은 언덕 위에서 마치 바다처럼 펼쳐져 있던 평지, 그리고 그곳에 있던 옛 성내를 보며 넓은 바다를 바라보는 듯한 느낌을 가지지 않았을까.

대구의 언덕길 이야기

대구 근처에서 3년 정도 살면서, 도심에 남아 있는 근대의 흔적들에 대한 연구 '대구 구도심의 근대역사환경 분석' / 2001년 발표 를 한 적이 있었다. 대구의 여러가지 흔적들 가운데, 천주교와 개신교의 전파로 인해 의료나 교육시설들이 들어섰던 과정과 결과들은 일본의 개항도시들과 닮았다.

연구결과를 빌려 잠시 대구에 대해 얘기를 해보면, 먼저 '천주교'다. 대구의 천주교는 서울, 충청도, 강원도 등지에서 박해를 피하여 이주해 온 신자들에 의해 1827년경부터 전래되기 시작했다. 그뒤 1886년 한불수호조약을 계기로 대구에 천주교본당이 세워지고 본격적으로 선교사들이 들어오기 시작했다. 초대 주임사제로 로베르신부 Achille Paul Robert/김보록 가 부임했고 '앞밖길'이라 불리던 현재의 계산동에 선교거점을 구축했다. 원래는 본당 터를 서문 밖의 높은 지대인 '동산'으로 택하려 하였으나, 당시 노년층 신도들의 반대에 부딪혀 결국은 성 바로 옆 서문 밖 평지인 앞밖길에 자리를 잡았다 한다. 로베르신부는 1899년 그 자리에 지금의 '계산성당' 主敎佐聖堂 을 건립했다. 그 후 1911년에 대구교구가 설립되어 안세화주교 Florian Demange 가 부임하고, 1913년에 성도 서상돈으로부터 남산동의 1만 여 평의 땅을 기증받아 주교관, 1913 신학교 및 성당, 1913-1914 수녀원, 1915 성모굴, 1918 수녀원 성당 1926 등을 차례로 건립하면서 천주교의 교세를 크게 확장하였다.

지금도 남산동 언덕 곳곳에는 붉은 벽돌로 된 종교시설들이 남아 있다. 특히 계산성당은 영남지역 최초의 고딕양식의 성당으로 1984년에는 교황 요한 바오로 2세 이 직접 방문할 정도로 상징적인 가치를 지니고 있다. 이러한 천주교의 도입은 대구에 서구문물이 본격적으로 들어오는 계기가 되었다.

'개신교'는 천주교보다 좀 늦게 대구에 전파되었다. 1893년 4월 미국인 베어드선교사 W. M. Baird/배위량 가 처음으로 선교활동을 시작했고, 1897년 봄에는 아담스선교사 J E. Adams/안의와 가 부임하여 성도였던 정완식의 집 초가 5동과 와가 4동 을 대구 최초의 교회인 남성로교회 현 대구제일교회 로 사용했다. 2년 뒤 존슨선교사 D. B. Johnson 가 들어와 남성로교회 내에 서양식 병원인 제중원 현 동산병원 전신 을 세워 의료사업의 계기를 마련하였다.

이후 서문 밖 동산일대 현 동산동 를 매입하여 선교본부로 정했고, 이곳에 선교사 주택들을 세워 종교, 의료, 교육사업을 전개하여 나갔다. 이 시기에 지어진 개신교와 관련된 건축물로는 동산병원, 1905 아담스관, 1908 남성로교회, 1908 신명학교, 1913 계성학교 1913 등과 1910년 경에 조성된 선교사주택들이 있다.

이를 기반으로 대구의 개신교는 급진적인 발전을 시작하였고, 대구 3.1운동의 중심적인 역할을 했다. 특히 개신교의 교육, 의료사업은 오늘날 대구의 근대 교육과 근대 의료의 바탕을 제공하였다.

이러한 개신교와 관련된 유적들 스왓즈주택, 블레어주택, 챔니스주택, 대구제일교회, 동산의료원, 계성학원의 아담스주택/맥퍼슨관/핸드슨관, 대구 최초의 사과나무, 동산의료원 옛담장, 아담스선교사 기념비, 선교사묘지 등 이 집합적으로 남아있는 남성로와 동산동일대는 우리나라의 대표적인 종교문화유적지라 할 수 있다.

대구 동산 언덕에 나란히 솟아 있는 옛선교사주택들이 재미나다. 3개소는 현재도 남아있다. (자료: 대구제일교회 백년사(2000), p.50쪽)

2001년 겨울. 눈이 내린 대구 언덕길 풍경

우리가 오랫동안 지녀온 것이 아니고 우리의 생각으로 세운 것이 아니며, 또 특별히 지키고 남기려고 노력한 것도 아닌데 왜 아직 보존되어 있는 걸까? 개화에 도움을 주었던 시설이었기 때문일까? 아니면 대략 비슷한 곳에 모여 있어서 그랬을까? 그 답을 찾기는 어렵지만, 성곽도시에서 현대도시로 이어져 넘어오는 대구 도시변천사에 중요한 징검다리 역할을 했었고, 지금도 '대구'의 정신적인 기반이 되고 있기에 그 존재가 남다르지 않았을까.

요즘은 어디가나 온통 '문화' 얘기 뿐이다. 새로운 것을 만드는 것도 중요하고, 옛 것을 지키는 것도 중요하지만, 하찮다고 생각하는 것들 속에서도 새로운 가치를 발견하고 이를 재창조하는 일이 문화의 진정한 의미가 아닐까 생각해 본다. 우리가 직접 만든 게 아니라고, 혹은 생긴 지 얼마되지 않았다고 함부로 하거나 소홀히 다루는 일은 없어져야 한다. 이제 우리도 이런 것들을 소중하게 지켜 후손들에게 넘겨주어야 한다.

다시 일본 얘기로 돌아가 보자. 개항기의 모습들이 우리와 비슷한 점이 많은 일본의 네 도시 요코하마, 고베, 나가사키, 하코다테 도 '개발'이라는 미명아래 개항 당시의 많은 흔적과 얘기들이 점점 사라져 가고 있다. 그나마 다행스러운 일은 언덕 위의 거류지들을 지키려는 노력들이 80년대 초반부터 시작되었고, 지금은 그 도시에서 없어서는 안 될 정도로 자랑스러워하는 공간이 된 것이다.

겉보기는 비슷하지만, 이 모습들을 남겨놓기까지의 속사정은 모두 다르다. 하지만 시민들이 스스로 지키려고 했던 노력과 의지가 행정과 제도적인 조치들보다 빨랐다는 점은 모두 똑 같다.

고베 이진관에 남아있는 양관들

이 도시들에 대한 평가는 다양하지만, '건축사적 차원'에서는 이렇게 말한다. "나가사키는 에도말기에서부터 메이지시대 초기에 건설되어 최고의 가치를 가진 양관들이 남아 있고, 고베는 개항은 늦었지만 외국인 건축가가 설계한 본격적인 건축양식들이 많다" 또 "요코하마는 관동대지진의 영향으로 1920년대 이후인 다이쇼시대 말기부터 쇼와시대의 건축양식들이 집중적으로 남아 있으며, 하코다테는 다양한 절충식 1층은 일본식이고 2층은 서양식 건물들이 남아 있다". 다시말하면 겉으로는 비슷비슷해 보이지만 건설 시기가 다르고, 남아 있는 형상이나 구조가 각각 달라 보존할 가치가 충분하다는 말이다.

'도시적 차원'에서의 의의는 거류지였던 지역들을 집합적으로 보존하려는 '도시계획기법 특히 바다로의 조망을 보호하려는 노력, 전체의 고풍스런 분위기를 지키려는 노력 등을 발전시키는 계기를 제공하였다는 점이다. 나가사키, 하코다테, 고베의 거류지는 국가에서 '중요전통적건조물군보존지구'로 지정하여 관리하고 있고, 요코하마는 '경관풍치보전지구'로 관리하고 있다.

또 하나 특이한 사실은 가까운 곳에 '차이나타운'이 있다는 점이다. 나가사키의 '新地', 요코하마의 '中華街', 고베의 '南京町' 나가사키의 '신지' 新地 는 400년이 넘는 역사를 가지고 있지만 요코하마의 '중화가'와 고베의 '난킹마찌'는 19세기 개항과 동시에 몰려든 중국인들에 의해 만들어졌다. 그러니까 양관거류지들과 거의 동시에 생긴 셈이다. 이제 남쪽에서부터 차례대로 올라오면서 한 곳씩 찾아가 보자.

나가사키의 두 언덕

나가사키는 네 도시들 중 가장 남쪽에 있는 도시다. 나가사키하면 대개가 '원폭도시'란 단어를 먼저 떠올린다. 하지만 일본인들은 '야경이 아름다운 도시' 그리고 '카스텔라 15세기에 네덜란드를 통해 개항된 이후 만들기 시작했다 와 나가사키짬뽕 하얀색 해물과 채소를 넣고 끓여 시원한 맛이 난다 의 도시', 그리고 '전차의 도시'로 기억한다. 나가사키는 원폭의 아픔은 묻고 상당히 낭만적인 도시로 변신하였다.

일본인들은 야경과 나가사키짬뽕을 먹기 위해 나가사키를 찾는다고 한다. 돌아갈 때 가족들을 위해 '분메이도' 文明堂 나 '후쿠사야' 福砂屋 에서 카스텔라를 사는 것 역시 빼면 안되는 관광코스의 하나로 여긴다고 한다. 나가사키 카스텔라의 원조는 '후쿠사야'다. 1624년에 창업한 카스텔라전문점이고 '신지' 新地 와 '히카시야마테' 東山手 의 중간쯤에 있다. '분메이도'는 1900년에야 시작했지만 전국에 30여개의 지점을 가진 일본 최대의 카스텔라전문점이다.

후코오카에서 3시간 정도 남쪽으로 내려가면 나가사키에 도착한다. 나가사키역 앞에서 이시바시 石橋 가 종점인 노면전차 자세한 것은 열두번째 전차길이야기에서 소개한다 를 타고 미나미야마테 南山手 로 향했다.

나가사키 짬뽕 *
나가사키 카스텔라 **
일본 최고의 목조 성당인 오오우라성당이다. ***
분메이도 미나미지점이다. 오오우라성당 바로 앞에 있어 나가사키의 분메이도들 중에 제일 붐비는 곳이다. ****
오오우라성당에서 몇 발자국만 옮기면 나가사키항이 보이기 시작한다. *****

20여 분 걸려 종점에 내렸다. 돌로 된 좁은 계단길을 따라 오르다 땀이 묻어나기 시작할 즈음 틈새로 자그마한 마당 같은 광장이 보인다. 오오우라성당 大浦天主堂 앞 마당이다. 아름다운 팔각형의 첨탑과 스테인드 글라스가 인상적인 오오우라성당은 16세기말 1597년 에 순교한 26인을 기념하기 위해 1864년에 만들어진 목조성당이다. 원자폭탄 투하 1945년 시에 다행히도 투하지점에서 벗어나 원형이 그대로 남아 있다. 양관거류지인 미나미야마테와 히가시야마테가 남아있는 것도 같은 이유다

바다가 보이기 시작했고 지금부터는 약간 내리막이다. 대부분의 사람들은 내가 가고 있는 반대방향에서, 갓구어낸 카스텔라 향기의 유혹을 따라 언덕길을 올라온다. 경사길과 오오우라성당이 만나는 지점에 카스텔라 가게 文明堂南山手店 가 있다. 원조집은 아니지만, 30년의 역사 1972년 창업 를 지닌 곳이고 관광지의 길목에 있어 관광객들이 가장 많이 찾는 곳이다. 이제는 '일본 최고의 목조성당 앞에서 아름다운 항구를 바라보며 카스테라를 사는 일'은 나가사키 관광의 알짜배기가 되어버린 것 같다.

해안을 바라보며 연결된 경사로를 따라 내려오면 중간 쯤에 '구라바엔' グラバ-園 을 가리키는 안내판이 있다. 푸치니 Giacomo Puccini 가 1904년에 작곡한 세계적인 오페라 '나비부인' Madama Butterfly 의 배경이 된 곳으로 구라바엔에는 나비부인이 실제로 살았다는 '글로버하우스' グラバ-邸 가 있다.

제1막. 나가사키 언덕 위의 집

서주와 함께 막이 열리면 미국인 해군사관 핀커톤이 결혼중매를 하는 고로의 안내로 등장한다. 고로는 여기서 일본 가옥에 대해 여러 설명을 한다. 그가 문을 두드리자 하녀 스즈끼와 시환들이 나와서 새주인인 핀커톤에게 인사를 한다. 다시 말하자면 핀커톤은 나비부인과 결혼하게 되어 이 언덕 위 집을 빌린 것이다. 고로는 안방에서 신부가 도착하는 것을 기다리며 이 예식에는 란디와 미국영사 그리고 신부 친척 등이 참석한다는 것을 핀커톤에게 말해준다.

크게 만족해하는 핀커톤은 나가시끼 주재 영사가 나타나는 소리를 듣고 더욱 기뻐한다. 그는 고로에게 마실 것을 준비하게 한 후 영사와 함께 잔을 들면서 이 집은 999년 동안 빌렸지만 언제든지 계약을 파기할 수 있다는 자신있는 이야기를 하면서 영사를 안심시킨다. 여기서 두 사람은 이중창을 부르며 미국의 기질을 용감하게 자랑하며 자기는 여러 나라의 아름다운 여자를 수중에 넣지 못하면 산 보람이 없다고 노래한다. 이것을 듣고 있던 영사 샤플레스는 그런 생각이 일시적으로 유쾌한지 모르나 터무니없는 결과를 가져올지도 모른다고 주의를 준다. 고로가 나타나 신부의 행렬이 가까이 이르렀다는 것을 알리자 무대 뒤에서는 '아름다운 하늘이여, 바다도 빛난다 '라는 아름다운 여성 합창이 들린다. 얼마 후 양산을 쓴 처녀들의 행렬이 등장한다. 고로는 신부의 아름다움을 자랑하며 자기의 눈이 뛰어났다는 것을 자부하는데 핀커톤은 연인을 빨리 영접하기 위해 서두른다.

영사는 핀커톤에게 주의를 시킨다. 핀커톤을 본 나비부인은 그를 자기의 친구들에게 소개하자 샤플레스는 아름다움에 감탄하며 그녀에 관해 묻는다. 나비부인은 자기의 선조는 상당히 부유한 가문이었으며 재난 때문에 몰락했다는 말과 어머니를 보살피기 위해 기생이 되었다는 이야기를 하고 나이는 15살이라고 말한다. 그 때 친척들이 들어와 푸른 눈의 외국인에 대해 주목을 했으나 잠시 후에 연회를 시작하게 된다. 핀커톤은 부인 쪽으로 가서 과자를 권하는데 나비부인은 여러가지를 그에게 보인다. 여러가지 물건을 내놓고 나중에는 품속에서 아버지의 유물인 단도를 내놓는다. 그것을 본 고로는 핀커톤에게 그것을 그녀의 아버지가 황실로부터 단도와 함께 죽음을 명령받았던 것이라고 말한다. 다시 나비부인은 불상을 내버리며 교회에 가서 무릎을 꿇고 기도를 하자고 하면서 개종할 결심을 이야기한다.

시간이 흐른 후, 승려인 백부가 흥분하여 나비부인을 부르며 나타나 그녀가 개종한 일과 선조와 친척들을 버린 것을 꾸짖는다. 그 때 핀커톤은 그를 내쫓는데 이에 놀란 친척들도 모두 나가버린다. 핀커톤은 신부를 위로하며 사랑의 이중창을 부른다. 잠옷으로 갈아 입은 핀커톤은 '나비부인, 아름다운 그 눈, 이제는 나의 것, 흰 옷에 검정머리 아름다운 그 깨끗함'을 부르고 계속해서 나비부인이 '애 즐거운 밤이여'를 노래한 후 함께 방으로 들어간다.

제1막으로부터 3년이 지난 봄. 스즈끼는 불상 앞에서 종을 치면서 3년전 결혼한 후 출국해 돌아오지 않는 핀커톤을 기다리고 있는 나비부인을 위해 기원하고 있다. 나비부인은 일본의 신은 태만하여 빌어도 소용이 없다고 말한 후 이제는 돈도 얼마 남지 않았다고 서로 이야기한다. 스즈끼는 핀커톤이 돌아온다는 것을 의심하지만 나비부인은 반드시 돌아오리라 믿으며 '어떤 개인 날(Un bel di vedremo)'라는 아주 애절한 아리아를 부른다. 이 때 고로와 샤플레스가 나타나는데 나비부인은 기뻐하며 그를 영접한다. 샤플레스 영사는 핀커톤이 미국에서 정식으로 다른 여자와 결혼했다는 편지를 전하려고 왔지만 나비부인의 말을 듣고 나서 편지 이야기를 꺼내지 못한다. 그런데 고로는 나비부인의 마음을 돈 많은 야마도리 공작에게 향하게 하려고 노력하지만 그녀는 이미 정해진

1955년에 공연된 '오페라 나비부인' 의 한 장면이다. 당시 최고의 오페라가수였던 마리아 칼라스 (Callas, Maria)가 나비부인이다.

오페라 나비부인의 배경이 된 글로버하우스

사람이 있다하면서 거절한다.
그러나 샤플레스와 고로, 야마도리는 핀커톤이 얼마 안 있어 이곳에 돌아오는 것을 이미 알고 있었다. 야마도리가 간 뒤에 샤플레스는 편지를 나비부인에게 보이면서 '편지의 이중창'을 노래한다. 편지의 내용은 이미 떠난지 3년이 되었으니 자기를 잊었을 것으로 예상하지만, 만약 기다리고 있다면 미국에서 정식으로 결혼을 하여 돌아갈 수 없다고 체념해 달라는 내용이었다. 그러나 나비부인에게 동정이 간 샤플레스는 끝까지 편지를 읽을 용기가 없어 만약에 그가 돌아오지 않는다면 어떻게 하겠느냐고 묻는다. 그러자 그녀는 창백한 얼굴로 다시 기생이 되든지 죽든지 둘 중 하나라고 대답한다. 샤플레스는 부드러운 말로 위로하면서 야마도리 공작의 소원을 들어주는 것이 어떻냐고 다시 권해 보지만 푸른 눈의 아이를 안고 나와서 그의 아들이 아빠가 돌아오는 것을 기다리고 있다고 전해 달라며 부탁한다. 무슨 말을 해도 소용이 없는 나비부인의 탄식하는 말에 샤플레스는 아이에게 입을 맞추고 이름을 묻자 '지금은 괴로움이지만 그이가 돌아오면 기쁨'이라고 대답한다.
샤플레스가 퇴장하자 스즈끼는 고로를 붙들고 흥분하여 대든다. 그것은 고로가 나비부인의 아들을 아비 없는 아이라고 자극했기 때문이다. 그러자 나비부인은 단도를 꺼내 가지고 위협하면서 두번 다시 그런 말을 했다가는 용서하지 않겠다고 한다. 이 때 갑자기 항구에서는 대포소리가 나면서 군함의 입항을 알린다. 망원경을 가지고 그곳을 바라본 나비부인은 미국의 성조기가 보이는 것을 보고 기뻐 놀라며 정원에 나가서 스즈끼와 같이 벚꽃을 따서 방에 뿌리며 '꽃의 이중창'을 부른다. 노래가 끝나자 나비부인은 거울 앞에 앉아 화장을 하기 시작하고 아이에게도 화장을 시킨다. 나비부인은 결혼할 때 입었던 추억의 의상을 입고 핀커톤이 돌아오는 것을 기다린다. 저녁이 되자 피곤한 스즈끼와 아이는 잠들었는데 멀리 뱃사공들의 노래가 허밍으로 들려오는데 나비부인은 창문을 기대어 새겨 놓은 조각과 같이 움직이지 않고 홀로 서서 그를 기다리고 있는데 막이 내린다.

간주곡이 연주된 후 막이 열리면 새벽이 된다. 지난밤 한잠도 자지 못한 나비부인은 항구가 있는 쪽을 바라보며 서 있다. 스즈끼가 일어나 핀커톤이 나타나면 바로 알릴 터이니 잠을 청할 것을 권한다. 나비부인은 잠든 아기를 안고 2층으로 올라간다. 이 때 핀커톤이 샤틀레스와 함께 나타난다. 그녀는 놀라며 나비부인이 3년 동안을 기다리고 있던 중 오신다는 소식을 듣고 어제밤은 꽃을 방에 뿌리고 밤을 샜다는 이야기를 핀커톤에게 한다. 그리고 그가 본국에서 결혼한 아내 케이트를 데리고 나타난 것에 그녀는 탄식을 한다. 핀커톤, 스즈끼, 샤틀레스의 삼중창이 이어진다. 이 때 핀커톤은 '안녕 사랑의 꿈이여'라는 말로써 시작하여 이별을 고하는 아리아 '잘있거라 꽃피는 사랑의 집'을 노래한 뒤 더 있을 수 없어서 샤틀레스에게 뒷처리를 맡기고 퇴장한다.
핀커톤의 부인 케이트와 스즈끼가 정원에 나타난다. 케이트는 스즈끼에게 아이를 맡겨주면 친자식처럼 귀엽게 키우겠다고 말하지만 스즈끼는 그렇게 되면 나비부인이 불쌍하다고 슬퍼한다. 이 때 스즈끼의 이름을 부르며 나비부인이 나와 케이트가 핀커톤의 부인이라는 것을 짐작으로 알게 되고 그녀는 '이제 마지막이다'라고 말하며 쓰러지려 한다. 그리고 샤플레스로부터 아이의 행복을 위해 핀커톤에게 넘겨 주라는 말을 듣고 비탄에 빠지며 케이트에게 행복을 빌고 30분 뒤에 핀커톤이 오면 아이를 양도해 주겠다고 약속한다.
영사와 케이트가 가버린 뒤 크게 충격을 받은 나비부인은 밖이 너무 밝다고 창문을 닫고 스즈끼를 내보낸다. 그녀는 불상 앞에 꿇어 앉아 아버지의 유물인 단도를 꺼내 놓고 장에서 흰천을 꺼내어 병풍에 건다. 그리고 칼에 새겨진 '명예롭게 살지 못할 때에는 명예롭게 죽는 것이 낫다'라는 말을 읽고 목을 찌르려 하는데 스즈끼가 아이를 들여보낸다. 그녀는 아이를 껴안고 '귀여운 아기야, 엄마는 죽어간다, 사랑스러운 착한 아기, 이 엄마의 얼굴을 기억해다오'라는 극적인 아리아를 부른다.
노래를 끝내고 나비부인은 아기에게 미국 국기와 인형을 가지게 한 후 눈을 가린다. 그리고 그녀는 병풍 뒤에서 자결하는데 흰 수건으로 상처를 가리고 병풍 뒤에서 기어 나와 마지막으로 아이를 안으려 하나 맥없이 쓰러져 버린다. 이 때 '나비부인'하고 부르며 핀커톤이 영사와 함께 등장한다. 그러나 그녀는 아이를 가리킨 채 절명해 버린다. 놀란 나머지 샤플레스는 아이를 껴안고 피커톤은 시체 위로 몸을 던지며 막은 내린다.
(http://myhome.naver.com)

푸치니의 오페라를 통해 나가사키라는 도시는 전 세계에 알려지게 되었다. 오페라의 배경이 된 글로버하우스는 1863년에 지어진 일본에서 가장 오래된 서양식 목조주택이다. 영국인 토마스 브레이크

글로버 Thomas, B. Glover 의 집이였고 나비부인은 토마스의 처인 야마무라 쓰루 山村 鶴 였다. 오페라의 배경이 된 글러브하우스는 바로 영국인 토마스 브레이크 글러버 homas, B. Glover 의 집이였고 나비부인이 바로 토마스의 처인 야마무라 쓰루 山村 鶴 였다. 구라바엔에는 나가사키 개항과 관련된 역사적인 건물들이 10여 채나 몰려 있는데, 글러브하우스 다음가는 건물이 제일 안쪽 언덕에 있는 '옛미쯔비시 제2 도크하우스' 舊三菱第2ドックハウス 다. 2층 테라스에 오르면 나가사키항이 멋지게 한눈에 펼쳐진다.

미나미야마테와 마주 보고 있는 또 다른 언덕인 히가시야마테 東山手 로 가기 위해 전차길을 건너 다시 경사길로 올라갔다. 이 경사길이 유명한 '오란다자카' オランダ坂 / 당시 오란다 사람이 다니는 언덕이라는 의미로 거류지의 언덕길은 모두 '오란다자카'라고 불려졌다 다. 나가사키와 네덜란드의 인연 오란다는 네덜란드를 지칭하는 말이었고, 나가사키 사람들은 동양인외의 모든 외국인을 오란다상이라고도 불렀다 은 15세기로 거슬러 올라가며, 그 인연의 흔적들이 도시 곳곳에 남아 있다. 당시 네덜란드인들이 살던 항구도 복원해 놓았고, 또 네덜란드 테마공원 하우스덴보스 도 있다. 오란다자카는 길이가 50~60센티미터, 폭은 30센티미터 쯤 되어 보이는 판석들로 채워져 있다. 판석의 무채색 톤이 주변 양관들과 잘 어울린다. 경사지에다 동네를 만들다 보니 축대, 계단, 안전대 등의 구조물들이 거의 돌로 만들어져 있다.

이곳에는 1897년을 전후하여 지어 졌다는 7동의 양관들이 두 줄로 늘어서 있다. 일본의 양관거류지들 중 이렇게 여러 채가 함께 모여 있는 경우는 이곳뿐이다. 그래서 더 가치가 있어 보이는 지 모른다. 1, 2층의 시원한 테라스는 분명 항구를 바라보기 위한 것 같고, 창에서 바라보는 항구가 왠지 낯설지 않게 다가 온다.

고베의 이진칸

고베 로코산 六甲山 의 남쪽 경사진 언덕에는 '기타노 이진칸' 北野異人館 이라 불리는 동네가 있다. 이곳은 메이지시대부터 다이쇼시대에 이르기까지 전성기

히가시야마테에는 7동의 양관이 옹기종기 모여 있다.

히가시야마테는 판석과 돌이 많아, 언제나 회색빛이다.(오란다자카)

옛 마쯔비시 제2도크하우스의 테라스에서 펼쳐지는 나카사키항

커뮤니티센터로 사용중인 양관

를 이루었던 고베의 양관거류지였다. 고베 이진칸은 개항 1867년 12월 된 이듬해인 1868년부터 영국인 토목기사 하드 J. W. Hard 에 의해 만들어진 거류지 약 2만 5천평 다. 원래는 양관이 200여 채나 되었다고 하는데, 지금은 요리집들까지 모두 합쳐도 25채 밖에 남지 않았다.

이곳을 가기 위해서는 두 가지 방법이 있다. 산노미야 三の宮 역에서 북쪽으로 가는 방법이 있고, 신간센과 세 개의 철도노선이 교차하는 신고베 新神戶 역에서 초록색 관광순환버스를 타고 기타노산책로 北野通リ 를 따라 서쪽으로 가는 방법이 있다. 이중에서 신고베역에서 기타노산책로를 통해 들어가 기타노자카(北野坂)나 도아로드(トアロード)를 따라 내려오는 것이 이진칸을 제대로 볼 수 있다

신고베역에서 기타노산책로를 따라 올라갔다. 경사가 끝나는 지점에 3채의 서양 집들이 쭉 늘어서 있다. 벤의 집, ベンの家 프랑스관, 그리고 영국관. 건너편의 옛 파나마영사관까지 한꺼번에 눈에 들어오기 시작하면 비로소 이진칸에 온 기분이 확연히 느껴진다.

기타노산책로의 오른쪽에 나있는 좁은 계단을 올라가면 발코니가 멋지고 크림색 바탕에 붉은 선이 아름다운 집이 있다. 1915년에 만든 2층짜리 목조주택으로 고베시에서 전통적건조물로 지정한 '라인관' ライン館 이다. 이진칸에서는 유일하게 입장료 없이 둘러 볼 수 있고, 1층에 찻집도 있어 잠시 쉬어 가기 알맞은 곳이다.

잠깐의 여유로웠던 휴식을 뒤로하고 다시 또 경사길을 따라 올라갔다. 북쪽으로 향한 좁은 돌포장길을 한참이나 가다 보면 고베 시내가 내려다보이는 둥근 모양의 '기타노광장' 北野町廣場 이 나타난다. 여기저기에 연주하는 모습을 담은 조각품들. 전부들 연주를 하고 있다. 색소폰, 플루트, 트럼펫 … 작은 음악회라도 열면 제격일 듯하다.

멀리 고베항이 바라 보이는 곳에 올라보니, '야마테지구' 山手地區 의 '바다가 보이는 오카공원' 港の見える丘公 이 생각났다. 야마테지구는 요코하마의 '이진칸' 이라 할 수 있다.

요코하마 이야기를 잠시 하자면 원래 요코하마의 양관거류지는 야마테지구가 아니라 현재의 중화가를 포함한 간나이지구의 바다 쪽 평지인 '야마시타지구' 山下地區 였다. 개항 후부터 관동대지진이 발생할 때까지 약 50여 년간 온갖 영화를 누렸었다. 거류지의 발전으로 인해 야마시타지구가 점점 좁아지게 되고 그러다가 뒤편에 있는 구릉지까지 확장되어진 것이 야마테지구였다.

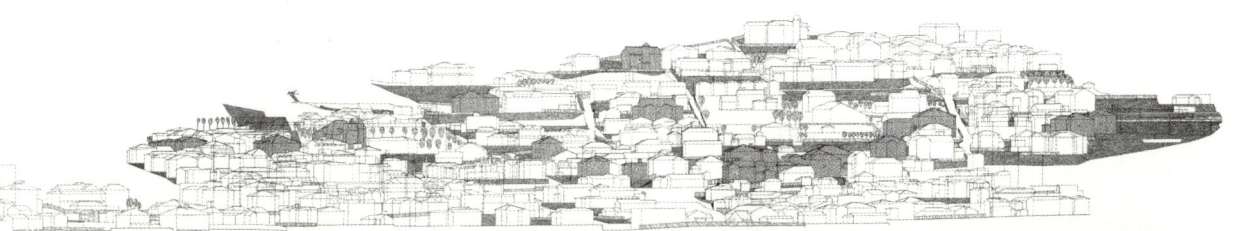

이진칸 전경(자료: 神戶市(1983) 異人館のあるまち 神戶 - 北野・山本地區傳統的建造物群調査報告, 부록편)

관동대지진 이후 야마테지구는 원래 모습으로 남고 야마시타지구는 시가지로 개편되면서, 야마테지구만이 양관거류지로 남게 되었다. 그뒤 2차 대전이 끝난 후부터 1960년대까지 이곳 양관의 대부분을 미군이 차지해 관리했었고, 그런 연유로 현재에도 다수의 양관이 남게 되었다. 공원으로 바뀔 예정인 서울의 용산, 부산 서면의 하야리야부대도 스스로 지킨 땅이 아니었듯이 요코하마도 우리와 처지가 비슷하다.

이야기를 다시 고베로 돌려 보자. 고베항이 멀리 바라 보이는 기타노광장을 배경으로, 뾰족 지붕을 한 '가사미도리야카타' 風見鷄の館 라는 자주빛깔의 건물이 서 있다. 이름이 다소 색다르다. 이곳을 배경으로 했던 TV드라마 '가사미도리' 風見鷄 의 애칭이라고 한다. 본래의 이름은 '토마스관' 이었다. 지붕 꼭대기에는 암탉 형상을 풍향계가 있어 이국적인 맛을 한층 더한다. 중세 유럽에서 악마를 쫓기 위해 성당 첨탑에 달았던 암탉모형과 같은 이유라고 한다. 그리고 '가사미도리야카타' 는 이진칸에서 유일하게 적벽돌로 지어진 집으로 국가중요문화재이기도 하다.

'가사미도리야카타' 가 있는 조금 밑으로는 미국총영사저택이라고 알려져

이 장면이 눈에 들어오면 본격적인 이진칸이다. ■
트럼펫악사와 함께 한 대구한의대 제자들. 모든 것이 그리운 1999년 여름의 일이다. ■■
광장 너머로 고베와 바다가 보인다. ■■■

있고 1903년에 만들어진 '모에키야카타' 萌黃の館 가 자리 잡고 있다. 외벽이 매우 세밀하게 지어졌다. 이진칸 대부분의 주택들의 창틀들은 앞으로 튀어 나와 있다. 겨울에는 좀더 춥기는 하겠지만, 조망이나 환기, 채광이 좋아서 사는 사람들의 건강에는 무척 좋을 듯하다. 광장 조금 더 위로는 텐만신사가 있다. 신사 앞 계단은 아마 일본에 있는 신사중에서도 가장 좁을 듯싶다. 신사는 그다지 맘에 들지 않았지만, 고베시가 좀 더 자세히 보일 것 같은 느낌을 믿고 올라가 보았다. 현명한 선택이었다.

내려다 보이는 이진칸의 참 매력은 골목마다 이어져 있는 집들이 그리 튀어 보이지 않고 닮았다는 점이다. 아마도 수리기준이 엄격한가 보다. 이진칸의 또 다른 매력은 경사를 따라 형성되어 있는 작은 골목길이다. 나가사키의 미나미야마테 같이 바다를 볼 수 있는 시원한 조망은 없지만, 건물 앞에 있는 작은 계단들과 대문들이 만들어 내는 재미는 훨씬 쏠쏠하다.

하코다테의 모토마치

하코다테의 1월은 쓰가루해협에서 불어오는 칼바람 때문에 몹시 추웠다.

교회 같기도 하고, 오래된 기숙사 같기도 한 가사미도로야카타
신사 계단에서 바라본 기타노광장
이진칸을 잘 지키고 관리하기 위해 꼭 필요한 기준 중의 하나(修景基準)이다.
이진칸의 골목길을 따라 걷는 재미도 제법 쏠쏠하다.

'모토마치' 本町 로 가기 위해 하코다테역 교통센터에서 하루종일 탈 수 있는 '1일전차패스' 600엔 를 구입하여 전차에 올랐다. 네번째 역인 '지유지가이' 十字街驛 에서 내렸다. 모토마치까지는 걸어서 2~3분. 하코테산으로 확 뚫려 있는 길, 폭이 36미터나 된다는 '니쥬켄자카' 二十間坂 가 시원스레 나타난다. 근처에 비슷하게 생긴 경사길이 18개나 더 있다. 모두 방향이 같고 하코다테산과 항구를 직선으로 연결하고 있다. 이 길들을 따라 하코다테의 근대 역사가 시작된 것이다.

흥미로움을 주는 경사길 중 니쥬켄자카는 그 중 가장 넓어 유명하고, '다이산자카' 大三坂 는 이름난 서양교회들이 모여 있어 유명하고, '하치만자카' 八幡坂 는 항구를 바라보는 경관이 가장 아름다워서 유명하고, '모토이자카' 基坂 는 오래된 서양건물들이 많이 있어 유명하다.

다이산자카를 따라 5분 쯤 오르다 보면 교회들이 나타나기 시작한다. 가장 먼저 보이는 것이 '그리스도하코다테교회' 日本キリスト教團函館教會 다. 나머지 교회들은 하치만자카 쪽으로 떨어져 있는데다 주변 건물들에 가려져 있어 쉽게 찾아지지 않는다.

계속해서 올라가다 보니 갑자기 3개의 교회가 한꺼번에 위용을 드러냈다. 제일 앞에 '모도마치로만가톨릭교회' カトリック元町教會 가 있었고, 그 뒤로 '세인트요한교회' 函館聖ヨハネ教會 와 '러시아정교회' 函館ハリストス正教會 가 자리잡고 있었다. 사진에서 많이 알려져 있는 건물은 러시아정교회다. 기억을 더듬어 사진으로 가장 아름답게 보여졌던 자리를 찾았다. 주변에 가려지는 건물도 없어 더욱 좋았다.

특이하게도 러시아정교회 바로 앞에 사찰 東本願寺 이 있다. 그리고 100m 쯤 떨어져서는 신사 船魂神社 도 있다. 기독교와 가톨릭, 불교 게다가 그들만의 종교까지. 마치 종교 박람회장 같았다. 그러고 보니 쓰임이 다른 건물들만 섞여 있는 것이 아니었다. 군데군데 색다른 모습을 가진 건물들이 눈에 띄었는데 하나의 건물에 1층은 일본식이고 2층은 서양식으로 혼합된 양식이었다.

하코다테는 양풍과 화풍이 적당히 절충된 도시이다. 16세기에는 러시아와의 교류 거점이었고, 1854년에 미국에 의해 개항되었다. 실제로 요코하마나 고베보다 개항시기가 빠르다. 그래서 어느 개항장보다 서양문화가 깊게 스며들어 있다.

톡 터진 하코다테항구와 바다
쭉 뻗은 경사 길들이 하코다테산과 바다를 연결한다.

모토이자카를 오르는
수녀님과 어린이들
(자료 : 杯順一, 2002)

모여 있는 세 개의 교회

최고로 치는 그리스도정교회
의 풍경들

모토마치로만카톨릭교회

하코다테 시가지 안에는 재미있게 생긴 성 城 하나가 있다. 마치 르네상스시대와 산업혁명기에 유행했던 서양의 이상도시 Utopia 와 닮았다. 아니 거의 똑 같다. 이 성은 1864년 러시아의 남진을 대비해서 만든 일본 최초의 서양식 성곽 '고료가쿠' 五稜郭 다. 이 곳은 메이지유신을 이룬 신정부와 도쿠가와 막부와의 마지막 전쟁 戊辰戰爭 / 고료가쿠의 전쟁 五稜郭陵の 戰 이라고도 한다 이 벌어졌던 곳이다.

러시아정교회 앞에서 언덕길을 따라 하치만자카 쪽으로 향했다. 가다 보면 '서고등학교' 函館西高校 가 있고, 계단길로 된 교문 앞이 하치만자카가 시작되는 곳이다. 고개를 항구 쪽으로 돌리면 속이 후련할 정도로 시야가 탁 트인 경치가 펼쳐진다. 사진을 가장 멋지게 찍을 수있는 자리는 언제나 사람들로 북적거렸다. 줄을 서야할 정도였다. 멀리 세이칸연락선 靑函連絡船 이었던 마슈마루 摩主丸 가 '비스타' vista/멀리 있는 목표물을 향해 가운데로 시야가 모이는 것을 말한다 를 만들어 더욱 아름다워 보인다. 세번째 창고이야기에서도 비슷한 얘기가 나온다

하치만자카 너머 모토이자카에는 공회당, 영국영사관, 북해도청 하코다테지부, 러시아영사관, 하코다테지청서고 등, 근대기에 하코다테를 주름잡던 각종 행정시설들이 모여 있다. 현재는 모두 자료관이나 전시관으로 재활용하고 있어 실내까지도 둘러 볼 수 있다.

하치만자카의 비스타는 언제나 시원하다.

모토이자카를 따라 항구 쪽으로 내려왔다. 하코다테를 개항시킨 페리제독의 기념비와 전차길 주변의 옛 은행들 지금은 문학관과 북방민족자료관 등으로 재활용하고 있다 을 지나자 2층이 서양식인 독특한 집들이 본격적으로 보이기 시작했다. 베란다가 특징인 다른 도시의 양관들과 달리 베란다가 없었다. "추운 날씨와 바닷바람 때문이지 않았을까"라고 추측해 본다.

고료가쿠는 르네상스시대의 유토피아인 나르덴(네덜란드)과 무척 닮았다. *
하늘에서 본 나르덴 **
옛영국영사관. 베이지색 벽체와 파란 창틀, 그리고 이름 모를 나무가지들이 아름답다. ***
하코다테의 겨울 오후 6시경 ****

바닷가에는 창고 등의 각종 항구시설들이, 그 다음 내륙지역에는 전차길과 주상겸용의 상업시설들이, 그 다음 켜에는 학교, 교회, 공회당 등의 교육행정시설들이 모여 '모토마치'라는 이름으로 하코다테산의 북동사면을 가득 메우고 있다. 그러니까 제일 높은 곳에 자리를 잡은 이곳 모토마치가 항구와 배후 상업지역을 조정하고 결속하는 기능을 가졌던 것이다.

'하코다테는 밤만 아름답다'고 단순히 생각했었는데 밤이 아름다운 이유는 따로 있었다. 하코다테산에서 내려다보면 하코다테의 역사가 눈 아래 펼쳐진다. 남아 있는 하나하나의 공간이나 시설들 보다는 중첩되어 공존하고 있는 '역사의 켜'들이 하코다테의 밤에 깔려 있기에 더욱 아름다워 보이는 지도 모르겠다.

하코다테의 겨울 오후 4시 30분경

도시의 기억을 지닌 전차길 4

| 나가사키 | 히로시마 | 하코다테 | 삿포로 |

열여섯번째 이야기

우리 도시에서는 오래 전에 없어진 '노면전차' 路面電車 가 일본에는 아직 남아있다. 정확히 20곳에 남아있다. 내가 산업유산으로 노면전차를 바라보기 시작한 것은 3년 정도 밖에 되지 않았다. 2001년 처음으로 히로시마에 갔을 때 대중화되어 있는 전차를 보고 무척 놀랐었다. 이 전에 유럽의 몇몇 도시들에서도 전차를 보았지만, 그렇게 한꺼번에 열심히 이용하는 것은 히로시마에서 처음 보았다. 전차가 매우 활성화되어 있는 암스테르담이나 프라하보다 더 생활 깊숙히 스며들어 있었다.

일본의 노면전차는 1895년에 시작한 '교토전기철도' 京都電氣鐵道 가 원조다. 인력거와 마차에 의존하던 운송수단들이 급속히 진보되면서 도쿄, 오사카, 교토, 나고야, 요코하마, 고베 등 6대 도시에 노면전차가 가설되었다. 그러나 1900년 초반부터 시작된 버스의 등장과 지하철 건설, 그리고 1920~30년대의 불경기 등으로 노면전차는 경영에 큰 어려움을 겪게 되었다. 하지만 2차 대전을 계기로 에너지 소비가 적은 노면전차의 의존도가 오히려 높아졌고, 1950년대 중반까지 노면전차는 다시 전성기를 누리게 되었다.

전쟁의 흔적이 희미해지면서 경제적 성장이 거듭되었고, 교통수단으로 자동차 수요의 급증과 신호기 증설, 자동차 우선 도로체계 등 도로시스템의 변화가 이어졌다. 이에 따라 전차는 점차 속도에서 밀리게 되었고, 시내교통 혼잡의 주범으로까지 전락하고 말았다. 이러한 악조건이 겹쳐지면서 경영은 악화되었고, 결국은 각 도시들마다 그 동안 운영해 오던 공영교통시스템을 전차에서 버스로 전환하게 되었다. 그때가 1960년대였다. 오사카, 교토, 요코하마, 고베 등 대도시의 전차들이 대부분 역사의 뒤안길로 사라지게 되었다. 도쿄는 외곽의 일부구간에만 남아있다

위기의 시대를 겪었지만 노면전차가 아직 남아 있는 도시가 20개나 되고 그 길이도 238km나 된다. 삿포로, 하코다테 등 5개 도시는 公營으로, 히로시마, 나가사키 등 15개 도시는 民營으로 운영하고 있다 어떻게 살아남았을까? 아마 1990년대에 유행처럼 번졌던 '지속가능한 개발' sustainable development 개념도 한 몫 했음에 틀림없다.

현재는 전차에 대한 인식이 완전히 달라졌다. 환경오염을 줄일 수 있는 '대체교통수단' 으로 재평가를 받고 있다. 또 퇴락하는 도심에 사람들을 끌어 모을 수 있는 수단으로 각광받고 있기에 더 이상 그 수가 줄어들지는 않을 것 같다. 오히려 늘어날 조짐도 보인다. 100여 년 동안 그 도시가 겪어 온 근대역사를 전해주는 매개체로 전차가 인식되면서 '살아있는 박물관' 이자 '움직이는 도시역사' 가 되고 있기 때문이다.

노면전차가 가지는 또 하나의 좋은 점은 버스와 똑같이 길에서 직접 탈 수 있다는, '도시약자 장애우, 노년층, 유년층 등 들에 적합한 교통수단' 이라는 점이다. 그래서 인지 몇몇 도시는 도로와 전차바닥의 간격

을 좁히는 일에 대단한 열정을 보이고 있다. 이 일에 있어서 '구마모토' 熊本 가 가장 앞섰으며, 1999년에 히로시마도 일본에서 두 번째로 땅에 바짝 붙어 다니는 전차 '5000形'을 도입했고 지금은 20여대나 다니고 있다. 이 전차를 '그린무버' 라고 부르는데 '친환경적인 이동수단' 이라 해석하면 될 듯하다. 이에 질세라 하코다테는 '베리어프리' 라는 애칭을 가진 '8101形' 을, 나가사키는 '3000形' 을 도입하였다. 이런 류의 전차를 통칭해서 '초저상식전차' 超低床車 라 부르며, 에너지절약의 정도, 저소음 수준과 도로와 바닥의 간격이 그 이름을 평가하는 잣대라 한다.

일본 전차에는 번호가 있다. 숫자가 작을 수록 오래된 것이다. 현존하는 전차들 중 가장 작은 숫자를 가진 것은 하코다테의 '30形' 으로 '하코다테 하이카라' 箱館ハイカラ 라는 애칭을 가졌다. 원래 하코다테의 지명은 함관(函館)이 아니라 상관(箱館)이었다 이 전차는 1993년에 '하코다테 노면전차 창설 80주년' 을 기념하면서 복원하였다. 1910년에 제작되어 지바현 나리타에서 사용했고, 1918년에 하코다테로 가져와서 1936년까지 사용했던 일본인들의 향수가 짙게 묻어 있는 '목조 전차' 다. 그 당시처럼 여자승무원까지 두었고, 이제는 하코다테의 명물이 되어 버렸다. 흉내 잘 내는 일본사람들이 이걸 가만 둘리가 없었다. 일본의 여러 도시에서 경쟁적으로 '레트로전차' レトロ電車 라는 이름으로 전차를 만들기 시작했다. 히로시마에서도 다이쇼시대에 운영되었던 두 종류의 전차를 복원했는데 옛날 모델이라 아무래도 속도가 느리고 용량이 작아서 인지 주말에만 운행을 한다.

일본의 전차 얘기를 하려면 히로시마를 빼놓을 수 없다. 히로시마 전차의 차량 수는 264대 인데 2위인 나가사키가 76대에 불과하니 그 규모를 짐작할 수 있다. 인구가 20만인 히로시마에서 일일 전차 이용객이 17만, 연 이용객은 4,500만 명이나 된다 하니 타도시에 비해 10배 이상의 규모다. 두 번째 전차도시로는 나가사키, 다음은 하코다테, 토야마, 오까야마, 구마모토 등의 순으로 자리매김 되고 있다.

전차도시 히로시마

히로시마 전차의 역사는 1912년에 시작되었고, 7개 노선과 20개 역, 57곳의 정류장을 가진 일본 최대의 전차도시이다. 차량의 종류만 해도 26가지나 된다. 마치 전차 만

바닥과 도로가 붙으면 붙을수록 진보한 전차다. 초저상차(超低床車)의 변천(자료 : 和久田, 1999) *

복고풍 전차를 유행시킨 '하코다테 하이카라(箱館ハイカラ)' **

히로시마전차의 노선 ***

도로에 바짝 붙은 히로시마의 5000형 초저상전차 ****

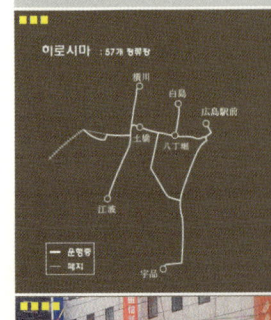

국박람회장 같다. 1965년 이후부터 전차를 폐지했던 고베, 교토, 기타큐슈, 후코오카 등에서 구입한 차량이 111대가 된다. 거의 반 정도가 남의 것이다.

히로시마의 전차는 관광객을 실어 나르는 동맥이다. 그 중심에는 '원폭돔' 원폭돔앞(原爆ドーム前) 정거장에 내리면 된다 이 있다. 원폭돔이 1996년에 세계문화유산으로 지정되면서 더욱 유명해져 전차들은 쉴 사이 없이 관광객들을 이곳으로 실어 나르고 있다.

사실 원폭도시라는 이미지 때문에 히로시마의 첫 방문은 약간의 두려움을 갖게 했다. 그러나 그런 우려와는 달리 너무나 맑고 푸르른 도시였다. 8월이라는 계절 탓도 있었지만, 오타강에서 흘러내리는 5개의 물줄기, 폭이 100미터에 이르는 '평화대로', 도심 한 복판에 널찍이 자리 잡은 '평화공원', 이것들은 히로시마에 완전히 새로운 이미지를 불어넣고 있었다. 강 하구언에 자리 잡은 도시다 보니 땅을 파거나 대형 구조물을 놓기가 어려웠던 모양이다. 연약지반인 불리한 토양조건이 오히려 운 좋게도 (?) '전차도시'라는 명성을 가져다 준 것이다.

히로시마는 1980년대부터 전차중심의 교통정책을 폈다. 그래서 전차가 제일 우선이다. 역 간 거리도 300미터 정도 밖에 되지 않는다. 모든 역이 건널목과 한 묶음이여서 접근성도 좋고 이용하기도 매우 편하다. 여기저기서 말끔한 초록색 전차 '5000形 그린무버'가 지면과 바짝 붙어서 질주하고 있다.

히로시마의 전차길은 그 규모가 마치 일반 철도역 같다. 여러 갈래의 철길을 따라 바쁘게 움직인다.

그런데 내 눈에는 수 십 년은 되어 보이는 고물같은 전차들이 왠지 더 좋아 보인다. 오래된 전차의 내부는 어릴 적 시내버스 속으로 되돌아간 느낌을 주었다. 운전석, 창, 의자, 손잡이 모든 게 옛 모습 그대로다.

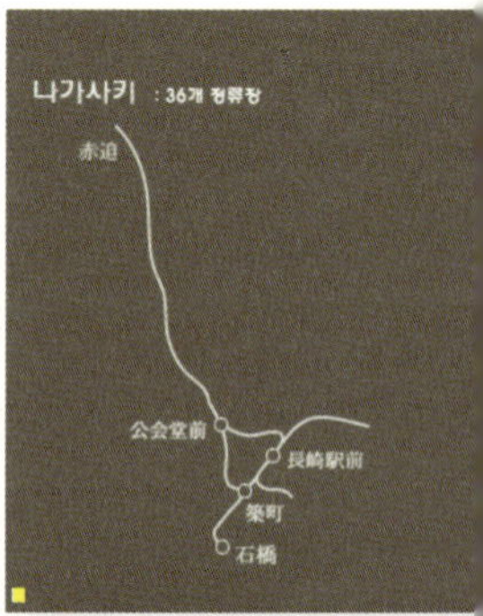

90년 전과 똑 같은 나가사키

우연히도 같은 원폭도시인 나가사키는 히로시마와 경쟁하는 전차도시이다. 내 눈에는 규모나 시스템보다 누가 처음 시작한 것 그대로 더 오래 버티느냐를 경쟁해 온 듯 보였다. 나가사키의 전차는 1915년에 시작됐고, 36개 정류장과 73개 전차를 보유한 일본의 두 번째 전차도시다. 우선 가장 높이 사고 싶은 점은 지난 90년 동안 폐선은 물론이고 폐지된 정거장이 한 곳도 없다는 사실이었다. 거기에다 1984년 이래 20년이 넘도록 요금이 '100엔 균일' 이란다. 가난한 시민의 발 임에 분명했다.

나가사키전차의 노선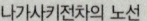
전차가 강을 건너고 있다. 멀리 유명한 안경다리가 보인다. 1977년의 풍경이다. (자료 : 田栗優一(2005) p.82)
나가사키의 전차길은 상당히 입체적이다.

거대한 인공지반 1층은 주차장이다 으로 덮여 있는 나가사키역 앞의 정류장은 언제나 사람들로 붐볐다. 나가사키의 명물들은 모두 전차와 연결되어 있는데 가장 가까운 명물은 나가사키역에서 두 정거장 떨어진 공회당역 근처에 있다. 이곳에는 일본에서 가장 오래된 석조다리인 '메가네다리' めがね橋 가 있다. 아치형으로 강물에 비친 모습이 안경을 닮았다 해서 '안경다리' 眼鏡橋 라 부르기도 한다. 길이는 22m에 불과하지만 1634년에 만들어져 370년이 넘은 역사를 가지고 있으며 1960년에 국가중요문화재로 지정된 역사적인 다리다.

공회당역에서 다시 두 정거장만 더 가면 나가사키의 제일 번화가인 니시바노마치 西浜町 가 있고, 다음 역인 우끼마치 築町 앞에는 '신지' 라 불리는 중화가가 있다. 목소리가 크고 유난히 수다스러운 화교들에다 붉은색 장식들 통에 정신이 없는 곳이다.

나가사키에도 3000形이라 불리는 초저상식전차가 다닌다. 디자인이 우수한 공업제품으로 인정받아 '굿디자인상' 을 수상했다고 한다. 상을 준 진짜 이유는 100% 일본기술로 만든 전차여서란다 그리고 이 도시도 히로시마처럼 전국의 오래된 전차들을 모아 놓아 가지각색의 모습으로 요란하다. 거기에다 전차들이 모두 광고판을 달고 다닌다. 삿포로 전차들이 가장 광고로 돈버는 일에 열심이라 하지만, 여기도 만만치 않았다. 아예 광고료가 정해져있고 인터넷을 통해 연중 내내 광고를 모집한다고 한다. 전차 내부의 광고는 7~14만엔, 외부는 5만엔, 축제 때 장식광고는 10만엔이다. 물론 광고판의 크기와 위치에 따라 차이가 있다. 정신없어 보이는 이 광고들은 나가사키 전차를 유지시키는 힘이고, 그래서 20년이 지나도록 변함없이 100엔인 것이다.

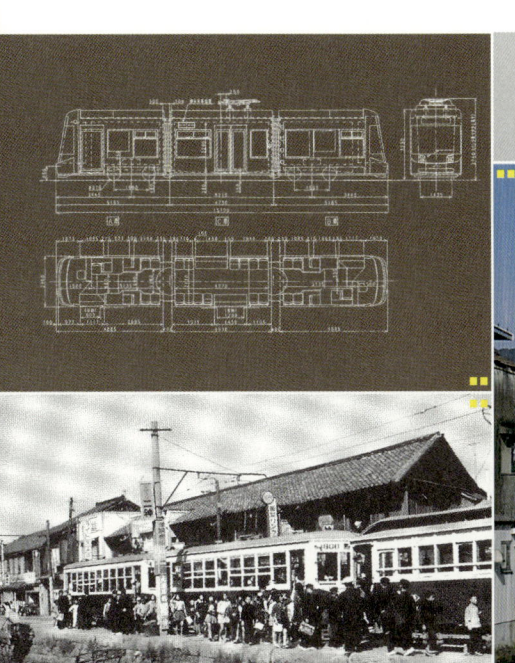

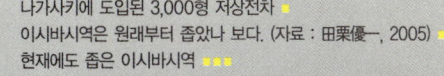

나가사키에 도입된 3,000형 저상전차
이시바시역은 원래부터 좁았나 보다. (자료 : 田栗優一, 2005)
현재에도 좁은 이시바시역

종점인 이시바시 石橋 역 바로 전역이 오오우라성당역 大浦天主堂下 이다. 그런데 오오우라성당의 진수를 제대로 맛보려면 종점인 이시바시역에 내려 언덕길을 따라 올라가야 한다. 하천변의 도로 폭이 좁아 종점 1917년부터 종점이었다 인데도 전차를 기다릴 수 있는 여유공간이 없었다. 구라바엔과 오오우라성당의 명성에 비하면 정거장이 너무 초라해 보였다. 이와 관련된 것은 열한번째 이야기에 소개하고 있다 물론 내가 모르는 이유가 있겠지만 부분적으로 고칠 만한데도 그대로 두는 듯했다.

나가사키엔 '전차연락선' 電鐵丸 도 있다. 나가사키항구역 長崎港驛 에서 바다 건너로 사람을 실어 나른다. 나카사키항은 깊게 움푹 들어온 만의 형태여서 건너편으로 가려면 배로 가는 것이 편하다 전차배까지 있으니 전차 없는 나가사키는 상상을 할 수가 없다.

레트로전차의 원조 하코다테

하코다테의 전차 역사는 삿포로보다도 5년 빠른 1913년이 시작점이다. 홋카이도 전차의 원조격이다. 하코다테 전차 얘기는 단연 '하코다테 하이카라' 영어로는 '하코다테 댄디'라 부른다 에서 시작해야 한다. 원래 이름이 30形으로, 복원되긴 했지만 현존하는 최고의 전차이다. 숫자로 전차의 연식을 표시하는데, 40形, 100形, 200形, 210形, 500形, 1,000形 등등. 최근에는 9,600形까지 등장했다.

하코다테 하이카라의 등장은 하코다테에 또 다른 볼거리를 선물했다. 모든 것이 '하

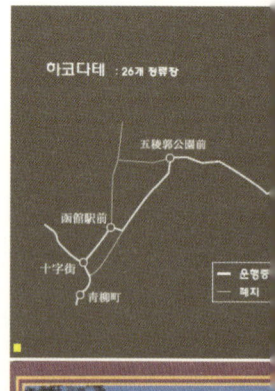

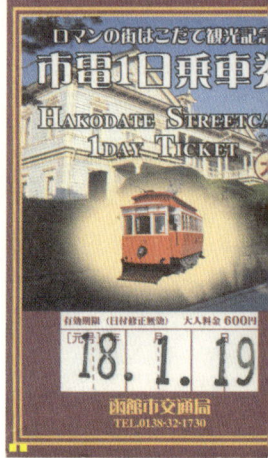

하코다테전차의 노선

하루종일 맘대로 탈 수 있는 하코다테의 '1일승차권'

해가 질 무렵, 야오야기찌요우(靑柳町) 정거장에서 바라본 하코다테산의 실루엣이 제법 근사하다.

하코다테 전차의 정겨운 풍경

'Hello! Hakodate'를 외치며 달리는 노란 전차

코다테찡찡전
차모임' 函館チンチン電車を走らせよう會

이라는 단체 덕이다. 이름이 재밌다. 아마 '찡찡'은 전차 소리에서 따온 것 같다. 이들이 가장 먼저 한 일은 폐쇄된 전차 노선을 복원하는 일이었다. 도로의 혼잡과 경영상의 이유로 1978년부터 'ブス會社前~五稜郭驛前' 구간 등 3개구간이 폐지되었다 1993년에는 3,500만 엔을 모아 하이카라를 부활시키는 데에도 결정적인 역할을 했다. 물론 이들만의 노력만으로 된 것은 아니다. 이들의 생각과 노력을 받아준 하코다테시가 없었다면 불가능했던 일이다.

2003년에 하코다테역이 말끔하게 수리되었다. 이후 전철 이용객은 물론이고 전차 이용객도 늘었다고 한다. 역 앞 교통센터에서 600엔을 주고 '1일패스'를 샀다. 패스의 디자인이 20년은 족히 넘어 보였다. 제일 앞면에는 탑승 날짜가 찍혀있고 펼쳐보니 A4사이즈 만했다. 그것도 2장으로 관광안내서를 겸하고 메모도 할 수 있게 되어 있다. 내릴 때는 운전사에게 겉장을 그냥 보여주기만 하면 되었다. '아오야기찌요우' 靑柳町 는 하코다테에서 가장 유명한 전차역. 경사길을 오르는 전차의 모습이 아름다워 특히 사진작가들에게 인기가 많다. 나름대로 애를 써보았지만 역광으로 비치는 햇살과 전차의 움직이는 타이밍을 맞추기가 예사롭지 않다. 그래서 적당히 찍고 말았다.

최북단의 노면전차 도시, 삿포로

삿포로는 1918년부터 노면전차가 달리기 시작했으나, 지하철이 만들어지면서 1973~4년 사이에 삿포로역에서 스스키노에 이르는 중심도로의 전차길이 폐쇄되었다. 그래서 지금은 스스키노에서 도시

외곽을 순환하는 노선만 남아있다. 다른 도시들과 달리 중심역 삿포로역 에서 전차가 출발하지 않는다. 그러다 보니 효율이 떨어진다고 여겨 시에서는 2004년 3월부터 노면전차를 모두 없애려했었다. 하지만 시민들의 반대로 전차길을 남겨 놓게 되었다. 이의 계기는 노면전차를 폐쇄하기 불과 두 달을 남겨놓고 실시한 '시민설문' 때문이었다. 시민들의 54.4%가 존속을 희망했고, 또 다른 설문에서도 68.7%가 지지를 했다. 결과는 삿포로 개척시대 때부터 시민들의 발이 되어준 전철의 존속이었다. 이후 혹시나 사라질지도 모른다는 불안감으로 지켜보던 주변 사람들이 삿포로전차를 '북해도유산'으로 아예 지정해 버렸다.

이 과정 속에는 삿포로의 상징성 차원이라는 큰 그림도 있었을 것이고, 겨울마다 등장해서 눈요기를 제공하며 눈을 치우는 '사사라전차' ササラ電車/1925년부터 다니기 시작했다 가 사라진다는 위기의식도 작용했을 것이다. 눈을 치우며 눈꽃을 휘날리던 사사라전차! 이방인의 눈에도 사사라의 존재가 삿포로의 겨울을 더욱 정겹게 만든다고 생각하는데 이를 수 십 년 동안 지켜본 시민들에게는 오죽했으랴.

위기를 넘긴 30대의 전차들은 23개 정류장을 활발히 이어주고 있다. 사사라전차가 창고에 들어갈 계절이 되면 그 아쉬움을 달래주듯 옛 전차길에 마차가 다니기 시작한다. 마차가 제법 길가의 풍경들과 잘 어울린다. 물론 관광용이다. 전차길 이전에는 마찻길이었다는 사실을 시민들에게 일깨워 주고, 관광객을 도심에 더 오래 머물게 하려는 이유에서이다.

삿포로전차의 노선

눈을 치우는 사사라전차. 눈 많은 북해도에서는 도시필수품이다.

사사라전차가 힘을 잃어 가고 또 눈이 그치는 봄이 오면 '이층 마차' 들이 삿포로를 달린다.

삿포로전차는 달리는 광고판이다.

삿포로 전차는 어느 도시의 전차보다 현란하다. 전체가 온통 핑크색도 있고 주홍색도 있다. 바쁘게 움직이는 광고판인 삿포르전차의 화려함은 색이 단순한 삿포르의 도시풍경에 즐거운 변화를 준다.

전차는 그 전차가 구닥다리이든 말끔하게 빠진 최신형이든 상관없다. 구식이든 신식이든 존재 목적이 뚜렷하니 눈치도 보지 않고 달린다. '노면전차가 있는 도시'. 도시의 흔적과 기억을 담고 있는 '생활문화재'들이 살아 움직이는 이 도시들은 진정한 역사문화도시임에 틀림없다.

새벽을 가르며 바쁘게 움직이기 시작하는 하코다테역 앞의 노면전차

산업유산 찾아가기

01-1 맥주공장

삿포로팩토리(札幌ファクトリ-)
JR삿포로(札幌)역에서 삿포로맥주박물관(札幌ビール博物館)을 순환하는 'Sapporo City Bus Factory Line' 버스(번호는 環88이다)를 타면 삿포로팩토리에 직접 갈 수 있다. 버스정류장은 JR삿포로역 앞 남쪽 블록에 있는 세이부(Seibu/西武)백화점 바로 앞에 있다. 걸어가려면 홋가이도청 옛본청사(北海道廳舍舊本廳舍)를 등 지고 북3조길을 따라 20분 정도(7 블록) 걸어야 한다. 홋가이도 역에서 택시를 이용하면 10분 정도 소요된다.

삿포로맥주박물관(札幌ビール博物館)
삿포로팩토리 정문 건너편 정류장에서 같은 버스를 타고 네 정거장을 가면 삿포로맥주박물관(종점)이 있다. 우리와 도로 운행방향이 반대이니 주의해야 한다(JR삿포로역으로 가는 반대 방향이다). 큰맘을 먹으면 삿포로팩토리에서 직접 걸어 갈수도 있지만, 돌아올 때는 꼭 버스를 이용하길 권장한다.

01-2 방적공장

아이비스퀘어(アイビ-スクエア) 호텔
신칸센 정차역인 JR오까야마(岡山)역에서 전철(JR山陽本線)을 이용해서 10분 정도 떨어져 있는 JR쿠라시키(倉敷)역까지 가야 한다. 쿠라시키역에서 10~15분 정도 걸으면 미관지구(美觀地區)에 도착한다. 미관지구를 가로 지르는 운하를 10분 정도 걷다 보면 운하가 끝나는 지점 근처에 아이비스퀘어 호텔이 있다.(역에서 택시로는 5분 거리다)

가나자와 시민예술촌(金澤市民藝術村)
가나자와를 가는 방법은 여러 가지가 있지만, 교토에서 가는 것이 가장 가깝다. JR교토(京都)역에서 전철(JR北陸線)을 타고 쓰루가, 후쿠이, 코마츠를 지나 2시간 정도 가다 보면 JR가나자와(金澤)역에 도착한다. 가나자와역의 북서쪽에 시민예술촌이 있다. 역 북쪽 출구로 나와 간선도로를 따라 빠른 걸음으로 15분 정도 걸으면 시민예술촌이 나타난다. 택시로는 5분(택시비는 800엔 정도)정도 걸린다.

01-3 창고

마이쯔루(舞鶴)의 창고군
JR교토(京都)역에서 전철(JR舞鶴線)을 타고 약 1시간 정도 가다 JR니시마이쯔루역(JR西舞鶴驛)을 거쳐 JR히가시마이쯔루역(JR東舞鶴驛)에 도착한다. 역에서 항구 쪽 중심로(아케이드가 설치되어 있다)를 따라 20여분 걸으면 분코산(文庫山)과 마이쯔루시청이 나타난다. 그 주변에 12개의 붉은벽돌창고들이 세 지역으로 흩어져 있다.

하코다테 가나모리창고(金森倉庫)
하코다테(函館)는 홋가이도의 가장 아래쪽에 위치하는 항구도시다. 인천공항에서 출발하여 직접 하코다테로 가거나, 아오모리를 거쳐 하코다테로 가는 방법이 있다. 시간만 충분하다면 아오모리에서 JR전철을 이용해서 쓰가루해협을 건너 하코다테로 가는 방법을 권하고 싶다(가는 도중에 생각지 않았던 것을 보고 느낄 수 있다). 하코다테역에 도착하여 노면전차를 이용해서 두 정거장, 보행으로는 20분쯤 걸리는 바닷가에 가나모리창고가 있다.

01-4 나고야의 건물들

나고야 연극연습관(名古屋市演劇練習館)
JR나고야(名古屋)역에서 지하철 히가시야마선(東山線)을 타고 나까야마공원역(中山公園驛)에서 내려 6번 출구로 나온다. 출구 바로 앞 정류장에서 버스를 타고 두 정거장을 가면 나고야연극연습관에 도착한다.

마쯔시게(松重) 갑문
나카가와(中川)운하와 호리(堀)강을 연결하기 위해 만든 마쯔시게 갑문은 도쿄 쪽에서 신칸센을 타고 나고야역으로 들어 올 때 직접 바라다 볼 수 있다. JR나고야(名古屋)역에서 사철(私鐵)인 메이테츠선(名鐵名古屋線)을 갈아타고 1개 정거장(玉山驛)만 가면(3분 정도 소요)만 가면 갑문에 갈 수 있다.

토요타 산업기술기념관(トヨタ産業技術記念館)
토요타산업기술기념관은 나고야역 바로 옆에 있다. JR나고야(名古屋)에서 지하철 메이테츠선(名鐵)으로 환승한 후 사코역(榮生驛)에서 내려 3분 정도 걸으면 도착할 수 있고, 지하철 히가시야마선(東山線)으로는 카메지마역(龜鳥驛)에서 내려 2번 출구로 나와 10분 정도만 걸으면 된다. JR나고야역에서 직접 걸으면 20분 정도 걸린다.

노리타케의 정원(ノリタケの森)
노리타케의정원은 토요타산업기술기념관 바로 옆에 있으며, 걸어서 10분 거리에 있다. JR나고야역에서는 걸어서 15분, 지하철 히가시야마선(東山線) 카메지마역(龜鳥驛)에서는 걸어서 5분 정도 소요된다.

01 建物

02-1 북쪽의 광산마을

코사카(小坂) 광산마을
JR아오모리(青森)역 앞에서 고속버스 아스나루(あすなろ)를 타고 1시간 30분 정도 가다, 코사카고교앞 정거장에서 하차한다. 마을로 가는 버스가 있지만, 코사카의 정경도 볼 겸해서 걷는 것도 좋다. 광산촌이지만 마을 내의 메이지백년길(明治百年通り)이라는 가로에 코라쿠칸(康樂館), 코사카제련소사무소(小坂製鍊所事務所) 등이 모여 있어 관람하기 편리하다.

비바이(美唄) 광산마을
삿포로역에서 전철(JR函館本線)로 30분 정도 가면 JR비바이(美唄)역이 나온다. 다시 역에서 버스로 30여 분을 가면 아르테피아짜 비바이(アルテピアッツァ美唄)에 도착할 수 있다. 근처에 옛 탄광역인 도우메이(東明驛)과 각종 탄광관련 유산들을 모아 놓은 탄광기념산림공원(炭鑛メモリアル森林公園)이 있다. 단 산림공원은 차로 이동하여야 한다.

유바리(夕張) 광산마을
JR삿포로(札滉)역에서 JR전철(에어포트 96호)을 타고 JR미나미치토세(南千歲)역에서 내려 환승(JR石勝線)한 후, 다시 1시간 30분 정도 가면 JR유바리(夕張)역에 도착한다. 유바리역에서 보행으로 30분 정도 거리(버스로는 5분)에 석탄역사촌(石炭歷史村)이 있다.

02-2 남쪽의 광산마을

오오무타(大牟田)의 미쓰이(三井) 미케(三地) 폐광산 흔적들
JR하카타(博多)역에서 전철(JR鹿兒島線)로 약 50분 남쪽으로(나가사키 방향) 내려가면 후쿠오카현 끝자락에 JR오오무타(大牟田)역이 있다. 역을 중심으로 폐광산들은 동쪽 지역에 주로 분포하며, 석탄을 수송하던 항구(三地港)는 서쪽지역인 바다 쪽에 있다. 대중교통과 긴밀하게 연계되어 있지 못하므로 걷거나 택시를 타야 한다.

- 미야우라갱(宮浦坑)은 공원(宮浦石炭記念公園)으로 정비되어 있고 오오무타역에서 20분 정도면 걸어 갈 수 있다. 높이가 31m나 되는 굴뚝(국가등록문화재)이 있어 찾기가 그리 어렵지 않다.
- 만다갱(方田坑)은 오오무타역 다음에 있는 JR아라오(荒尾)역에서 가는 것이 가깝다. 아라오역에서 '原方田'이라고 적힌 쪽으로 30분쯤 걷다 보면 폐철도를 만나면 근처에 만다갱이 있다. 택시를 타지 않는다면 찾아가기가 쉽지 않으니 지나는 일본 사람들을 자주 활용해야 한다.
- 미야바라갱(宮原坑)은 만다갱보다 더 찾기가 어렵다. 만다갱이나 근처에 가서 택시를 타는 것이 가장 현명하다. 또 미야바라갱은 매월 셋째주 토요일만 내부 개방하니 시간을 잘 조절하여야 한다.
- 미케항(三地港)으로 가기 위해서는 오오무타역에서 항구 방향의 출구로 나와 좌회전 한 후, 큰 길을 따라 남쪽으로 30분 정도 걸어야 한다. 항구에 도착하기 직전에 미쓰이항구구락부(三井港俱樂部)와 미가와갱(三川坑)을 만날 수 있다.

시메광산(志免鑛山)
시메광산은 JR하카타(博多)역에서 전철로 불과 20분밖에 걸리지 않는 거리에 있다(버스로는 후쿠오카공항에서 10분 정도면 갈 수 있다). 전철을 타고 가려면 JR하카타(博多)역에서 전철(JR香椎線)을 타고 간이역인 사카도(酒殿)역에서 내려야 한다. 환승역인 사이토자키(西戶崎)에서는 9번째 역이다. 역에서 내려 보타산(ぼた山) 쪽으로 20분 정도 걸어야 한다. 사카도마을(酒殿町)과 대형쇼핑몰(Diamond City JUSCA)을 지나야 시메광산과 시메타워를 만날 수 있다.

02-3 누에마을

시라카와마을(白川村)
여러 가지 방법이 있다. 가장 전통적인 방법이 나고야(名古屋)에서 다까야마(高山)까지 전철(JR特急ひだ)을 타고 2시간을 정도 간 후, 다시 마을(오기마치 정거장)까지 버스를 타야 한다. 더 쉬운 방법으로는 나고야에서 마을로 가는 직행고속버스를 타거나 토야마에서 버스를 타고 들어가는 방법이 있다.

02-4 여관마을

쯔마고 마을(妻籠宿)
나고야역에서 JR시나노(JR特急 しなの)를 타고 약 2시간 정도 가다 나기소역(南木曾町驛)에서 내린다. 역 앞에서 마을로 가는 버스(10분 정도)를 타거나 보행으로(4~50분)으로 마을로 갈 수 있다.

村落 02

03-1 운하

오타루운하(小樽運河)
삿포로역이나 하코다테역에서 전철(JR函館本線)을 타고 JR오타루(小樽)역에 내린다. 역에서 항구 방향으로 걸어 10분 정도 가면 운하와 창고군이 나타난다. 주변 보행권 내에 영화 '러브레터'의 배경이 되었던 이로나이교차로, 공예관, 메르헨교차로 등이 길(堺町通り)을 따라 펼쳐져 있다.

고가잔교(高架石炭桟橋)와 북방파제(北防波堤)
오타루역과 오타루운하의 중간쯤에 현재 산책로로 재활용하고 있는 폐철도(手宮線散策路)를 따라 30여 분을 가면 오타루 교통기념공원을 만난다. 공원의 앞쪽 해안에서 동남쪽으로 보면 잔교와 방파제가 멀리 시야에 들어온다. 버스를 이용한다면, 오타루역 앞 정류장에서 2번 버스를 타고 4번째 정류장(綜合博物館前)에 내리면 오타루 교통기념공원에 도착할 수 있고, 북방파제를 보기 위해서는 한 정거장 더 가서 다섯 번째 정류장(高島1丁)에서 내리면 된다. 정류장에서 바다가 보이는 방향으로 돌아가면 바로 방파제가 나타난다. 버스비는 200엔이다.

03-2 항만

요코하마(橫濱)의 미나토미라이21(みなとみらい21)
도쿄에서 JR게이오선을 타고 40분 정도 가면 JR요코하마(橫濱)역에 도착한다. 요코하마역에서 환승해서 5분 정도만 가면 미나토미라이21의 중심역인 사쿠라기초역(ちくら木驛)에 도착할 수 있다. 역 바로 앞에 랜드마크타워, 도크야드가든, 퀸즈스퀘어, 네비어스호텔 등이 펼쳐져 있다.

간나이지구(關內地區)
간나이지구를 제대로 보려면 미나토미라이21에서 걸어서 가야 한다. 적벽돌공원을 지나 시가지 쪽으로 열려 있는 길이 비샤미치이고, 여기부터 본격적으로 간나이지구가 시작된다. 비샤미치를 지나 요시다다리(吉田橋)를 건너면 이세자키몰이 나타나고, 가까운 곳에 차이나타운과 모토마치가 있다. 차이나타운은 야마시타공원과 연결되어 있다. 공원 좌측에는 오산바시국제터미널과 미나토미라이21의 원경이 나타난다.

03-3 작은항구 1

모지항(門司港)
여러 가지 방법이 있다. 부산에서 부관연락선을 타고 시모노세키 터미널에 내린 다음, 해안을 따라 북쪽으로 40분 정도 걷다 보면 가라토(唐戶) 선착장이 나타난다. 이곳에서 연락선(10분 소요)을 타고 간몬해협(關門海峽)을 건너면 모지항에 도착할 수 있다. 차가 있다면 간몬교를 넘어 직접 갈 수도 있다. 후코오카를 통해 가려면 JR하카타(博多)역에서 전철(JR鹿兒島線)을 타고 JR고쿠라(小倉)역을 거쳐 종점인 모지코모지항(門司港)역으로 가면 된다.

03-4 작은항구 2

시모다(下田)
시모다는 도쿄의 남동쪽에 해당하는 시즈오까현(靜岡縣) 이즈반도(伊豆半島) 동쪽 연안에 있는 작은 항구이다. 그래서 도쿄에서 가는 편이 가장 가깝다. 도쿄에서 아타미(熱海)까지 전철(신칸센을 이용해도 된다)로 이동한 다음 JR이토선(JR伊東線)으로 갈아타야 한다. 특이한 점은 5번째 역인 이토(伊東)역에서 종점인 시모다역까지는 사철(私鐵)인 시즈큐선(伊豆急線)으로 바뀌어 진다는 것이다. 전철에서 내릴 필요는 없지만, JR패스를 가지고 있어도 시모다역에서 1,570엔을 내야 한다.

오노미찌(尾道)
오노미찌는 히로시마현(廣島縣)의 남쪽 세토(瀨戶) 지역의 중앙부에 위치하고 있다. 후쿠시마(福山)역에서 내려(JR패스가 있다면 신칸센이 편하다) JR산요우혼센(JR山陽本線)으로 갈아타고 세 정거장을 더 가면 JR오노미찌(尾道)역이 나타난다. 역을 나서면 바로 앞에 바다가 있다.

03 港口

04-1 역사길

가나자와의 히가시챠야가이(東茶屋町)와 가쯔에마찌(主計町)
JR가나자와(金澤)역에서 버스(여러 종류의 버스가 있다)를 타고 15분 정도 가다 하시바쵸(橋場町) 정거장에 내린다. 그 곳에서 아사노강(淺野川)을 따라 북동쪽으로 5분 정도 걷다 동네 안쪽 골목길로 접어들면 히가시챠야가이(東茶屋町)가 나타난다. 가쯔에마찌(主計町)는 하시바쵸 정거장이 있는 길 건너 아사노 강가(북서쪽)에 있다.

가나자와의 부케야시키(武家屋敷)
JR가나자와(金澤)역에서 보행으로 30분 정도 거리에 있고, 택시로는 10분이면 도착할 수 있다. 무사들이 살았던 동네인 나가마치(長町)의 좁은 골목길들과 물길(大野庄用水)들 사이에 있다.

나가하마(長浜)의 쿠라카베지구(黑壁地區)
가나자와역에서 JR전철을 타고 마이바라(米原) 쪽으로 1시간 30분쯤 가면 JR나가하마(長浜)역에 도착한다. 나가하마는 일본에서 제일 크다는 비와(びわ)호수 변에 자리 잡고 있다. 쿠라카베지구는 나가하마역에서 북동쪽으로 5분 정도 걸으면 만날 수 있다.

04-2 공장길

아시카가(足利)
아시카가는 도쿄의 북동쪽에 있는 사이타마현(埼玉縣)에 위치한다. 도쿄에서 가는 것이 가장 편하며, JR료모선(JR兩毛線)을 이용해야 한다. 앙타레스(アンタレススポーシクラブ)는 도심에서 강(波良瀬川) 건너편 야산 아래에 있으며, JR아시카가(足利)역에서 보행으로 15분 거리에 있다.

키류우(桐生)
키류우는 군마현(群馬縣)에 속해 있으며, 아시카가에서 다카사키(高岐) 방향으로 가는 전철(JR兩毛線)을 타고 정확히 16분을 가면 나타난다. JR키류우(桐生)역 앞에서 흩어져 있는 톱날형지붕공장(鋸屋根工場)들을 탐방하려면 총 3km 정도를 걸어야 한다. 제대로 보려면 최소 3시간 이상은 투자해야 한다.

탐방 코스 : 키류우역(桐生驛) ⇨ 직물기념관(桐生織物記念館) ⇨ 무린칸(無鄰館) ⇨ 가나야레스공장(金谷レース工業株式會社 鋸屋根工場) ⇨ 유린칸(有鄰館) ⇨ 유가리(織物參考館 "紫") ⇨ 실크기념관(桐生絹撚記念館) ⇨ 키류우역(桐生驛)

04-3 언덕길

나가사키의 미나미야마테(南山手)와 히가시야마테(東山手)
JR하카타(博多)역에서 전철(JR長崎線)을 타고 3시간 정도 남쪽으로 내려오면 JR나가사키(長崎)역에 도착한다. 노면전차(長崎電氣軌道)를 타고 종점인 이시바시(石橋)에 내리면 미나미야마테(南山手)가 바로 언덕 위에 있다. 계단길을 따라 언덕으로 올라가면 오오우라성당(大浦天主堂), 구라바엔(グラバ-園) 등을 만날 수 있고, 반대쪽 언덕으로 오르면 히가시야마테의 오란다자카(オランダ坂)와 양관들, 그리고 나가사키항의 바다풍경을 만날 수 있다.

고베의 이진칸(北野異人館)
크게 두 가지 방법이 있다. 산노미야역에서 북쪽으로 가는 방법이 있고, 신간센과 세 개의 철도가 교차하는 신고베역에서 기타노로드(北野通リ)를 따라 서쪽으로 들어가는 방법이 있다. 후자의 방법을 더 권하고 싶고, 신고베역에서 기타노산책로를 통해 들어가 기타노자카(北野坂)나 도아로드(トアロ-ド)를 따라 내려오는 것이 이진칸을 제대로 볼 수 있다.

하코다테의 모토마치(本町)
JR하코다테(函館)역에서 노면전차를 타고 세 번째 정거장인 지유지가이(十字街驛)에 내려 5분 정도 걸으면 하코테산과 연결된 니쥬켄자카(二十間坂)가 나타난다. 이곳이 모토마치가 시작하는 곳이다. 또 다른 경사길인 다이산자카(大三坂)에는 유명한 서양교회들이 모여 있고, 하치만자카(八幡坂)에서는 하코다테항의 아름다운 경관을 볼 수 있다.

04-3 전차길

일본의 전차(나가사키, 히로시마, 하코다테, 삿포로 일대)
전차길은 모두 그 도시의 중심 역에서 시작한다. 또 전차로 왕복하는 시간이 30분~1시간 안팎이어서 쉽게 둘러 볼 수 있다.

- 히로시마(廣島)에서는 원폭돔앞(原爆ド-ム前) 정거장이 가장 사람들이 많이 찾는다.

- 나가사키(長崎)에서는 공회당역(公會堂驛) 정거장에서 니시바노마치(西抏町)를 지나 우끼마치(築町) 정거장까지의 길이 가장 번화한 곳이다.

- 하코다테(函館)에서는 아오야기찌요우(青柳町) 정거장이 가장 아름답다고 알려져 있다.

- 삿포로(札幌)에서는 종점인 스스키노(すすきの) 정거장 근처가 가장 번화한 곳이다.

街路 04

참고한 글들

建 物

강동진(2005) "방직공장 맥주공장의 180° 용도 바꾸기". 「문화도시문화복지」. Vol.165.
강동진·오세경(2003) "산업유산의 유형별 재활용 특성 탐색." 「한국도시설계학회지」. 12(3).
강동진·이석환·최동식(2003) "산업유산의 개념과 보전방법 분석." 「국토계획」, 38(2).

TOYOTA産業技術記念館(2007)「産業技術記念館 ガイドブック」.
愛知縣陶瓷資料館愛學藝課(2003)「ノリタケチャイナと製陶王國の年史」.
玉木雄介(2003)「近代化遺産 ろまん紀行」東京: 中央公論新社.
舞鶴市·舞鶴市教育委員會(2002)「舞鶴の近代化遺産」.
古川達郎(2002)「鐵道連絡船のその後」. 東京: 成山堂書店.
淸水慶一·增田彰久(2002)「日本近代化遺産の旅」. 東京: 朝日新聞社.
木下順一(2001)「函館 街並み今·昔」. 札幌: 北海道新聞社.
伊東孝(2000)「日本の近代化遺産」. 東京: 岩波新書.
安田泰幸(1999)「れんが·街まのがたり」. 東京: 駿台曜曜社.
喜田信代(1999)「日本れんが紀行」. 東京: 日貿出版社.
三船康道 外(1999)「歷史あ建物の活かし方」. 京都: 學藝出版社.
西村幸夫(1997)「町並 まちづくり物語」. 東京: 古今書院.
大河直躬外(1997)「歷史的遺産の保存·活用まちづくり」. 京都: 學藝出版社.
大河直躬(1995)「都市の歷史とまちづくり」. 京都: 學藝出版社.
日本建築學會近畿支部環境保全部會(1993)「近代建築物の保存と再生」. 東京: 都市文化社.
高田雅之(1991)「倉敷のまち」. 岡山: 山陽新聞社.
倉敷市敎育委員會(1984)「倉敷川畔傳統的建造物群保存基本計劃報告書」.
이외 현지 인터뷰, 각종 인터넷자료 및 팸플릿자료.

村落

강동진(2007) "산업유산으로서의 폐광산 재활용 방법론 연구". 「한국조경학회지」 36(4).
강동진(2006) "산업유산으로서의 폐광산 재활용 방법 분석 : 일본 선례를 중심으로". 한국도시설계학회 춘계학술대회 발표논문.
강동진(2003) "문화재보호법과 관련된 양동마을 주민의식 변화: 1994년과 2002년의 비교 연구". 「한국조경학회지」. 31(4).
강동진(2001) "지속가능한 전통마을의 유지와 관리방법론의 개발: 한국과 일본의 비교 연구". 「한국조경학회지」, 29(5).
강동진(2000) "일본 전통마을의 유지·관리방법 분석: 쯔마고마을과 시라카와마을을 사례로". 「한국조경학회지」 28(4).
강동진(1995) "역사환경관련법이 농촌지역에 미친 영향에 관한 연구: 경주 양동마을 및 인동마을을 사례로". 「국토계획」 30(3).
유영초 역(2004) 「세계의 환경도시를 가다(井上智彦 著, 2002)」. 파주: 사계절.

吉岡宏高(2005)「炭鑛遺産でまちづくり－幌内炭鑛 の遺産を主題にした '場' のマネジメント－」, 札幌: 富士コンテム.
木元富夫(2004)「産業化の歷史と景觀」. 京都: 光洋書房.
失作 弘(2004)「産業遺産とまちづくり」, 京都: 學藝出版社.
北海道新聞空知炭鑛取材班 編著(2004)「炭鑛遺産散步」, 札幌: 共同文化社.
淸水慶一・增田彰久(2002)「日本近代化遺産の旅」. 東京: 朝日新聞社.
靑水慶一(2002)「ニッポソ近代化遺産の旅」, 東京: 朝日新聞社.
前田淸志・玉川寬治(2000)「日本の産業遺産Ⅰ, Ⅱ－産業古古學硏究. 玉川大學出版部.
增田史男(1998)「日本の町なみデザイン」. 東京: クラフク社.
財團法人・妻籠を愛する會(1998)「妻籠宿保存事業 30周年記念: 妻籠宿 保存のあゆみ」.
友田道郞(1997)「三池閉山」. 福岡: 葦書房.
全國頑並み保存聯盟ゼミ實行委員會(1995)「第18回全國町並みゼミ妻籠大會報告書: 町並み保存の原點をさぐる」.
吉田桂二(1994)「日本の町並み探求: 傳統・保存とまちづくり」. 東京: 彰國社.
宮館 弘(1992) "小坂町の近代化の足跡について". 「鄕土硏究」 第4號.
西山德明 三村浩史(1990) "觀光地域が主體的に發展できる觀光活動設計條件に關する硏究: 岐阜縣白川村萩町を事例として". 「日本都市計劃學會硏究論文集」 25.
小寺武久(1988)「妻籠宿」. 東京: 中央公論美術出版.
宮澤智士 外(1987)「町並み保存のネツトワーク」. 東京: 第一法規.

이외 현지 인터뷰, 각종 인터넷자료 및 팸플릿자료.

III
港口

강동진(2005) "역사경관 재활용은 새로운 창조작업". 「문화도시문화복지」. Vol.166.
강동진·오세경(2003) "산업유산의 유형별 재활용 특성 탐색." 「한국도시설계학회지」. 4(3).
강동진·이석환·최동식(2003) "산업유산의 개념과 보전방법 분석." 「국토계획」. 38(2).
강동진·최동식(2002) "역사지구의 개념 확대와 정립을 위한 기준." 「국토계획」. 37(4).
김정동(2003) 「일본 속의 한국 근대사 현장2」. 서울: 하늘재.
김정동(2001) 「일본 속의 한국 근대사 현장1」. 서울: 하늘재.
윤백영 역(1999) 「교양인을 위한 도시계획이야기: 일본제2도시 요코하마 성공사례」. 서울: 한국경제신문사.

小池徹郞(2005) 「尾道/日本の町並み」. 東京: 學習硏究社.
失作 弘(2004) 「産業遺産とまちづくり」. 京都: 學藝出版社.
淸水慶一·增田彰久(2002) 「日本近代化遺産の旅」. 東京: 朝日新聞社.
大石 章(2002) 「小樽 街並み今·昔」. 札幌: 北海道新聞社.
前田淸志·玉川寬治(2000) 「日本の産業遺産Ⅰ,Ⅱ: 産業古學硏究」. 玉川大學出版部.
伊東孝·安川千秋(1999) "橫兵の近代土木遺産". 「造景」 20號.
西村幸夫(1997) 「町並まちづくり物語」. 東京: 古今書院.
北九州市·北九州都市協會(1996) 「門司港レトロ物語」.
橫兵市·明治の土木展橫兵市實行委員會(1995) 「都市の記憶: 橫兵の土木遺産」.
日本の宝·鹿兒島の石橋を考える全國聯盟會議編(1995) 「歷史的文化遺産が生きるまち」. 東京: 東京堂出版.
大河直躬(1995) 「都市の歷史とまちづくり」. 京都: 學藝出版社.
橫兵市(1993) 「橫兵の都市デザイン」.

이외 현지 인터뷰, 각종 인터넷자료 및 팸플릿자료.

街路

강동진(2006) "세계문화유산 완충구역 관리 개념 정립". 「국토계획」, 41(1).

조성태·강동진·오민근(2006) "일본 가나자와의 역사문화경관 관리 특성" 「한국도시설계학회지」, 7(3).

강동진·최동식(2002) "역사지구의 개념 확대와 정립을 위한 기준." 「국토계획」, 37(4).

강동진(2001) "대구 구도심 근대역사환경 분석." 「국토계획」, 36(3).

강동진(1999) "근대역사환경 보전의 패러다임 모색." 「국토계획」, 34(1).

정원창 역(2001) 「창조하는 도시(佐々木雅幸 著, 2000)」, 서울: 도서출판 小花.

조성태·강동진·오민근(2006) "일본 가나자와의 역사문화경관 관리 특성". 한국도시설계학회 춘계학술대회 발표논문.

經濟産業省關東經濟産業局(2005)「のこざり 屋根工場群の 活用による: 都市再生モデル 調査報告書」.

小川裕夫(2005)「日本全國路面 電車の旅」. 東京: 平凡社新書.

田栗優一(2005)「長崎 電車が走る街 今昔」. 東京: JTB.

西村幸夫(2004)「都市保全計劃: 歷史·文化·自然を活かしたまちづく」. 東京: 東京大學出版會.

ファッションタウン桐生推進協議會·桐生商工會議所(2003)「のこざり 屋根の あるまち洞生からの 發信」.

大石 章(2002)「小樽 街並み今·昔」. 札幌: 北海道新聞社.

木下順一(2001)「函館 街並み今·昔」. 札幌: 北海道新聞社.

野口三郎(2000) "織物工場 鋸屋根: 洞生の調査から"(日本の産業遺産Ⅱ-産業古古學硏究). 東京: 玉川大學出版部.

原口隆行(2000)「日本の路面電車1」. 東京: JTB.

加藤康子(1999)「産業遺産」. 東京: 日本經濟新聞社.

全國町並み保存聯盟(1999)「新·町並み時代」, 京都: 學藝出版社.

東京國立文化財硏究所(1999)「産業遺産」. 東京: 三美印刷.

和久田 康雄(1999)「路面電車」. 東京: 成山堂出版.

文化廳文化財保護部建造物課(1997)「傳統的建造物群保存地區制度關系法令集」.

宮澤智士 外(1987)「町並み保存のネットワーク」. 東京: 第一法規.

神戶市(1982)「異人館のあるまち神戶: 北野·山本地區傳統的建造物群調査報告」.

이외 현지 인터뷰, 각종 인터넷자료 및 팸플릿자료.